中國學術思想 研究輯刊

三十編

林慶彰 主編

第15冊

王船山「陰陽理論」研究

陳祺助 著

花木蘭文化事業有限公司

國家圖書館出版品預行編目資料

王船山「陰陽理論」研究／陳祺助 著 — 初版 — 新北市：花木
蘭文化事業有限公司，2019〔民 108〕
序 2+ 目 4+244 面；19×26 公分
（中國學術思想研究輯刊 三十編：第 15 冊）
ISBN 978-986-485-870-5（精裝）
1.（清）王夫之 2. 學術思想 3. 易學
030.8   108011718

ISBN-978-986-485-870-5

9 789864 858705

中國學術思想研究輯刊
三十編　第十五冊　　　　　　ISBN：978-986-485-870-5

王船山「陰陽理論」研究

作　　者　陳祺助
主　　編　林慶彰
總 編 輯　杜潔祥
副總編輯　楊嘉樂
編　　輯　許郁翎、王筑、張雅淋　美術編輯　陳逸婷
出　　版　花木蘭文化事業有限公司
發 行 人　高小娟
聯絡地址　235 新北市中和區中安街七二號十三樓
　　　　　電話：02-2923-1455／傳真：02-2923-1452
網　　址　http://www.huamulan.tw 信箱 hml 810518@gmail.com
印　　刷　普羅文化出版廣告事業
封面設計　劉開工作室
初　　版　2019 年 9 月
全書字數　213159 字
定　　價　三十編 18 冊（精裝）新台幣 39,000 元

王船山「陰陽理論」研究

陳祺助　著

作者簡介

陳祺助，1961 年出生於台灣彰化縣。1983 年畢業於國立台灣師範大學國文系，1986 年畢業於高雄師範學院國文研究所。曾任台中縣立霧峰國中教師兼導師（1983 年）、私立台南女子專科學校專任講師（1988 年），1989 年進入私立正修工專即現在的正修科技大學服務，目前是該校通識教育中心專任教授。專長為儒家哲學之研究，主要研究領域為王船山哲學，其次為宋明理學，亦兼及先秦儒學之研究。著有《胡五峰之心性論研究》（花木蘭出版社，2009 年）、《文返樸而厚質——王船山「道德的形上學」系統之建構（上）（下）》（元華文創公司，2018 年）。所著論文刊登於國內知名的學術期刊者，已達 30 篇之多。相關的研究，曾多次獲得科技部（前國科會）專題研究計畫補助。

提　要

　　本書研究王船山的「陰陽」理論，內容也包含其論「乾坤」之說，主旨在於探討船山「陰陽」觀念之天道論的涵義，並以此為基礎討論船山天道論與其《易》學理論之關聯。

　　本書分成三大部分。第一部分是分析「陰陽」觀念的天道論涵義，包含四章。第一章論「陰陽與太極的關係」，第二章論「陰陽與道體的關係」，第三章論「陰陽觀念的本體論意義」，第四章論「陰陽觀念的宇宙論意義」。

　　第二部分的主題為「乾坤並建論」，包含三章。第五章論「乾坤並建」理論的基本內容及其天道論涵義，第六章乃「乾坤並建」學說探源，第七章是「乾坤並建」理論的客觀根據之論證。

　　第三部分「陰陽象數論」包含四章。第八章論「《周易》卦理與天道原理如何一致」的問題，第九章論「陰陽、象數與《易》卦」的關係，第十章論「陰陽、象數與世界」的關係，第十一章論「《周易》占《易》之理與天道原理如何一致」的問題。

　　全書的總結論則從「陰陽」觀念的用法論船山哲學方法的理論涵義，並綜論船山「陰陽理論」的天道論特色。

自　序

　　在傳統儒學中，船山因其著作繁多，用詞艱深，論述層面廣泛，遍及古代學術各個領域，而號稱難讀。尤其是船山採用遍注群經的方式立說，具備獨樹一格的思維方法，氣魄磅礴的綜合能力，都加深了其學說之理解上的困難。

　　首先，船山在立說時，經常不直陳己見，而往往藉著批評傳統各家之言，間接地對顯出其個人獨特的觀點。而其所評論的對象又不限於儒學範圍，不但出入佛老百家，更涉及煉丹術數之道，至於歷史人物與詩詞文章之家，也無不在其批判之列。因此，若不清楚其所批評的人物與學說是什麼，經常就不容易正確掌握船山立論的要旨所在，連帶地也就不能徹底明白其義理。

　　其次，船山富有高度的綜合辯證思維能力，使他在註解古人著作時，不願執著於凝滯僵化之說，而經常別有妙悟，另作會解。他既能在某種程度內保留了原作者本有的意思，卻又不限定於原意，而將其說推向更高層次的綜合義理。最有名的例子莫過於船山將程子「氣質之性」詮釋為「氣質中之性」。一方面既保留人性中氣稟的涵義，另一方面更在氣質中維持了性理作為道德主宰的地位。使得「氣質之性」的內涵成為既是氣，又不只是氣；兼有理，而不純為理；非氣非理，既是氣又是理的「凝合本心與形色兩端於一」的實體。因此，船山無疑是對古人之說極能盡「創造性詮釋」的哲學家。而船山因行文的方便，有時只強調一個觀念豐富內涵的某一面向，於是，在不同地方，對於同一觀念就常有著諸多不同說法，而且其中更不乏互相衝突的情形。最嚴重的是，船山曾在同書相連兩頁的地方出現矛盾不一的說法。如在《張子正蒙注》頁 128，以「耳目口體」是「才」；而在頁 129～130，又以「耳目口體」為「氣質之性」，乃與「剛柔緩急之殊質者為才」互相判別。這最為顯例。

　　其三，傳統哲學學派眾多，各異其說。然各家使用來建構其學說的主要

概念或範疇又大體相同，不外天、道、性、命、心、太極、理、氣、陰陽、乾坤……等等。這些觀念在不同哲學家的系統內所具有的涵義不盡相同。以「命」而言，孔子說的「命」和「天命」並不完全一致；孟子性、命對揚之命與《中庸》「天命之謂性」之命更是不同。而船山或許基於「聖人同揆」的觀念，並不認為這些「命」的說法有何不一。於是，對於聖人之言不盡一致，甚至不相協調、衝突的地方，船山一逕加以一一會通而一貫之，竟成一體系龐大，磅礴渾淪的大系統。

　　作者長期專研王船山的哲學，最初著眼於以性與命為主軸，探討船山關於實踐問題的理論。而由於對實踐問題的掌握，必須對船山的人性論有所理會；對船山人性論的了解，又無法不涉及其天道論；而船山天道論的內涵及其建立過程，與其《易》學理論密切相關。為能更清楚認識船山之學的本源，乃先選定其天道論與《易》學之問題為研究對象。而「陰陽」之觀念在這兩方面同時扮演著關鍵角色，尤其難得的是，在一向不注重研究方法的中國哲學傳統，船山在運用「陰陽」觀念建構其天道論時，卻深富方法學的意識；「陰陽」觀念也就不僅具有天道論價值，更包含重要的方法論涵義。於是，乃以「陰陽理論」為主題，論述船山天道論的問題，完成此書。本書〈第一章〉、〈第二章〉、〈第四章〉曾分別發表於《哲學與文化月刊》第 339 期（2002 年 8 月）、第 342 期（2002 年 11 月）、第 362 期（2004 年 7 月），〈第三章〉曾發表於《鵝湖學誌》第 30 期（2003 年 12 月），〈第五章〉曾發表於《鵝湖月刊》第 359 期（2005 年 5 月），〈第八章〉曾發表於《當代儒學研究》第 4 期（2008 年 7 月），〈總結論〉的主要內容曾發表於《中興大學人文學報》第 36 期（2006 年 3 月）。

　　本書舊稿在二十年前就已經完成，但之後作者因專心致力於建構王船山「道德的形上學」理論系統，而無暇整理，近日始有空重新修改與增訂。作者之能完成本書，最先應感謝者，莫過於業師曾昭旭教授。自 1986 年離開師門，就一直持續在思考、反芻老師對中國哲學之觀點，本書之作即頗受其「主體觀點」之啟發。其次，楊祖漢教授、林安梧教授長期以來熱心親切地鼓勵，也令作者受益良多。當然，內人在當時無怨地付出，讓作者能夠心無旁騖，專心寫作，無疑是本書背後默默的催生者。

陳祺助　序於高雄澄清湖畔
2019 年 2 月

導 論

一、本書之研究主題以及研究動機

　　本書研究王船山的「陰陽」理論，內容也包含其論「乾坤」之說，主旨在於探討「陰陽」觀念之天道論方面的涵義，並以此爲基礎討論船山天道論與其《易》學理論之關聯。本書所謂的「天道論」，其概念大致與「形上學」一詞的內涵相同，乃指「討論全體或一切實在事物之所共由之道，或普遍表現之原理的一種哲學」。〔註1〕它所討論的對象「涵蓋了世界上的一切，世界以外的一切，現實的、可能的；今生的、來世的；看得見的、看不見；想得通的、想不透的；都是存在，都是形上學的對象。這對象也就是存有學，傳統中所謂的本體論」。〔註2〕而根據研究對象的不同，天道論又區分爲本體論與宇宙論。本體論即討論存有的學問，故又稱爲存有學。是以一切可見與不可見的世界爲全體，探討其總原理之學。它可能涉及存在世界的意義、目的、價值等問題的討論，但在本書中使用的本體論著重於討論構成全體世界的基本存有或本體、萬物的普遍原理以及本體的運動形式等之討論。宇宙論較爲狹隘的意義乃是以世界，亦即一切可見事物的全部或整個宇宙爲其研究對象。包含自然哲學與討論宇宙起源及其生成變化的宇宙發生論。〔註3〕除此之外，宇宙論尚可包含討論人的人類學、討論神的神學。〔註4〕在本書中所使用

〔註1〕唐君毅：《哲學概論・下冊》（臺北：臺灣學生書局，1980年），頁663。
〔註2〕鄔昆如：《哲學概論》（臺北：五南圖書出版公司，1988年），頁220。
〔註3〕布魯格編著、項退結編譯：《西洋哲學辭典》（臺北：國立編譯館，1976年），頁416。
〔註4〕鄔昆如：《哲學概論》，頁227。

的宇宙論只限於前者，主要討論的是有關全體世界構造的材質、世界的起源、發生的過程、變化的原理等問題。而本書之所以用「天道論」，而不用「形上學」取名，乃因「天道」之名在中國哲學存在已久，而其表示全體世界之總原理的意思也出現得很早。如孔子之言天道，弟子雖「不可得而聞」，然孔子以天爲行四時、生百物者，未嘗不意指天道乃生化萬物的總原理。而船山通過《易》學理論所闡發的天道論學說，義理豐富；其天道論與《易》學之關聯又爲本書主題之一，故以「天道論」爲名，較爲恰當。

在上述前提之下，討論船山「陰陽」理論在天道論方面的意義，最直接也是最安全的方式，乃是就船山論及陰陽的言說，凡涉及本體論與宇宙論之方面者，分析其涵義，整理其條緒，以探究其理論所要解決之問題，其論說對於問題的解決是否有效等等環節的建構。然而若僅止於此，不但不能窮盡船山關於「陰陽」之論說的所有重要理論，同時也無法明白船山形成、發展、建構此一理論的經過。船山天道論的形成與其《易》學學說是脫離不了關聯的。船山或許是根據其形上學洞見來詮釋《周易》，或許是透過《易》學的研探而形成其天道理論；也許應當說兩者是體以起用，用還成體之體用相生關係。「陰陽」一詞在儒學中，長期以來就是天道論與《易》學同有的觀念。船山的《易》學乃是以「乾坤並建」之說爲統宗。而在船山，「乾坤謂陰陽也」〔註5〕，故「乾坤並建」，又曰「陰陽並建」〔註6〕、「兩儀竝建」〔註7〕。「乾坤並建」是一套以「陰陽」觀念爲核心所建立的《易》學學說，同時更是一套有關天道的理論，自然也是本書必須處理的主題之一。

「乾坤並建」作爲一套《易》學理論，主要是在說明六十四卦發生、變化的原理與其發展的條理、次序等問題。六十四的結構與次序固然隱含極複雜深奧的道理，因此學《易》者可從中得出有關宇宙萬有之總原理的天道論觀點，船山本人也確實如此做了。然而這就出現了一個麻煩的問題：《易》卦卦理基本上乃是一套人爲建構的符號系統，天道原理則是客觀世界的實在本質，則爲什麼原來是人所構撰的卦爻象之間的變化規律，竟能成爲存在界的事物之生化原理？主觀思維的邏輯法則，何以能成爲客觀世界的發展秩序？

〔註5〕明·王夫之：《周易內傳》，《船山全書》第一冊（長沙：嶽麓書社，2011年），頁560。作者附誌：本書引用船山著作，皆根據此一版本，因此，以下凡是有關船山著作出處之註文，對於出版社與出版時間，將一概省略。
〔註6〕明·王夫之：《張子正蒙注》，《船山全書》第十二冊，頁38。
〔註7〕明·王夫之：《周易內傳》，《船山全書》第一冊，頁508。

〔註 8〕這問題落在「陰陽」觀念之上也是如此，「船山在易學之卦理中所談的陰陽概念，基本上是一種數的進路。而他的形上學思想……是氣化形上學的架構，兩者是否能融通一致？」〔註 9〕這個問題在《易》學傳統中，學者們有什麼觀點？船山對這些觀點持怎樣的態度？船山本人的基本觀點又是如何？船山對這些問題的說法，當然與「陰陽理論」脫離不了關聯。船山的說法，基本上可稱爲是一種「陰陽象數論」。所謂「陰陽象數論」乃是指陰陽就其作爲萬物本體，以及就其變化凝合所生之個體而言，乃都是「象數一體」的存在體。「象數」雖是《易》學的專門術語，但是其最初的涵義原本就是指客觀事物。《左傳・僖公十五年》傳文：「物生而後有象，象而後有滋，滋而後有數。」船山將《易》卦和世界事物統稱爲「象數」的存在，以說明「人物之有道，易之有象數，同原而不容歧視，明矣」〔註 10〕。《易》卦成象的原理與存在界事物成物的原理同爲「陰陽交易之理」〔註 11〕，於是，「陰陽」就能同時用來解釋《易》卦和世界的變化現象；「乾坤並建」的原理同時也能做爲天道原理。

在上述前提之下，本書分成三大部分。第一部分分析「陰陽」的天道論涵義。由於船山以陰陽之氣爲實體，這使得他必須先回答「太極是生兩儀」的問題。第一章〈陰陽與太極的關係〉就是探討船山如何既能以陰陽爲本體，又保留太極之爲主宰生化之理的地位，以避免陷入形上、形下打爲兩截的困境的論說。另外，在宋明理學之中，陰陽與太極的關係此一問題，和陰陽與道體的關係大體相同。船山對這兩個問題的探討，在精神上也一致，但其義理內涵則互相發明。第二章〈陰陽與道體的關係〉便是對前章主題的進一步闡述。當建立陰陽爲太極本體之後，那麼，本體是一氣或陰陽二氣？一元或二元？第三章〈陰陽觀念的本體論意義〉分析船山乃是本體一元論者，他建立「合兩端於一體」〔註 12〕的理論，既維持本體一元的觀點，並展現一氣實體本動恆運、健動活潑的特性。第四章〈陰陽觀念的宇宙論意義〉乃透過「陰陽之體」、「陰陽感應和合」、「陰陽各自殊體」、「互爲陰陽之體」等觀念，闡

〔註 8〕　朱伯崑：《易學哲學史・第一冊》（臺北：藍燈文化公司，1991 年），頁 126。
〔註 9〕　杜保瑞：《王船山易學與氣論並進的形上學之研究》（臺北：臺大哲研所博士論文，1993 年），頁 20。
〔註 10〕　明・王夫之：《周易內傳》，《船山全書》第一冊，頁 525～526。
〔註 11〕　明・王夫之：《周易內傳》，《船山全書》第一冊，頁 586。
〔註 12〕　明・王夫之：《張子正蒙注》，《船山全書》第十二冊，頁 37。

述隱含在陰陽理論中生生不息的宇宙觀。

第二部分主題爲〈乾坤並建論〉。第五章〈「乾坤並建」理論的基本內容及其天道論涵義〉，從船山以六十四卦皆「陰陽十二，卦用其六」的觀點出發，分析「乾坤並建」的基本內容，並據此闡述其說之中隱含的天道論意義。但是，《周易》爲何不直接圖寫十二畫爲一卦，而只畫六位？第六章〈「乾坤並建」學說探源──《周易》中「陰陽十二，卦用其六」的啓示及其證立〉，論述船山如何證明《周易》確實含有「乾坤並建」的理論，以及《易》卦卦位十二之所以必須用其六之故。「乾坤並建」又同時是一天道理論，這在天地本體方面是否有根據呢？「乾坤並建」爲船山最基本、也最重要的理論，但它並非僅是獨斷的信仰。第七章〈「乾坤並建」理論的客觀根據之論證〉，將說明船山如何賦予其說客觀實在的理論基礎。

第三部分〈陰陽象數論〉。船山對於「《周易》卦理與天道原理如何一致」之問題的基本看法如何？它的答案決定了船山對於《周易》一書之性質的觀點，而其觀點相當程度內決定著船山的天道論內涵。而在《易》理與天道原理之關聯的問題上，船山往往是在批判前人對此問題的觀點時，間接提出了自己的論點。第八章〈《周易》卦理與天道原理如何一致？──船山對傳統三種說法之批評及其對此問題的基本觀點〉將從船山的觀點出發，分析他如何批評以王弼爲代表的義理《易》學、以京房爲代表的象數《易》學、以邵子爲代表的圖數《易》學等三種觀點，以對顯出船山個人的基本看法，在於將《周易》象數結構視爲與天道爲體，「无外，則相與爲一」〔註13〕之體，《易》理有「統會眾理」〔註14〕的地位。但是，此一觀點有何客觀根據？第九章〈陰陽、象數與易卦──《周易》象數客觀實在性基礎的建立及《易》道「統會眾理」的方法〉，分析船山如何證明《周易》陰陽象數的結構何以具有客觀的實在性。此外，《周易》的結構只是卦畫─、- -構造的符號系統；而客觀世界的事物則是實質的存在體，卦象與物象能否一致？如何一致？成卦的原理與成物的原理是否完全相同？第十章〈陰陽、象數與世界──卦象與物象如何一致〉將分析船山對其一致性的說明。最後，即使證明卦象與物象一致，天道成物之理是否能、爲何能以及如何能由《周易》占卜揲著的演算方式來窮究？第十一章〈《周易》占《易》之理與天道原理如何一致？──占筮活動之

〔註13〕 明・王夫之：《周易外傳》，《船山全書》第一冊，頁1038。
〔註14〕 明・王夫之：《周易外傳》，《船山全書》第一冊，頁1039。

陰陽象數的客觀根據之論證），說明船山如何企圖證明占《易》之理具有天地本體方面的客觀基礎。以上這三個問題能否解決，決定了船山融通《易》理與天道原理的理論是否有效的程度。

　　至此，整個船山的「陰陽理論」才有了完整的說明。本書以天道論與《易》學的關聯爲焦點，「陰陽」是處理此一問題的核心觀念。而作爲本體的名言之一，「陰陽」此一複合名詞，意指兩個材質、體性、功能、動力截然不同之體。陰陽彼此之間充滿感應作用，互相影響而變化。船山以陰陽爲本體，發展出既能維持宇宙本體乃德性至純至一的本體一元論，並能動態地、活潑地說明宇宙發生問題之天道理論，在中國哲學史上，可說前無古人。尤其難得的是，在一向不講究方法的傳統哲學中，船山卻在極富自覺的方法學意識下，運用「陰陽」這個觀念去建構其天道理論。一方面「陰陽」的觀念也因此隱含豐富的方法學意義，另一方面船山也藉此建構了一套具有與眾不同之特色的天道論。凡此，在〈總結論〉地方，將作一總說。這是本書選定「陰陽理論」爲主題的研究動機所在。

二、本書採用的研究方法

　　船山思想富有濃厚的辯證色彩，因此，研究船山學的學者或多或少會去強調其在此方面的方法，也多有以此方法研究船山學者。例如方克教授以《王船山辯證法思想研究》爲書名〔註15〕，蕭萐父教授所著之〈船山辯證法論綱〉〔註16〕、主編之《王夫之辯證法思想引論》〔註17〕可爲代表。大致說來，其所謂辯證法強調的是兩端對立的矛盾及矛盾的統一。

〔註15〕　方克：《王船山辯證法思想研究》（長沙：湖南人民出版社，1984 年）。此書除分別從「氣」、「理氣」、「道器」、「心物和心理」、「有無」等觀點之外，並從「自然觀」、「歷史觀」、「認識論」、「人性論」等方面詳論船山所論及之「兩端對立」的觀念。
〔註16〕　蕭萐父：〈船山辯證法論綱〉，收入《船山哲學引論》（江西：人民出版社，1993 年）。
〔註17〕　蕭萐父：《王夫之辯證法思想引論》（江西：人民出版社，1984 年）。此書針對船山書中一些主要的「兩端對立」觀念，一組一組地討論其矛盾的統一形式。以郭齊勇〈《尚書引義》中關於認識主體和辯證邏輯的思想〉一文爲例。郭文整理出的兩端對立之詞組有：關於主客關係者有：己－物、能－所、心－事、心－理、天－人。關於認識活動的有：明－誠、格－致、知－行。關於思維方式：名－實、分－合、別－統、同－異、一－多。就史論來說：必－偶、理－勢、因－革、逆－順。就政論來說：治－亂、經－權、禮－刑、法－教、義－利。見該書，頁 350。

　　邱黃海教授對於以矛盾的統一之辯證法詮釋船山者提出批評說：「『辯證』的切意在於：對立的兩端有一種矛盾的否定。至於這相互否定的兩端是否構成一個統一與同一，則不是那麼重要。黑格爾的『絕對』概念包含了矛盾這一面，也包含了矛盾的統一這一面。前者名曰辯證的面向，後者則名曰思辯的面向。而船山的太極概念固然包含有差異與統一這兩面，但船山並不認為陰陽兩者是矛盾對立的兩面。陰陽兩者不是相互否定的矛盾兩端，而是『相因而非相反』，『惟其異，故必相須以成而有合』。陰陽非相反，而是相因、相承、相需、相合、相成。如果有人認為黑格爾的絕對概念在結果之處也將過程中的矛盾與以揚棄，因而，也不妨可寬予認定。但必須強調：船山並沒有這過程的矛盾及其揚棄之說。太極概念所顯示的實是一種思辯意義的綜合概念。嚴格說，這並不是『辯證』。」〔註18〕此說極為精當，就船山之「陰陽理論」來說，更是如此。案：船山說：「皇極經世之旨，盡于朱子『破作兩片』之語，謂天下無不相對待者耳。乃陰陽之與剛柔，太之與少，豈相對待者乎？陰陽，氣也。剛柔，質也。有是氣則成是質，有是質則具是氣，其可析乎！」〔註19〕過度強調兩端之矛盾，將不容易綜合，且可能造成「兩相對待」的結果。在天之氣為陰陽、在地之質為剛柔，地豈可謂之無氣？在地之質，乃至於在人物形質之上者，也無非是氣。只是在天之氣則曰陰陽，在地之氣則曰剛柔，在人物形質之氣則曰仁義；隨所在而異其名，其實一也。故所謂剛柔其實也是陰陽之氣，「自其質成而用著者言之也」〔註20〕，層次有所不同，不是互相對待。而天氣與地氣又可相對、氣與質亦然；是又可各成兩端。只是天－地、氣－質之為兩端，同陰－陽、剛－柔之各為兩端，明顯有層次上的不同。對於不同層次的兩端，若不能有效綜合，將不易掌握船山學的核心義理。

　　曾昭旭教授、林安梧教授分別提出「兩端而一致」的方法。〔註21〕林教授說明此方法的內涵，指出當說一致即涵兩端；溯其原則一致，究其委則兩

〔註18〕邱黃海：〈船山《易》學的原理與方法〉，《鵝湖學誌》，第 28 期（2002 年 6 月），頁 180。

〔註19〕明・王夫之：《思問錄・外篇》，《船山全書》第十二冊，頁 441。

〔註20〕明・王夫之：《周易外傳發例》，《船山全書》第一冊，頁 660。

〔註21〕曾昭旭：〈王船山兩端一致論衍義〉，《鵝湖月刊》，第 241 期（1995 年 9 月），頁 9〜13。林安梧：《王船山人性史哲學之研究》（臺北：東大圖書公司，1987 年）。

端。兩端實隱含趨向一致的動力，而一致即隱含開顯爲兩端的動力。〔註22〕
所謂「兩端」的內容，實涉及無窮多元的面向。許冠三教授曾指出：船山「立
兩」之說有五行：1、就道之體言。2、就道之用言。3、就心之用言。4、就
聖賢致知之先後言。5、就致知之基本原則言。這還只是針對「致知」的方法
而說。〔註23〕因天道無限，而人則是有限之存在，故彰顯天道之蘊時，只能
據一特定有限的觀點來詮釋。既是「有定」的觀點，在「此」端之外，必另
有一相反、對立之「彼」端；須合兩端方爲「一」或「全」。而這樣的觀點原
則上允許從無限多方面出發，因此兩端就可能在無限多方向成立，合兩端而
成之一體也就有無限可能性。從船山的觀點來說，所謂兩端，若用傳統哲學
術語，可稱爲「陰陽」，故船山提出陰陽乃「合兩端於一體」的命題。陰陽自
身固涵互相感應之生動的性能，因此，合陰陽兩端於一之體自然蘊含著不斷
互動的作用，具有無限開展其自體之內涵的可能。「兩端而一致」的方法能掌
握船山「陰陽」觀念的開展動性，頗爲符合船山學的精神。

　　「兩端而一致」的觀念雖能貼近船山思維方法的內在動性，掌握了詮釋
船山學的入門之鑰；然而船山實際上是如何運用此一方法？由此方法展現的
哲學觀點之面貌如何？本書根據船山之說，認爲在建構其哲學系統之時，船
山本人頗有方法論自覺，他的思維方法在實際上的運用，主要建立在兩個概
念之上：「分合」與「同異」。由此他展現了一種奠基於本體一元的前提之
下，具有無限多元層次開展之可能性的觀點，或「一元本體，無限多元」方
法觀。

　　此一觀點認爲，眼前世界雖然充滿著雜多殊異，形形色色的事物，然其
本體則同一。其主要內涵可分五點說明如下。

　　第一，所謂萬物本體同一的涵義是說萬物全都由同一本體所生。

　　有那麼一物，流動於天地之間，充滿任何虛空之處，無所不在，恆存不
失。天地間只是此「一」物，一切有形成質或無形無狀的事物都是由之而
生，乃是宇宙最眞實之實體，那原本就不是人能夠去形容、指稱的對象。由
於言說與詮釋上的需要，船山將此一物，依傳統習慣稱之爲「氣」；但又恐怕
會被人誤解爲他是意指人在思維活動中使用的諸多概念或「名」其中之一的
「氣」：因此，他對此宇宙唯一實體形容爲「雖其實氣也，而未可名之爲氣」

〔註22〕林安梧：《王船山人性史哲學之研究》，頁88～89。
〔註23〕許冠三：《王船山的致知論》（香港：香港中文大學出版社），頁69～70。

〔註24〕。對船山來說，所有存在是「一」全體，此本體爲一「氣之實」，未有所生是此體，既有所生也是此體。人物萬有之蘊無非「氣之實」所構撰，在天之太虛無形者，凝結於人物之身則成質而有形。在天在人，同此「氣之實」，天人（物）之分只是以「形質」爲界而有別；不成到人物上便不是天，不成在形質內便不是「氣之實」。兩間無有非「氣之實」所構撰、也無有能與之相外之物，故萬物渾然一體。

第二，本體既是萬有始生之本，亦是萬有既生既成之後所返終之體。

追溯存有的因果性關係，可以承認存在著一個萬有「因」之以生的根源本體，以爲萬有發生的「大因」：「天地之間，皆因於道。一陰一陽者，群所大因也。」〔註25〕但一者，不能以此「大因」是一在「時間」上立於萬有之「先」者，否則是「使陰陽未有之先而有太極」〔註26〕。二者，本體既生群有，仍不離其所生者；群有既生之後，也不能脫離所自生者。「使儀象既有之後遂非太極，是材窮於一用，而情盡于一往矣。」〔註27〕未於上發生儀象（萬有），是此太極（一氣之實）；既發生之，儀象雖自有儀象之體，而固仍是太極之儀象（萬乃一之萬）。三者，萬有既生既成，仍返終於本體之絪縕，推故而別致其新。蓋「始於一，中於萬，終於一」，〔註28〕「始終爲同時同撰者也」，〔註29〕所生者與所自生者不相爲外，乃渾然一體。

第三，萬有之間雖有雜多殊異的現象，然其本性並非彼此截然異質之體。

萬化起於陰、陽之感，陰、陽之異乃「效用」之殊；本體則渾然一氣，亦渾然一理，爲物不貳，其性純一無雜。〔註30〕萬有都是「氣之實」這「大料藥」中「隨趁一丸」而成者，「味味具足」，〔註31〕其性與本體並無異質。天人（物）之別並非體撰材質之殊，乃是含量大小有異。一氣之實乃是全體，萬有各自分得全體的一分；「全體之體，猶人四體而共名爲一體也」，萬有之

〔註24〕 明・王夫之：《張子正蒙注》，《船山全書》第十二冊，頁32。

〔註25〕 明・王夫之：《周易外傳》，《船山全書》第一冊，頁1092。

〔註26〕 明・王夫之：《周易外傳》，《船山全書》第一冊，頁1025。

〔註27〕 明・王夫之：《周易外傳》，《船山全書》第一冊，頁1025。

〔註28〕 明・王夫之：《周易外傳》，《船山全書》第一冊，頁980。

〔註29〕 明・王夫之：《周易外傳》，《船山全書》第一冊，頁1041。

〔註30〕 船山說：「純然一氣，無有不善，則理亦一也。」明・王夫之：《讀四書大全說》，《船山全書》第六冊，頁1057。

〔註31〕 明・王夫之：《讀四書大全說》，《船山全書》第六冊，頁497。

為個體，「猶人四體而各名一體也」。〔註32〕萬有之間殊形別質的情形，乃始終同撰的「氣之實」乘動靜之幾，於上發生陰、陽二用，而互相交易，凝結成質之「中於萬」〔註33〕的過程之現象。既生既成，萬物皆無不具足純乾純坤之德，全備至健至順之性，而與本體之性無異。

第四，純一之體所以能發生雜多之萬有，乃因其體固有相反相成的二用。

本體唯一氣，效用則有陰陽兩端之異。任何從效用處所分別的兩端，都已經預設本體一元的前提；因此，本體乃「合兩端於一體」者。以本體為全體而隨姤一丸所成的個體在本性上與本體無殊，當然也是「合兩端於一體」者。此一觀點特別是針對人性論方面將人視為由大體、小體或身心二元共構而成的「一人而有二體」〔註34〕，以及以人性同時存在「天地之性」與「氣質之性」而導致的「人有兩性」〔註35〕之說而發。

第五，功效之所以有二之異的根本原因，乃因本體為一本動恆動的活體。

實體生生不息之動用乃是「感」，而「感者，因與物相對而始生。」〔註36〕凡實體必生，凡生必因於感，而凡感必「與物相對」，相對即預設「兩」物之「分」立與「合」和。萬物雖同生於一氣之化，然陰陽二用各殊，由「陰陽交易之理」的神妙不測，其相參相耦凝結成象之物，乃成殊形別質的情形。是以本雖一，而末則相異；而正因其本一，是以相異互殊之物自能因感而和合，終協於一：「天下之物，皆天命所流行，太和所屈伸之化，既有形而又各成其陰陽剛柔之體，故一而異。惟其本一，故能合；惟其異，故必相須以成而有合。然則感而合者，所以化物之異而適於太和也。」〔註37〕「感者，……以始於異而終於大同，則感雖乘乎異而要協於一也。」〔註38〕本體既是本動恆生的活體，所以能發生萬殊之物；又是為物不貳的純一之體，所以能化物之異而合於太和。

隱含於上述五點之中的基本概念乃是「分合」與「同異」。船山論心體時

〔註32〕明・王夫之：《讀四書大全說》，《船山全書》第六冊，頁452～453。
〔註33〕明・王夫之：《周易外傳》，《船山全書》第一冊，頁980。
〔註34〕明・王夫之：《尚書引義》，《船山全書》第二冊，頁355。
〔註35〕明・王夫之：《讀四書大全說》，《船山全書》第六冊，頁859～860。
〔註36〕明・王夫之：《張子正蒙注》，《船山全書》第十二冊，頁367。
〔註37〕明・王夫之：《張子正蒙注》，《船山全書》第十二冊，頁365。
〔註38〕明・王夫之：《張子正蒙注》，《船山全書》第十二冊，頁367。

曾說：「所求之心與求心之心本同而末異。」〔註39〕又說：「『求放心』之心與『心不若人』之心，須有分別。……學者須於同中顯異，方能於異中求同。」〔註40〕又說：「於同顯異，而後可於異明同也。」〔註41〕此「同異」的方法擴大運用於天道論的問題方面，可說學者須先識得萬物的本源乃同一本體，又須於「同中顯異」。同者，其本；異者，其末。體則本一，用則分二。而「萬亦殊，二亦殊也」〔註42〕，陰陽二用，惟異生感，交相訢合，自生天下殊形別質之萬有；陰陽二用之異已包含萬有之分殊。既「於同顯異」之後，又須能於「異中求同」，確知萬之殊異終協於太和之一，一已涵萬，萬皆一之萬，雖異實同，分而實合。若不有二用之異交相訢合而既感之後，則天地之法象，其方體不著；萬既不立，則何者為一將不可知，而「道無由定」，是徒知其合而不知其分之蔽。若因效用有二殊，遂使陰陽判立，更推極於天下形器萬殊之法象，「囿道於器中」，必將因器之萬而謂道亦萬，則「變化不神」，是乃知分而不知合之蔽。因此，船山提出掌握天地陰陽之德的最妥當方法，乃是莫「妙其分合」：「天地陰陽之撰，分合而已矣。不知其分則道無由定，不知其合則方體判立而變化不神。故君子之學，析之以極乎萬殊，而經緯相參，必會通以行其典禮，知分知合，而後可窮神而知化。聖人之德未有不妙其分合者也。自邵子為四片八塊之說，學者泥而不通，知其分而不知其合，執法象以為變化，囿道於器中。」〔註43〕

本體則一，效用則二，「體一用二」，「體同用異」。合一以分二，分二又合一。合言之，則「統此一物」；分言之，則有「生之者」的形上之道與「所生者」的形下之器等二殊之效用。本體一元，故曰「一致」；效用分二，故曰「兩端」。而本體之一即涵藏開展為功效相異之二用，功效之二必相感和合終歸於一本。因此，林安梧教授才說：「兩端實隱含趨向一致的動力，而一致即隱含開顯為兩端的動力。」「兩端」所涵蓋的範圍既然無限，作為兩端之總名，最適當者莫過於「陰陽」，是以船山建立陰陽乃「合兩端於一體」的概念，以宇宙本體及其所發生的個體，均為「陰陽之體」〔註44〕。藉著「陰陽之體」

〔註39〕 明‧王夫之：《讀四書大全說》，《船山全書》第六冊，頁1085。

〔註40〕 明‧王夫之：《讀四書大全說》，《船山全書》第六冊，頁1086。

〔註41〕 明‧王夫之：《讀四書大全說》，《船山全書》第六冊，頁1092。

〔註42〕 明‧王夫之：《尚書稗疏》，《船山全書》第二冊，頁131。

〔註43〕 明‧王夫之：《禮記章句》，《船山全書》第四冊，頁610。

〔註44〕 明‧王夫之：《張子正蒙注》，《船山全書》第十二冊，頁366。

此既一又二，既分又合之極富動性的概念，再透過「分合之妙」的方法，船山得以建立獨樹一格的天道論哲學。

　　對於此一「分合之妙」的方法，船山有一段話最具代表性：「陰陽之始本一也，因動靜分而爲兩，迨其成又合陰陽於一也。」〔註45〕這可視爲一方法論架構，從縱、橫兩面觀其涵義。從縱的面向來說，「陰陽本一」乃「始於一（合）」，「又合陰陽於一」乃「終於一而以始（合）」，兩者都是本體或道。「因動靜分而爲兩」則是由始而終的「中於萬（分）」的中間階段，乃是一體透過其陰陽兩端分殊之用，乘乎動靜之感，而開展生生不息的動力，生化萬有的過程。從橫的面向來說，萬有各自亦爲「合兩端於一」之體；不同個體之間，彼此會乘乎動靜之感，而發生相互作用。此動則彼靜，此靜則彼動，於是遂暫時互分陰陽：此陽則彼必陰，此陰則彼必陽。而兩體動靜相感的結果則和合成新生的個體，所成之體自然也是陰陽五常「味味具足」，是「迨其成，又合陰陽於一也」。「其始本一」的陰陽端體，當與另外的本一之陰陽端體互相乘動靜而交感，彼此便將暫時被區分爲「陰陽又各殊體」〔註46〕，發生動之作用的陰陽之體暫稱爲陽，則與之相感的陰陽之體必爲靜、爲陰；而當此爲陰，彼必爲陽。是以任何兩相對待之物彼此在交相感合之關係中，乃是「互相爲陰陽剛柔」〔註47〕之體。於是，因動靜分而爲兩的陰陽端體，將因爲彼此不斷地「互爲陰陽」、「陰陽各殊」的互動關係，使得「其成又合陰陽於一」者，乃日新變化，更生無窮（詳見〈第四章〉之分析）。

　　只要太虛本動，相對之兩端便能不已於交感，陰陽之分合同異也就將隨著實有之本體而「從有益有」〔註48〕，而呈現了無限多元層次、面向的涵義。陰陽觀念的靈活運用，使船山展現了宇宙生化健動活潑，生生不息，充滿動態生態，生氣活現的圖像，這也使得「陰陽」一詞具有豐富的方法學意義。對於此方法學之意義，與其由「陰陽」的觀念所建立的天道論之義理特色，將在〈總結論〉作完整的說明。

〔註45〕明・王夫之：《張子正蒙注》，《船山全書》第十二冊，頁37。
〔註46〕明・王夫之：《張子正蒙注》，《船山全書》第十二冊，頁47。
〔註47〕明・王夫之：《周易內傳》，《船山全書》第一冊，頁622。
〔註48〕明・王夫之：《周易外傳》，《船山全書》第一冊，頁1016。

第一部分：陰陽的天道論涵義

第一章　陰陽與太極的關係

一、引言

　　「太極」一詞在先秦文獻中僅見於《莊子·大宗師》：「在太極之先而不爲高，在六極之下而不爲深。」其意當爲空間的最高極限。《繫辭傳》：「易有太極，是生兩儀。」所謂「太極」本指大衍之數或奇偶兩畫未分的狀態，乃卦象的根源，爲「筮法」方面之說，做爲萬物本體之意乃是後來的用法。〔註1〕而兩儀是指什麼？韓康伯在注「陰陽不測之謂神」的地方，指陰陽爲兩儀。〔註2〕則這是首次論及太極和陰陽關係的地方。然而太極做爲本體，其性質如何？陰陽的內容又是如何？韓康伯注《說卦傳》：「立天之道曰陰與陽」，謂陰陽爲氣。〔註3〕這是春秋以來對陰陽的一般用法。而他把太極解爲「無」，則是用道家之說來詮釋《周易》，太極生陰陽的關係就成爲無能生氣。

　　宋代理學之興，周濂溪以《中庸》之「誠」詮釋太極，張橫渠自鑄「太和」、「太虛」等詞和「太極」互相發明，將太極生兩儀的關係，重歸儒家立場來解釋，說成是天道實有之體生化陰陽二氣。二程根據《繫辭傳》「一陰一陽之謂道」，「形而上者謂之道，形而下者謂之器」之言，將太極詮釋爲形而上的道體，陰陽爲形而下之氣（器）。同時，二程又以「理」規定道體。太極

〔註1〕　朱伯崑：《易學哲學史·第一冊》（臺北：藍燈文化事業有限公司，1991年），頁58～59。

〔註2〕　唐·孔穎達：《周易正義》（臺北：新文豐文化公司影印[清]阮元校勘本），頁140。

〔註3〕　唐·孔穎達：《周易正義》，頁183。

和陰陽的關係遂成為道體和陰陽（道器）、理和氣的關係。朱子、陽明在此一問題的立場大致亦如此。

當然，各家對道體的體會不同，便影響其對太極之內容的規定，連帶的，在太極和陰陽的關係之看法上也不盡相同，表現在理氣關係方面，如理生氣，理先氣後等問題，更是明顯。但就太極之生陰陽而言。各家都有一基本共同點，即認為陰陽並不等於太極，但太極也並非在陰陽之外，別為一體，而與陰陽對立者。太極即在陰陽之中與之為體，所以運之、動之，以生之者。二程有兩段話最能代表這種觀點：「『一陰一陽之謂道』。陰陽亦形而下者也，而曰道者，惟此語截得上下最為分明。」〔註4〕「離了陰陽更無道，所以陰陽者，道也。陰陽，氣也；氣是形而下者，道是形而上者。」〔註5〕

透過形上形下截然分明，卻又圓融一本的觀點，可以順利說明太極雖和陰陽不同，卻又能夠生化陰陽的問題。然而，問題並不僅於此。如果太極和陰陽乃上下兩層截得分明，試問，形上的太極之體此層豈非不能具有形下一層的陰陽之氣？如此一來，陰陽之氣如何從不具有氣的太極之中生出來呢？這和老子無生有，虛生氣之說又有何不同？伊川已斥老子「虛而生氣」之非，〔註6〕故此說不通。反之，若將陰陽之氣賦予太極，不但無法區別形上、形下，而且太極運動變化夫氣，以主宰氣的超越性，也容易崩落成陰陽之氣自身運動表現的條理。更嚴重的是，太極已經是陰陽了，如何更說太極生陰陽？陰陽不等於太極之說陷入了兩難。

船山論陰陽和太極的關係，就是為了徹底解決上述兩難困境而發展出來的學說。他同意老子「虛生氣」之說不能成立，並從理論上嚴予駁斥。由此，他認為只有以陰陽即是太極，才能真正使太極和陰陽的關係跟「虛生氣」、「無生有」有所區別。然而，若陰陽即是太極，則又何必分立兩名呢？且太極又如何生陰陽呢？船山在這個問題上強調太極、陰陽之實雖一，然各有不同義界，從而他對太極生兩儀之「生」的意義做出別開生面的詮釋。

二、船山對「太極本無陰陽」之說的批判

船山認為《乾鑿度》中「有太易，有太初，有太始，有太素」之名，是

〔註4〕 宋・程顥、程頤：《河南程氏遺書》，收入《二程集》（臺北：里仁書局，1982年），頁118。

〔註5〕 宋・程顥、程頤：《河南程氏遺書》，收入《二程集》，頁162。

〔註6〕 宋・程顥、程頤：《河南程氏遺書》，收入《二程集》，頁160。

「使陰陽未有之先而有太極」〔註7〕。董仲舒說「冬至前一日無陽，夏至前一日無陰」，是等於承認有「陰陽孤絕」〔註8〕之一日，而由原無陰陽的本體化生出陰陽。邵子「天開於子，消於亥；地闢於丑，消於戌」之說，等於說乾坤有「雜而不純」、缺而不至之日，〔註9〕是以「乾坤之先有太極矣」〔註10〕，則是陰陽之外有道。誤解《太極圖》者也將因「太極動而生陽，靜而生陰」之說，而誤以為「太極本未有陰陽」。〔註11〕

以上諸說皆無法和佛老判別：「彼且曰：『有有者，有無者，有未始有夫有無者。』或且曰：『七識以為種子，八識以為含藏，一念緣起無生。』嗚呼！毀乾坤以蔑易者，必此言夫！」〔註12〕「老氏之言曰：『有物混成，先天地生。』今曰『道使天地然』，是先天地而道矣。」〔註13〕有之前為無，由無生有；陰陽未有，由太極以生陰陽。是太極本無陰陽，與虛無生氣，一念緣生難以區分。然而，太極本無陰陽，因動靜始生陰陽之論為何不能成立？船山從理論上，辯論其說之邏輯上的矛盾，並指出其言和大《易》之教相悖。

（一）「太極本無陰陽」之說的邏輯矛盾

船山說：

> 老氏以天地如橐籥，動而生風，是虛能於無生有，變幻無窮；而氣不鼓動則無，是有限矣。然則孰鼓其橐籥令生氣乎？〔註14〕

又說：

> 浮屠謂真空常寂之圓成實性，止一光明藏，而地水火風根塵等皆緣妄現，知見妄立，執為實相。若謂太極本無陰陽，乃動靜所顯之影象，則性本清空，稟於太極，形有消長，生於變化，性中增形，形外有性，人不資氣而生而於氣外求理，則形為妄而性為真，陷於其邪說矣。〔註15〕

以上兩段，船山批判「太極本無陰陽」之說不當的論辯，要點有四。

〔註7〕　明・王夫之：《周易外傳》，《船山全書》第一冊，頁1024～1025。
〔註8〕　明・王夫之：《周易內傳》，《船山全書》第一冊，頁194。
〔註9〕　明・王夫之：《周易外傳》，《船山全書》第一冊，頁1068、1071。
〔註10〕　明・王夫之：《周易外傳》，《船山全書》第一冊，頁990。
〔註11〕　明・王夫之：《張子正蒙注》，《船山全書》第十二冊，頁24。
〔註12〕　明・王夫之：《周易外傳》，《船山全書》第一冊，頁1025。
〔註13〕　明・王夫之：《周易外傳》，《船山全書》第一冊，頁822。
〔註14〕　明・王夫之：《張子正蒙注》，《船山全書》第十二冊，頁24。
〔註15〕　明・王夫之：《張子正蒙注》，《船山全書》第十二冊，頁25。

1、老子說天地如橐籥，是說天地本無氣，但天地能被鼓動，是虛能鼓動天地，使之生氣，這等於「無能生有」。但，無氣的天地，任其如何鼓動，如何能從無中生出有來？

2、若說天地生氣，如橐籥生風；橐籥無風，鼓動之則能生風；天地無氣，鼓動之則能生氣。這不但無法避免「無中生有」的詰難，更導致「第三者」的質疑，「孰鼓其橐籥，令生氣乎？」

3、氣是被生，故「氣不鼓動」，天地無氣，是無；無之外有氣，有有者，另外又有個鼓動天地的「第三者」，於是老子的無將成為在其外另有與之對立的「有限者」，不能做為最終的本體。無、氣（有）、第三者都不能成為無限的本體；若要再進一步追溯無限者，同樣的問題又再出現；無若非有、太極若本無陰陽，它又將成「有限者」，如此便將無窮追溯；太極若有陰陽，則「無能生有」、「虛能生氣」之論便不能成立。

4、佛氏「根塵妄現」之言的困難，仍和前三項相同。圓成實性是真，根塵皆由知見妄立。所以，形、性相外，則虛妄的根塵如何能從清空無妄的實性中出現呢？這仍不免無中生有之詰難。

以上四點，船山根本論點是：若說太極本無陰陽，宇宙都將被劃分成兩大異質的領域，彼此卻又必須有生與被生的關係。一層是形、氣、有、陰陽、根塵……；一層是性、理、無、太極（太始、太初、太易）、空……，等。不論其名稱如何，兩者是上下異層、異質的存在，既互相對立，卻又必須相生，於是都不免陷於「無中生有」、「虛能生氣」的詰難。船山用橫渠的話稱之為「體用殊絕」〔註16〕。

（二）「太極本無陰陽」之說違反《易》教

太極本無陰陽之說除邏輯不通之外，也違反大《易》之教。

1、從《易》之為名來說：《易》之名，是因有兩物「動以相易」而立。若陰陽未有之先有太極，太極為純一之體，儘管鼓動生化，卻不能說其「動以相易」。「易在乾坤既建之後，動以相易。若陰陽未有之先，無象無體，而何所易耶？」〔註17〕

2、從「一陰一陽之謂道」來說：陰陽就是道體，道非陰陽之外，另為一體。「『道』謂天道也。『陰陽』者，太極所有之實也。……故曰『陰陽無始』，

〔註16〕明・王夫之：《張子正蒙注》，《船山全書》第十二冊，頁24。
〔註17〕明・王夫之：《周易內傳》，《船山全書》第一冊，頁42。

言其有在動靜之先也。」〔註18〕陰陽本身就是道，就是太極，所以道才能一之一之，「然陰陽充滿乎兩間，而盈天地之間唯陰陽而已矣。『一一』云者，相合以成，主持而分劑之謂也。」〔註19〕若陰陽不是道，道不即是陰陽，則道空無一物，從何一之一之呢？如老子橐籥之說，如果天地不就是氣，沒有陰陽為實有，任你怎麼去鼓動，也生不出氣來。「老氏唯不知此，故以橐籥言之。且看者橐籥一推一拽，鼓動底是甚麼？若無實有，儘橐籥鼓動，那得者風氣來？」〔註20〕陰陽之氣就是實有，若道無陰陽，道也就無從一之一之。所以，說太極本無陰陽，便違反「一陰一陽之謂道」的《易》教。

　　3、從「闔戶之謂乾，闢戶之謂坤」來說：闔闢之機之所以能推動，正是因為先存在著實有之體。先有門戶的存在，才能闔戶、闢戶。「有戶，則必有材以為戶者，則必有地以置戶者。闔，則必有闔之者；闢，則必有闢之者。為之置之，闔之闢之，彼遂以是為太極也，且以為太易、太初、太始、太素也。夫為之置之者，必有材矣，大匠不能搏空以造樞根；闔之闢之，必有情矣，抱關不能无司以為啟閉。材則其陰陽也，情則其往來也。使陰陽未有之先而有太極，是材不夙庀，而情无適主；使儀象既有之後遂非太極，是材窮于一用，而情盡于一往矣。」〔註21〕有材才能為戶置戶，有門才能闔戶闢戶。有陰陽，道才能分劑之；有儀象，太極才能主宰之。說太極本無陰陽，等於說大匠鑿空來做門檻、戶樞，抱關憑虛來開關城門，不合闔戶闢戶的《易》教之旨。

　　4、從《周易》並建乾坤於首來說：乾坤並建而生六子以至五十六卦，所以，卦卦具足乾坤以為體，若見各卦有陰陽不足的情形，那是因為「六陽六陰往來於向背十二位之中，而發見於六位，交相錯以利乘時之用」〔註22〕之故。若說太極本無陰陽，動靜而後生陰陽，則是有陰陽不足，乾坤不至之一日，如前文所述邵子「天開於子，消於亥；地闢於丑，消於戌」之說，船山反詰：「不知至健之清以動者，何容施消？至順之濁以靜者，何所以受其消也？」〔註23〕邵子又說「天開於子而無地，地闢於丑而無人」，則本無陰陽之

〔註18〕　明・王夫之：《周易內傳》，《船山全書》第一冊，頁524～525。
〔註19〕　明・王夫之：《周易內傳》，《船山全書》第一冊，頁525。
〔註20〕　明・王夫之：《讀四書大全說》，《船山全書》第六冊，頁1057。
〔註21〕　明・王夫之：《周易外傳》，《船山全書》第一冊，頁1025。
〔註22〕　明・王夫之：《周易內傳》，《船山全書》第一冊，頁508。
〔註23〕　明・王夫之：《周易外傳》，《船山全書》第一冊，頁1071。

太極如何無端於子開天？又爲什麼無故於亥消滅無遺？已滅之天地又如何重起另一新的天地呢？故船山評之爲「則無本而生，有待而滅，正與老、釋之妄同，非周易之道也」〔註24〕。即違反「乾坤並建」之說。

三、陰陽一太極之實體

只要承認太極本無陰陽，因動靜而後生陰陽，則任何圓融一本之說都無法避免「體用殊絕」的詰難。要圓滿建立儒家天道論的理論，船山認爲只有以陰陽爲太極實體，或陰陽就是道體，氣和理爲凝合之一體才可能。以上三者是同一問題的不同表述，本章之焦點以太極和陰陽的關係爲分析對象。

船山認爲「陰陽二氣充滿太虛，此外更無他物，亦無間隙」〔註25〕，「陰陽一太極之實體」〔註26〕，太極就是陰陽二氣，否則等於承認兩間之外另有他物。既然如此，陰陽和太極何必分立兩名呢？兩者關係如何？船山的基本看法是認爲太極和陰陽，其實雖一，然而兩者各有不同的義界，故可分立兩名。如同道與象的情形，船山說：「天下无象外之道。何也？有外，則相與爲兩，即甚親，而亦如父之於子也；无外，則相與爲一，雖有異名，而亦若耳目之於聰明也。」〔註27〕太極與陰陽有異名，但卻是相與爲一之體。在此情形下，兩者之關係大概有四方面。

（一）陰陽乃太極本然之體

船山說：

> 「兩儀」，太極中所具足之陰陽也。……陰陽，無始者也，太極非孤立於陰陽之上者也。〔註28〕

> 周易乾坤並建，以統全易；陰陽之至足，健順之至純，太極本然之體也，而用行乎其間矣。〔註29〕

> 陰陽之外無太極，……知太極之藏，唯兩儀之絪縕不息。〔註30〕

〔註24〕明・王夫之：《張子正蒙注》，《船山全書》第十二冊，頁277。

〔註25〕明・王夫之：《張子正蒙注》，《船山全書》第十二冊，頁26。

〔註26〕明・王夫之：《張子正蒙注》，《船山全書》第十二冊，頁24。

〔註27〕明・王夫之：《周易外傳》，《船山全書》第一冊，頁1038。

〔註28〕明・王夫之：《周易內傳》，《船山全書》第一冊，頁561～562。

〔註29〕明・王夫之：《周易內傳》，《船山全書》第一冊，頁490。

〔註30〕明・王夫之：《周易內傳》，《船山全書》第一冊，頁578。

太極本然之體的內容實蘊，即太極之「藏」，只有陰陽二氣絪縕不息，所以，陰陽是兩間唯一的實體，陰陽之外別無太極孤立其上。

（二）太極是陰陽渾合不分的狀態

船山說：

> 合之則爲太極，分之則謂之陰陽。……然陰陽充滿乎兩間，而盈天地之間唯陰陽而已矣。〔註31〕

> 「太極」之名，……其實陰陽之渾合者而已。……陰陽之本體，絪縕相得，合同而化，充塞於兩間，此所謂太極也。〔註32〕

> 夫陰陽之實有二物，明矣。……自其合同而化者言之，則渾淪於太極之中而爲一。〔註33〕

當強調萬有本體之氣固有之兩種不同體性，則謂之陰陽。而太極則是形容陰陽之氣「沖微而未凝」〔註34〕，渾淪不分的情形。陰陽二氣具有不同的性情、功效、才質，〔註35〕當性情功效相異之陰陽合同而化，未成形象，其渾然一體的狀態，就是太極（張子名之爲「太和」）。

（三）太極是對陰陽為無所不極、至足無缺之體的贊詞

船山說：

> 如實言之，則太極者乾坤之合撰，健則極健，順則極順，无不極而无專極者也。〔註36〕

> 太極一渾天之全體。……乾極乎陽，坤極乎陰，乾坤並建，而陰陽之極皆顯；四象八卦、三十六象六十四卦摩盪於中，無所不極，故謂之太極。〔註37〕

〔註31〕　明・王夫之：《周易內傳》，《船山全書》第一冊，頁525。
〔註32〕　明・王夫之：《周易內傳》，《船山全書》第一冊，頁561。
〔註33〕　明・王夫之：《周易內傳發例》，《船山全書》第一冊，頁660。
〔註34〕　明・王夫之：《周易內傳發例》，《船山全書》第一冊，頁660。
〔註35〕　羅光先生、戴景賢、曾春海二教授皆有此說。羅光：《王船山形上學思想》，收入《羅光全書》第18冊（臺北：臺灣學生書局，1993年），頁145。戴景賢：《王船山之道器論》（臺北：臺大中文研究所博士論文，1982年），頁133。曾春海：《王船山易學闡微》（臺北：輔大哲學研究所博士論文，1978年），頁93。
〔註36〕　明・王夫之：《周易外傳》，《船山全書》第一冊，頁990。
〔註37〕　明・王夫之：《周易內傳發例》，《船山全書》第一冊，頁658～659。

「太」者極其大而無尚之辭。「極」，至也，語道至此而盡也；其實陰陽之渾合者而已，而不可名之爲陰陽，則但贊其極至而無以加，曰太極。太極者，無有不極也，無有一極也。唯無有一極，則無所不極。故周子又從而贊之曰：「無極而太極。」〔註38〕

無極，無有一極也，無有不極也。有一極，則有不極矣。無極而太極也，無有不極乃謂太極。……儲天下之用，給天下之得者，舉無能名言之。天曰無極，人曰至善，通天人曰誠，合體用曰中，皆贊辭也。〔註39〕

太極做爲陰陽本體之贊辭，表現三方面的意義。

首先，太極是對陰陽之氣本體當身的贊辭。陰陽之氣充滿兩間，爲宇宙唯一實有之本體，至足全備，無所欠缺。乾坤乃其德、其性，〔註40〕所以健則極健，順則極順（動、散、潤、暄、止、說……等德性無不備於其體），而無不極至。因爲陰陽之氣的德性無不極至，故能無所不至，而不被任何一個專極的德性給限定，這就是「無專極」——不專於一極之謂。周子乃從而贊之爲無極。

其次，太極是對陰陽之氣摩盪和合以生天下萬物的生化大用，乃神妙無方、變化不測而讚嘆之辭。乾坤合撰的陰陽之氣，其生化之用也是無所不極，「道不容於缺，必用其全」〔註41〕；人但見其已生，莫測其所以生：「道無適主，化無定則，不可名之爲極；而實有太極」〔註42〕。陰陽之生化雖無適主，而實有主宰。即此主宰而贊之曰太極。

其三，太極乃是對於其體、其用皆無所不極的宇宙本體，其爲無以名之，無以尚之，一切名言、思慮皆極盡於此的贊辭。實則任何指稱此體的名言，如：中、誠、至善、無極……等，無非是對此體之贊辭，太極是如此，乃至陰陽也是，所以說「不可名之爲陰陽」。以陰陽名之，乃指其「雖其實氣也，而未可名之爲氣」〔註43〕的本體實蘊。以其超乎一切，極至而無以加，故贊之曰太極。

〔註38〕 明・王夫之：《周易內傳》，《船山全書》第一冊，頁561。
〔註39〕 明・王夫之：《思問錄・內篇》，《船山全書》第十二冊，頁402。
〔註40〕 明・王夫之：《張子正蒙注》，《船山全書》第十二冊，頁363、366。
〔註41〕 明・王夫之：《周易外傳》，《船山全書》第一冊，頁976。
〔註42〕 明・王夫之：《張子正蒙注》，《船山全書》第十二冊，頁272。
〔註43〕 明・王夫之：《張子正蒙注》，《船山全書》第十二冊，頁32。

（四）太極是陰陽之氣中的主宰分劑之理

船山說：

> 道者，天地人物之通理，即所謂太極也。〔註44〕

> 天地之所以宰萬物者，理而已矣。〔註45〕

> 而天地之間唯陰陽而已矣。「一一」云者，相合以成，主持而分劑之謂也。……一形之成，必起一事；一精之用，必載一氣。濁以清而靈，清以濁而定。若經營之，若搏捖之，不見其為，而巧無以踰，此則分劑之之密，主持之之定，合同之之和也。此太極之所以出生萬物，成萬理而起萬事者也，資生資始之本體也，故謂之「道」。〔註46〕

陰陽摩盪變化之大用雖無定則、無適主，而實有太極以主宰之。陰陽摩盪所成的變化之體，其陰陽或有多寡不齊的現象。而此物之為陽多陰少，彼物之為陽少陰多；或此事之為濁以清而寧，彼事之為清以濁而定……等，其多少分劑之不同，乃是陰陽之氣中固具之「巧無以踰」的天則為之主宰。人雖不能見其實際經營、搏捖的情形，但萬有確實是由具有無比精巧的通理，「實有太極」為主宰而被生成者。陰陽中的主宰之理就是太極或道。

「天地之所以宰萬物者，理也」，太極即此主宰之理。若非有此主宰之理，陰陽之氣的摩盪變化，將只是盲目地、狂亂地、妄動地氣機鼓盪。儘管其變化也可能表現出條理性、秩序性、規律性，然其條理則是出於偶然的、機遇的巧合所成，而並非有必然的、絕對的主宰在經營搏捖。則其為理也，乃無定然不可踰之天則。船山則以陰陽固有主宰之理，即太極，故陰陽之分劑乃被形容為「巧無以踰」者。正因陰陽固有主宰之理，其為主宰又「不見其為」，神妙莫測，所以才當得起「大而無尚」、「至此而盡」、「極至而無以加」之稱，而足以名為「太極」；盲目狂亂的氣機之流，何足以當此名？更何況陰陽若非固有主宰之理，則以陰陽之「情異數畸」〔註47〕，並無必然保證其彼此不至於相消相滅，〔註48〕而天地將有毀乾坤之一日，太虛將歸空無而不復

〔註44〕明・王夫之：《張子正蒙注》，《船山全書》第十二冊，頁15。

〔註45〕明・王夫之：《周易內傳》，《船山全書》第一冊，頁521。

〔註46〕明・王夫之：《周易內傳》，《船山全書》第一冊，頁525。

〔註47〕明・王夫之：《周易外傳》，《船山全書》第一冊，頁1005。

〔註48〕漢儒言陰陽就有此說，如京房說：「陰生陽消，陽生陰滅。」漢・京房：《京氏易傳》（臺北：商務印書館四部叢刊本），頁7。

能有了。

太極為陰陽之渾合，乃陰陽固有之主宰之理，即「天地人物之通理」的道。此說放在「一陰一陽之謂道」的架構下，太極和陰陽的關係就是道體和陰陽的關係。如「道以陰陽為體，陰陽以道為體，交與為體，終无有虛懸孤致之道」〔註 49〕，即「陰陽之外無太極」，「太極非孤立於陰陽之上」的不同說法。若放在宋明理學傳統中，就是理氣關係：「天者，所以張主綱維是氣者也。理以治氣，氣所受成，斯謂之天。理與氣元不可分作兩截」〔註 50〕，「氣外更無虛託孤立之理也」〔註 51〕，「氣原是有理底」〔註 52〕。凡此大致與上述之說相同。而理並非只是氣機鼓盪變化之條緒而已，更是實有一物以主宰夫氣，「張主綱維」以「治」氣者（當然這不是說理別為一物而與氣相外為二，而是說理氣雖有異名而實則相與為一）。此意明顯表現於以下諸說：「而理者原以理夫氣者也。……則理以治氣，而固託乎氣以有其理也」〔註 53〕，「氣亦受之於天，而神為之御，理為之宰」〔註 54〕，「若夫人之實有其理以調劑乎氣而效其陰陽之正者，……此則氣之實體，秉理以居」〔註 55〕。理之為實有其物，乃意味理是與氣凝合相與為一的實體。氣之實體固有主宰之理，不是待氣在變化運動之後表現了規律性，才有其條緒之理。〔註 56〕對於氣之固有主宰之理，船山本於儒家道德實踐的工夫，指出一真切可循之道，由人之實有其理以調劑、主宰氣來體會其意。〔註 57〕

〔註 49〕 明・王夫之：《周易外傳》，《船山全書》第一冊，頁 903。

〔註 50〕 明・王夫之：《讀四書大全說》，《船山全書》第六冊，頁 993。

〔註 51〕 明・王夫之：《讀四書大全說》，《船山全書》第六冊，頁 1054。

〔註 52〕 明・王夫之：《讀四書大全說》，《船山全書》第六冊，頁 1060。

〔註 53〕 明・王夫之：《讀四書大全說》，《船山全書》第六冊，頁 925。

〔註 54〕 明・王夫之：《張子正蒙注》，《船山全書》第十二冊，頁 368。

〔註 55〕 明・王夫之：《讀四書大全說》，《船山全書》第六冊，頁 1055。

〔註 56〕 船山「理」之概念的涵義複雜，許冠三教授認為「船山語彙中的理字並不是單一的概念，而是許多概念之疊合詞，是成百個喻義廣狹懸殊之概念的共同符號。」許冠三：〈原王船山之理〉，《香港中文大學學報》（香港：中文大學，1979 年），頁 7。林安梧教授區別其中兩種最常見的用法，即「主宰之理」與「條理之理」。林安梧：《王船山人性史哲學之研究》（臺北：東大圖書公司，1987 年），頁 99。

〔註 57〕 明儒曹月川著〈辯戾〉，批評朱子之太極乃「自不會動靜，乘陰陽之動靜而動靜爾！」以朱子之理氣關係就像死人騎活馬，使「理為死理，而不足以為生化之原」。清・黃宗羲：《明儒學案》（臺北：河洛出版社，1974 年），卷 44，頁 5。案：朱子從真切篤實的道德實踐建立其理氣論。從人的道德生活經驗中，

　　蒙培元教授說船山「有時過分誇大了理的作用，竟說成生化之主宰。他說：天地之所以宰萬物者，理而已矣！……所謂主宰，總得有一個東西在那裏主宰，這樣的理就很難用物質規律去解釋了。」蒙教授又質疑船山在《思問錄・內篇》說「張子以清虛一大言天，亦明乎其非氣」之言，而論說：「這就明顯把理氣分離並對立起來。……太極是理，這就同它關於太極是氣的思想發生矛盾。」〔註58〕但蒙教授對船山的批評，有待商榷。

　　船山確實說：「天人之蘊，氣而已。」〔註59〕又說：「太虛絪縕之本體，……雖其實氣也。」〔註60〕但卻不可認為船山把宇宙本體視為「只是氣」：

> 言「始」者有三：君子之言始，言其主持也。……此之言「始」，言其生動也。夫生動者氣，而非徒氣也。但以氣，則方其生動於彼，而此已枵然矣。盈於彼，不虛於此；先天地生，而即後天地死。……生息無窮，機漾於渺，……於其不「常」，而陰尸其「常」。〔註61〕

> 乾之以其性情，成其功效，統天始物，純一清剛，善動而不息，豈徒其氣為之哉？理為之也。合始終於一貫，理不息於氣之中也。〔註62〕

「生動者氣，而非徒氣也」，氣之所以能「善動不息」，生生不已；陰陽之所以不至於相消相滅，「豈徒其氣為之」？「理為之也」。「要非理氣之但此為先，

常可發現日常活動的是盲目狂亂的氣稟情欲之流。經由學習、教育，人也認識了許多道德法則（理）。雖然，道德法則彷彿是懸空掛在那裡，人也常知之而不能行之，明是願意遵從之，情欲氣機卻往另一邊驅動。然而，無可否認的是，只要願意，任何人在任何時機、情境之下，他都能真切力行，讓那懸空在上的天理主宰其個人的行為，欲仁仁至。朱子的理是氣之動靜的主宰，當然足以當生化之原。曹月川的「死人死理」之譏，完全不對題。反而是與他同時代的羅整庵所說之理，乃氣機之升降闔闢「莫知其所以然而然」。明・羅欽順：《困知記》（臺北：中國子學名著集成編印基金會），卷上，頁17。羅整庵之理更適合「死人死理」的形容。牟宗三先生言之極貼切：「一般人對活理系統無真體會，又無朱子分解思考之縝密與貫徹以及其身體力行之體驗，兩不著邊，只抓住理氣之二不二，朝三暮四之纏夾，其不及朱子也亦遠矣！」牟宗三：《心體與性體・第一冊》（臺北：正中書局，1979年），頁389。船山從實踐進路體會「氣之實體，秉理以居」，掌握理之主宰義，這使其氣之涵義與羅整庵等人有重大區別。

〔註58〕蒙培元：《理學的演變》（臺北：文津出版社，1980年），頁486～487。
〔註59〕明・王夫之：《讀四書大全說》，《船山全書》第六冊，頁1054。
〔註60〕明・王夫之：《張子正蒙注》，《船山全書》第十二冊，頁32。
〔註61〕明・王夫之：《老子衍》，《船山全書》第十三冊，頁49。
〔註62〕明・王夫之：《周易內傳》，《船山全書》第一冊，頁54。

但此為後也。理之御氣，渾淪乎无閒」〔註 63〕，理氣渾淪一體，氣之中原有那蕩漾於幽渺的生機、生息，「不息於氣之中」的理「陰尸其常」，為其「主持」，所以它才能不至於「枵然」、「虛餒」，後天地死。「但以氣」，則生動之氣本身並不能保證其不至於枵然死滅。曾昭旭教授首先闡明船山「即氣言體」，並非「只是氣」〔註 64〕，可謂孤明先發，先得船山之心所同然者。

船山說：「蓋言心言性、言天言理，俱必在氣上說，若無氣處則俱無也。」〔註 65〕氣雖是本體之實，氣之實卻有心有性、有天有理，亦可有道有太極⋯⋯等，而就陰陽之氣中的主宰之理而言，則稱之為太極。可以說凡言「理即是氣之理」，也可以說「言氣即離理不得」〔註 66〕。同樣，可以說言陰陽，則太極在其中；也可以說言太極，則陰陽在其中。太極（理）和陰陽（氣）所指之實是一，而側重的層面不同，「一理而多為之名，其實一也」〔註 67〕。當然，船山使用太極一詞的涵義不止於此。〔註 68〕因此，蒙教授說船山把理氣分離對立起來，是錯誤之一；說船山言太極是理，便和太極是氣（船山原文從未出現「太極是氣」此種命題，雖然，從太極是陰陽之渾合可推出此說）相矛盾，是錯誤之二（當然，若因船山說太極是理，便否定其太極是陰陽之渾合的主張，也是一偏之見）；至於把太極或主宰之理硬套上物質規律的意義，則是錯誤之三。

〔註 63〕 明・王夫之：《周易外傳》，《船山全書》第一冊，頁 1078。

〔註 64〕 曾昭旭：《王船山哲學》（臺北：遠景出版社，1983 年），頁 329。因船山不認為宇宙本體「只是氣」，所以將船山稱為「唯氣論」者，不但不貼切，而且無法掌握其哲學豐富的、多面向的義理。唐君毅先生曾說船山的氣，「既是精神的，又是物質的」。唐君毅：《中國哲學原論・原教篇（下）》（臺北：臺灣學生書局，1979 年），頁 626。林安梧教授則更強調船山之氣的「倫理性」意義，即誠，認為作為本體意義的氣，是「對比於心、物，理、氣二端而成的一個辯證性概念」。林安梧：《王船山人性史哲學之研究》，頁 100～101。許冠三教授指出，那些以「氣本論」或「氣化一元論」解釋船山之本體的學者，其實是閹割了船山哲學。許冠三：〈船山的宇宙觀〉，《香港中文大學中國文化研究所學報》，第 10 卷，第 1 期，頁 176。

〔註 65〕 明・王夫之：《讀四書大全說》，《船山全書》第六冊，頁 1111。

〔註 66〕 明・王夫之：《讀四書大全說》，《船山全書》第六冊，頁 1054、1116。

〔註 67〕 明・王夫之：《張子正蒙注》，《船山全書》第十二冊，頁 32。

〔註 68〕 大多數情形，船山是把太極等同於宇宙唯一的本體，統涵萬有。如：「太極之在兩間，⋯⋯自大至細而象皆其象，自一至萬而數皆其數。⋯⋯太極之一，○也，所以冒天下之數也。」明・王夫之：《周易內傳》，《船山全書》第一冊，頁 1016。這樣的太極不適合視為與陰陽對稱之名。

做爲天地萬物主宰之理的太極，既是與陰陽之氣相與爲一體，而爲有理之氣或氣之理，它確實是「實有一物」在那裡主宰。船山說：「理爲天地之主宰，則實有其物矣。其爲物也，無在彼在此之殊也，無前古後今之異也，運行不竭而終始常然，豈有間二之者哉？」〔註69〕這和「太極之在兩間，无初无終而不可間也，無彼無此而不可破也」〔註70〕完全一致。理或太極能「運行不竭」，推動萬化之生，而其常體恆一，此理、太極已是「雖其實氣也，而不可名之爲氣」的本體，「一理多名」之一名。所以，它當然「實有一物」，而且是有主宰性的一物。蒙教授承認他無法了解物質規律的太極之理怎麼能主宰生化，這正好反顯出將船山的太極之理解釋爲物質規律根本就不恰當。於是，凡是遇到無法用物質規律解釋的概念、義理，便一律斥爲虛妄。是等於在氣之外，承認另有一個領域之理，而和氣分離對立。當努力將船山的理氣論解釋成理氣不分之時，蒙教授已將船山諄諄告誡「善言理氣者必不判然而離析之」〔註71〕之論給稀釋蒸發了。

太極和陰陽所指之實都是同一內容，然而卻各有其不同的義界：陰陽著重其實際存在之材質或氣，太極則強調其主宰生化之性或理。陰陽和太極從其實質來說；兩者可畫上等號。那麼這樣去理解「太極是生兩儀」之言豈非造成同體自生的不通之論？順著上述的義理脈絡船山發展出他對「生」的意義之特殊規定，使其能化解此一矛盾。

四、太極生兩儀之「生」的意義

船山認爲太極生陰陽並非兩個互爲外在的敵對並立之體之相生的關係。他的說法主要有三方面。

（一）太極生陰陽並非如父生子之生

生者，非所生者爲子，生之者爲父之謂。使然，則有有太極無兩儀，有兩儀無四象，有四象無八卦之日矣。〔註72〕

非太極爲父，兩儀爲子之謂也。陰陽，無始者也，太極非孤立於陰陽之上者也。〔註73〕

〔註69〕　明・王夫之：《四書訓義（上）》，《船山全書》第七冊，頁202。
〔註70〕　明・王夫之：《周易外傳》，《船山全書》第一冊，頁1016。
〔註71〕　明・王夫之：《讀四書大全說》，《船山全書》第六冊，頁1117。
〔註72〕　明・王夫之：《周易稗疏》，《船山全書》第一冊，頁789。
〔註73〕　明・王夫之：《周易內傳》，《船山全書》第一冊，頁562。

固合兩儀、四象、八卦而爲太極。其非別有一太極，以爲儀、象、
卦、爻之父明矣。〔註74〕

父子是彼此相外之敵體，若太極爲父，陰陽爲子，則有有父無子之時，
亦等於承認有有太極而無陰陽之時。本無陰陽之太極卻因動靜生出陰陽，這
又回到船山所批判的「虛能生氣」、「無能生有」之「體用殊絕」的二元論。
所以太極不能孤立於陰陽之上之外，以做爲儀象卦爻之父。顯然《繫辭傳》
「太極是生兩儀」之說別有所指。

（二）太極生陰陽是「立於此而生」的「同有」、「固有」之生

「易有太極」，固有之也，同有之也。太極生兩儀，兩儀生四象，四
象生八卦，固有之則生，同有之則俱生矣。故曰「是生」。「是生」
者，立於此而生，非待推於彼而生之。……所自生者肇生，所已生
者成所生。无子之叟，不名爲父也。……固合兩儀、四象、八卦而
爲太極。〔註75〕

太極生陰陽是立於此而生，太極其體立於此，兩儀、四象、八卦，即在
其體發生。太極和儀象卦爻等並不是互相外在、對立的不同之物，以致太
極之生兩儀等，乃必須太極先立於此，然後推動於彼以生之。而是即在此
太極之體上而生之，所以稱爲「是生」；是者，此也。故曰太極立於此而生
陰陽。

太虛絪縕之本體的一氣之實生生不息以成變化之體，萬有之生都來自於
此體；此氣之實體是肇生萬有之體，是萬有所自生之體；而已生之萬有都是
此體之所生成者。所以說是「所自生者肇生，所已生者成所生」。肇生者爲主
宰、爲父，即太極；所生者爲變化、爲子，即陰陽。父子之名亦可形容太極
生陰陽的關係，但並非父子彼此爲相外對待之體，而是「無子之叟，不名爲
父」的關係。陰陽即是太極之體，但仍可以說太極生陰陽，因爲陰陽是生化
的實材，太極是生化的主宰，但是若無陰陽之材則亦無太極之名實；如無子，
則名實皆「叟」，不名爲父。

船山的解釋，使他可以避免「體用殊絕」的困難，維持宇宙本體一元論
的架構，順利說明太極生陰陽的關係。太極生陰陽、以至四象、八卦，既是
其體立於此而生，則儀象卦爻都是此一元的本體所「同有」、「固有」，故曰「合

〔註74〕明・王夫之：《周易外傳》，《船山全書》第一冊，頁1024。

〔註75〕明・王夫之：《周易外傳》，《船山全書》第一冊，頁1023～1024。

兩儀、四象、八卦而爲太極」。正因天地萬物都是一元之體所同有、固有，所以一元之體才能生之成之。否則宇宙既只是此一氣之體，竟存在非此體所同有、固有之物，則此物將從何處得生？無乃爲「無中生有」？於是，當用陰陽的觀念來說明宇宙的萬物生成的過程，船山可以不用借助於一個時間上爲先立、先在的本體。把太極生陰陽的關係落在理氣論來說，「理先氣後」的問題對船山也不存在。〔註 76〕陰陽是太極所固有、同有，太極和陰陽是同一體之肇生者和所生者的關係。因此，一切生都是在太極之體上發生。

（三）太極生陰陽是「於上發生」

儀象卦爻既爲太極所同有、固有，故可說都是在太極之體上生發著見，即「於上發生」。此又可從三方面來說：

1、生者，於上發生也

> 生者，於上發生也，如人面生耳、目、口、鼻，自然賅具，分而言
> 之，謂之生耳。……要而言之：太極即兩儀，兩儀即四象，四象即
> 八卦，猶人面即耳目口鼻；特於其上所生而固有者分言之，則爲兩、
> 爲四、爲八耳。〔註77〕

太極等於陰陽，乃至等於四象八卦。合言之，即太極；分言之，則有二、四、八。就主宰言，則謂之太極；就生化之實言，則謂之儀象卦爻。變化之體完全在太極之體上，「於其上所生」，是太極之體所固有、同有，所以可說太極生陰陽。如說人面生耳目口鼻，人面非立於其外以生之，只是特就人面之固有之，可說於人面之上生耳目口鼻。合言之即人面，分言之則爲耳目口鼻。又如「拆著便叫作陰陽五行，有二殊、又有五位；合著便叫作天」〔註78〕。天之生二殊五行乃是於天之體上發生。

2、生者乃功用發生之謂

> 周子曰：「動而生陽，靜而生陰。」生者，其功用發見之謂，動則陽
> 之化行，靜則陰之體定尔。非初無陰陽，因動靜而始有也。〔註79〕

〔註76〕 「理先氣後」是朱子理氣論的重要課題之一。陳來教授說：「朱熹早年不講理先氣後，與動靜無端，陰陽無始，不發生矛盾。後來主張理先氣後，在邏輯上，便與動靜無端，陰陽無始發生衝突。……晚年乃走向邏輯上在先之說的主要原因。」陳來：《朱熹哲學研究》（臺北：文津出版社，1990 年），頁 13。

〔註77〕 明·王夫之：《周易稗疏》，《船山全書》第一冊，頁 789～790。

〔註78〕 明·王夫之：《讀四書大全說》，《船山全書》第六冊，頁 461。

〔註79〕 明·王夫之：《周易內傳發例》，《船山全書》第一冊，頁 659～660。

　　陰陽之氣就是太極之體，是動靜的主體，並非因動靜而生。「然必有物也，以效乎動靜。太極無陰陽之實體，則抑何所運而何所置邪」？〔註80〕如此，船山之言似乎和周子之說矛盾。若陰陽是太極，是「效乎動靜」之物，周子為什麼要說「動而生陽，靜而生陰」呢？船山認為周子之言生，乃「功用發見之謂」，非本無今有之生。陰陽雖先於動靜而有，但其性情功效卻必須因動靜之用才能彰著發見。〔註81〕彰著不同性情功效的陰陽也仍是於太極之體上發生。

3、生是篤降，生起之義

　　　　「兩儀」，太極中所具足之陰陽也。……奇偶著陰陽之儀，皆即至足

　　　渾淪之乾坤所篤降，有生起之義焉。〔註82〕

　　太極本體具足的陰陽，篤降生發純乾至健的德性，即成陽之儀；生發純坤至順的德性，即成陰之儀。陰陽兩儀都是於太極之體上生起，所以說太極生兩儀。

　　以上所分析船山太極生兩儀之「生」的意義，實為創見。船山的陰陽與太極關係論真能貫徹儒家天道一元論，避免「無中生有」的困難，又能順利說明宇宙論方面的生成問題。

　　蒙培元教授說船山「雖然否定在陰陽之先有個太極，……但又說：『陰陽之生，一太極之動靜也』。既然太極以陰陽為實體，不可與陰陽析處，太極又如何『生陰陽』呢？即使陰陽由渾淪未分之體判而兩體，也不能說是太極生出來的。」〔註83〕其說當是未注意到船山上述的言論。

　　許冠三教授說船山之本體有二義：一是無待之本體，如「太極之本體」……等等，或簡稱「陰陽」。一是有待之本體，是「太虛無形，氣之本體」，即「陰陽之氣」。並解釋說船山「說宇宙之能成形象，生萬物，都是因為有那一個『二物未體』、『待用之初』之陰陽，即『太極之本體』……默然以太虛之氣為陰陽交感，絪縕化生必有之媒介而成。換句話說，此『太極之本體』非因『二氣之動』則不能生升降、飛揚、屈伸、往來之化，成其資生資始的『不容已之大用』。」〔註84〕依其說，船山之本體被分成兩體，此說等

〔註80〕 明・王夫之：《周易內傳發例》，《船山全書》第一冊，頁660。

〔註81〕 曾春海教授說：「陰陽雖非因動靜而有，卻因動靜而始發見，由動靜之用而彰著兩者判然相異之性情功能。」曾春海：《王船山易學闡微》，頁97。

〔註82〕 明・王夫之：《周易內傳》，《船山全書》第一冊，頁561～562。

〔註83〕 蒙培元：《理學的演變》，頁487。

〔註84〕 許冠三：《王船山的宇宙觀》，頁179。

於把太極和陰陽判然離析，大違船山之旨。爲什麼太極之體本身不能生化，一定要藉一立於其外的陰陽之氣做爲「媒介」，才能有其生化不容已之大用？船山說：

> 「天以陰陽五行化生萬物」，以者用也，即用此陰陽五行之體也。……天運而不息，只此是體，只此是用。……北溪……又云「藉陰陽五行之氣」，藉者借也，則天外有陰陽五行而借用之矣。〔註85〕

朱子弟子陳淳（北溪）說「天藉陰陽五行之氣」以生萬物，船山批評這是認爲在天之外，另有陰陽五行之體，而天必須借用之以爲「媒介」，才能生化。許教授之說和北溪之言很難有所不同，正是船山反對的。船山認爲陰陽五行之氣就是天（太極），只此是體，只此是用，「拆著便叫做陰陽五行，有二殊，又有五位；合著便叫做天。猶合耳、目、手、足、心思即是人。不成耳、目、手、足、心思之外，更有用耳、目、手、足、心思者！則豈陰陽五行之外，別有用陰陽五行者乎」？〔註86〕天之體即天之用，天之生化大用就在天之體上，「於其上發生」。所以船山又說：「蓋用者用其體，而即以此體爲用也。故曰『天地絪縕，萬物化生』，天地之絪縕，而萬物之化生即於此也。」〔註87〕許教授陰陽之氣爲太極之體的「媒介」說，不合船山之義。

五、結論

　　從陰陽和太極的關係之角度說，宋儒在對抗佛老虛無空寂之教，以建立儒家道德實有的天道論時，以天理、誠體、道體詮釋「太極」，取代魏晉時代之「無」；伊川即明指老子「虛生氣」之說爲非。同時，「形而上者謂之道，形而下者謂之器」的《易》教，使宋儒不能將實有的太極之體說成形而下的陰陽之氣。爲避免二本之論，二程的方法是將太極和陰陽截爲上下兩層，太極陰陽並非同一；但是太極也不能立於陰陽外而別自爲體，乃是陰陽之中所以生之者之道，故曰「一陰一陽之謂道」。

　　二程處理太極和陰陽之關係的方法被朱子發展成理氣論，理氣不即不離，但理氣爲二，理先氣後。在當時，象山即對太極和陰陽是「形上形下分爲兩體」提出批評。〔註88〕朱子的理氣論，在明代引起廣泛的討論，學者不

〔註85〕明・王夫之：《讀四書大全說》，《船山全書》第六冊，頁461。
〔註86〕明・王夫之：《讀四書大全說》，《船山全書》第六冊，頁461～462。
〔註87〕明・王夫之：《讀四書大全說》，《船山全書》第六冊，頁896～897。
〔註88〕宋・陸九淵：《陸九淵集》（臺北：里仁書局，1981年），頁505。

滿其歧理與氣、太極與陰陽而爲二體，爲了使氣歸於一體，他們取消太極之理的獨立地位，將之視爲陰陽之氣往來升降，闔闢循環之機表現的自然規律，並非一物以主宰夫氣。如羅整庵說：「或者因周易有太極一言，乃疑陰陽之變易，類有一物主宰乎其間，是不然。」〔註 89〕其說雖維持了「言陰陽，則太極在其中矣！言太極則陰陽在其中矣」〔註 90〕的一元論，卻使太極之爲生化主宰之理的意義崩落喪失。

　　船山雖然批評了「太極本無陰陽」之說的不當，建立「陰陽一太極之實體」的命題；但他從太極和陰陽之名是「各有所指」，「一理多名」的方法，一方面既能維持宇宙本體一元論；二方面能保留太極爲生化主宰的地位；三方面透過對太極生陰陽之「生」的意義之規定，使「陰陽一太極之實體」之說不會導致「陰陽生陰陽」之同體自生的矛盾，從而順利地說明了宇宙發生論方面的問題。

　　太極之體生陰陽是「立於此而生」，陰陽以至萬有都生於太極，其生於太極乃爲太極之體「同有」、「固有」之生；皆是「於其上發生」，如人面之生耳目口鼻是於人面上所生，並非在耳目口鼻之外，別有人面以生之。此一解釋不但使船山可以由太極生陰陽，順利說明宇宙生化，更重要的說，他不用造成太極和陰陽的對立，以致使太極成爲其中不能有陰陽的空洞無有之體，徹底避免了「無中生有」的詰難。

　　太極生陰陽之同有固有，於上發生的關係，取消了一個時間上先於萬有而存在的本體（如太始、太易、太初、有物混成先天地生的道等），直下以生成變化爲太極之體之自生自成。因此，就本體論說，太極生陰陽並無時間上先後的關係。《莊子・知北游》：「無古無今，無始無終。」船山的解文有助於了解其太極陰陽關係論：

> 爲根本之論以求道者，必推而上之，至于未有天地之先，爲有所以然者，爲萬有之本。此其昧也。惟滯於不神之形，而於物求之。然則未有子孫之日，索之當前，其爲子孫安在乎？子孫必有待而生，則未有待之日，無其必然之根本，明矣。故今日者無窮之大始，而今日非有以爲無窮之始，則無始也明矣。……於生而死之，於死而生之，以爲生死死生之本，昧孰甚焉？之說也，乍聞之而心開，徐

〔註 89〕明・羅欽順：《困知記》，卷上，頁 15～16。
〔註 90〕明・羅欽順：《困知記》，卷上，頁 17。

思之而又不審。何也？思之索之，終以爲有所以者爲之本也。故無
思無慮，乃近乎自然。〔註91〕

　　人若「於物求之」，就當前之物求其根本，不斷往時間之前追溯上去，便
會認爲在「未有天地之先」，有一萬物之生之「所以然」的「道」，是萬物的
根本。就像，就眼前的子孫追索子孫所以生的根本，便會認爲太初有祖先爲
今日子孫之根源。對此，船山反問說：「未有子孫之日，索之當前，其爲子孫
安在乎？」當人「推而上之，至于未有之先」，此時既然沒有萬物，那麼，要
推求萬物之所以然的根本，如何可得呢？人唯一能確定的是子孫必「有待而
生」；萬物必然有「所自生」。但是，我們並不能確定子孫有其「必然的根本」，
萬物必然是根源於時間上先天地生的道。反之，從子孫之「有待而生」，所能
推出的結論只能是「無其必然之根本」。爲什麼？因爲未有天地之先，子孫並
不存在；子孫既不存在，子孫有待而生的問題也就消失了，不能成立。於是，
在子孫未有待而生之日，就不存在子孫之所以生的根本之問題，所以船山說
「無其必然之根本，明矣」。未有天地萬物之先，既沒有天地萬物，那麼萬物
的「根本」之問題也就不存在。於是，一個在時間上先天地生的根源是什麼？
此一問題也就消失。

　　船山進一步取消肇生者和所生者之間存在的先後時間相。「爲根本之論
者」爲什麼要去追索未有天地之先的萬物根本呢？這個問題產生的根源，是
因爲要替「當前」尋找其根本，這樣說來，「今日」才是開端，「今日」才是
追溯「無窮」之根本的開始，眼前萬物才是推求萬物「生死死生」之所以然
的根源，所以船山說「今日，無窮之大始」。當然，這樣說是爲了破除對時間
上先天地生的本體之執著，並非眞是認定今日爲始生萬有之根本，「而今日
非有以爲無窮之始，明矣」。船山的本體論遂達到「無古無今，無始無終」的
結論。

　　太極之生陰陽，其爲同有固有，於上發生之生，遂取消了肇生者和所生
者的時間關係，太極非先立，陰陽非後生。那麼，作爲太極本體，陰陽究竟
是一元或是二元的實體？排除了時間過程與現象，根據陰陽的觀念又將如何
說明宇宙發生的情形？船山對這些問題的解決，使其陰陽觀念隱含豐富的本
體論、宇宙論意義。

〔註91〕明・王夫之：《莊子解》，《船山全書》第十三冊，頁345～346。

第二章　陰陽與道體的關係

一、引言

　　首次論及陰陽與道之關係者乃《周易・繫辭傳》：「一陰一陽之謂道。」所謂道，乃指天道。宋儒從《易傳》吸收儒家天道論的思想，把道當作生化萬有的本體，故稱為道體，而陰陽則是道體所生。當然，各家對道體的體會不同，因此，在道體與陰陽的關係之看法也有異。

　　本章焦點在分析船山論陰陽與道體之關係的觀點。在進入主題之前，宜就船山學說另一課題「道器論」，與本章的主題是否相同作一討論。就船山使用「道」一詞而言，有許多層次不同的意義，其內容也涉及諸多領域。〔註1〕作為宇宙萬有本體的道，即道體，是最高層次的道，其內容乃儒家生生萬有的道德性實體，這是本文論陰陽與道體之關係，所要討論的對象。至於道器論之中的道固然具有此一涵義，但不限於此，這是不同之一。其次，器和陰陽的概念當然更不相同，雖然有其相關之處。陰陽是氣，器則是「氣聚的顯像」〔註2〕。未成乎形象，陰陽之氣其體常在，而作為陰陽之氣凝聚而成之「器有成毀」〔註3〕。氣聚而成形象則為器，氣散則形象消失，此氣復返

〔註1〕曾春海教授指出，船山賦予「道」豐富之意義。如被化生之物顯用時之途徑，人倫間的當然之道，又指陰陽在主持分劑下所化生萬物之方向與歷程。於萬物言，則道是萬物內具其所當循之道，是以道之於萬物則有事物所循以為當然法則之法則義，猶如萬物生成變化所當行之道路。曾春海：《王船山易學闡微》（臺北：輔仁大學哲學研究所博士論文，1979年），頁78、97、99。

〔註2〕黃懿梅：《王船山的倫理學》（臺北：臺灣大學哲學研究所碩士論文，1974年），頁32。

〔註3〕明・王夫之：《張子正蒙注》，《船山全書》第十二冊，頁21。

於兩間而器毀。可以說器是由陰陽之氣所構成，但陰陽之氣不等於器。但是《繫辭傳》又說：「形而上者謂之道，形而下者謂之器。」將道與器對立，則與「一陰一陽之謂道」以及「太極是生兩儀」之說會通合看，是否可將陰陽之氣也視爲器呢？船山說「盈天地之間皆器矣」〔註4〕，「天下惟器而已矣。道者器之道，器者不可謂之道之器也」〔註5〕，「統此一物，形而上則謂之道，形而下則謂之器。無非一陰一陽之合而成」〔註6〕。這些說法和「而盈天地之間惟陰陽而已矣。『一一』云者，相合以成，主持而分劑之謂也」〔註7〕，「陰陽二氣充滿太虛，此外更無他物，亦無間隙」〔註8〕說法，可說並無不同。

「充滿太虛」的「統此一物」，「無非一陰一陽之合」，指的是「天人之蘊，氣而已」〔註9〕。由氣之聚散出入，構成了有形有象的萬物之成毀變化。就氣之爲實有，是眞實無妄的實體而言，也可說氣有「形」。但氣之本體之爲「形」，與由其聚散生成之個別事物之器之爲「形」，其層次並不同。案：船山說：

> 形而上者隱也，形而下者顯也。纔說箇形而上，早已有一「形」字爲可按之跡、可指求之主名。〔註10〕

> 物之體則是形。所以體夫物者，則分明是形以上那一層事，故曰「形而上」。然形而上者，亦有形之詞，而非無形之謂。則形形皆有，即此弗見弗聞之不可遺矣。〔註11〕

有一「形」爲「可按之跡」，「形而上者，亦有形之詞」的「形」就是「統此一物」，也就是氣之本體。本體無形無象，然實有其「物」而非空無；既「有」，則可以「有」爲其「形」。〔註12〕道、器二者可說「无外，則相與爲一，雖有

〔註4〕 明・王夫之：《周易外傳》，《船山全書》第一冊，頁1026。
〔註5〕 明・王夫之：《周易外傳》，《船山全書》第一冊，頁1027。
〔註6〕 明・王夫之：《思問錄・內篇》，《船山全書》第十二冊，頁427。
〔註7〕 明・王夫之：《周易內傳》，《船山全書》第一冊，頁525。
〔註8〕 明・王夫之：《張子正蒙注》，《船山全書》第十二冊，頁26。
〔註9〕 明・王夫之：《讀四書大全說》，《船山全書》第六冊，頁1054。
〔註10〕 明・王夫之：《讀四書大全說》，《船山全書》第六冊，頁492。
〔註11〕 明・王夫之：《讀四書大全說》，《船山全書》第六冊，頁507。
〔註12〕 嚴壽澂教授說船山用的同一「形」字，此處常與彼處不同。又說「氣」本身雖無形可見，但絕非空虛，而是實有其物。在此意義上，即可說是「有形」。嚴壽澂：〈莊子、重玄與相天——王船山宗教信仰述論〉，《中國文哲研究集刊》，第15期（1999年9月），頁8。其說甚是。

異名，而亦若耳目之於聰明也」〔註13〕，所指之實乃同一物。道乃偏就此有形爲實的陰陽之氣，其「形」乃爲人之認識〔註14〕「隱而不可見」的「上」層說；器則偏就其「形」之有形有象，「顯而可見」之「下」層說。無陰陽之氣爲實有之體、爲名言所指稱之對象之「主」，則一切皆空無，皆無「形」，也不可能有「形」上之道、「形」下之器。陰陽之氣生成天下形器，兩間之形器無非即陰陽之氣，故「兩間皆形象，則兩間皆陰陽也」〔註15〕。爲突顯氣之爲實有而非空無，而特別去強調氣之「形」，是兩間實有形象之「器」的根源；終至於把「器」提升至首出的地位，提出「天下惟器」的命題。在這樣的脈絡下，器作爲具體之物的地位並無法獨立，器也缺乏實義，它只是作爲本體的陰陽之氣而存在，說「道者器之道，器者不可謂之道之器」，其意與說「陰陽之外无物，則陰陽之外无道」〔註16〕並無不同。從此意義所論之道器關係，和道體與陰陽的關係乃同一問題。〔註17〕

就陰陽與道體的關係來說，船山認爲道體就是太極，所以兩者之間等於太極和陰陽的關係。而「陰陽一太極之實體」〔註18〕，所以，陰陽之氣即道體。既然如此，道和陰陽爲何要分立兩名呢？又《易傳》爲何不直接說「陰陽之謂道」，而要加兩個「一」字，說成「一陰一陽之謂道」？這是本章所要處理的主題。

〔註13〕　明・王夫之：《周易外傳》，《船山全書》第一冊，頁1038。
〔註14〕　曾春海：《王船山易學闡微》，頁75。
〔註15〕　明・王夫之：《周易外傳》，《船山全書》第一冊，頁1003。
〔註16〕　明・王夫之：《周易外傳》，《船山全書》第一冊，頁1112。
〔註17〕　勞思光先生認爲船山在《周易外傳》中說「器者不可謂之道之器」之說難於解說，而《周易內傳》又明說「道與器不相離」，認爲兩者互相衝突。並因《內傳》爲晚年之作，《外傳》成於37歲，遂主張《內傳》之說代表晚年思想，兩傳之異是船山思想變化的表現。勞思光：《中國哲學史・第3卷下冊》（香港：友聯出版社，1980年），頁727。先於勞先生，黃懿梅教授解釋船山道器論已指出，《周易外傳》中「據器而道存，離器而道毀」之文意指道存於器之中，由器顯道，沒有器，人無法知道道的存在。如「未有子而無父道」，並不是說沒有子女就沒有慈愛之道，而是說這種慈愛子女的父道無從由實際對待子女而表現出來。這是「道器相須而大成」的意思。而《周易內傳》「道與器不相離」之意也主張由形器見道，要由形器見道，則必須先肯定形器的真實性。黃教授之結論認爲，不論《內傳》、《外傳》都是主張道與器只是一體的兩面。黃懿梅：《王船山的倫理學》，頁31～32。其說甚是。依此，則船山在內外傳之中的道器關係論並不衝突，勞先生據此斷言船山前後思想有變化之論並不適宜。
〔註18〕　明・王夫之：《張子正蒙注》，《船山全書》第十二冊，頁24。

二、道是陰陽之全體

船山以道體、天道、太極乃是同一者：

> 道者，天地人物之通理，即所謂太極也。〔註19〕

> 太極動而生陽，靜而生陰，動靜各有其時，一動一靜，各有其紀，
> 如是者乃謂之道。〔註20〕

天地人物皆為由陰陽之氣一動一靜所成的變化之體，其生其成無非此一氣實體之聚於此、散於彼，或往或來，若由此之彼，各有通達之路而成，故謂之道。陰陽之氣雖各有其不同之性情功效，其摩盪變化卻「各有其紀」；「陰陽異撰，……合同而不相悖害」〔註21〕，成為天地人物之「通理」，因此名之為「太極」。

道體就是太極，而太極之實蘊是「陰陽之渾合」〔註22〕，「乾坤之合撰」〔註23〕。所以，道體就是陰陽之全體。

> 「道」謂天道也。「陰陽」者太極所有之實也。〔註24〕

陰陽即道體，所以《繫辭傳》才說「一陰一陽之謂道」。萬有皆由陰陽變化所成，萬物都生於道。陰陽之氣作為資始資生萬物的本體，就統稱為「道」。

> 而盈天地之間唯陰陽而已矣。……此太極之所以出生萬物，成萬理
> 而起萬事者也，資始資生之本體也，故謂之「道」，亘古今，統天人，
> 攝人物，皆受成於此。〔註25〕

古今、天人、人物都受成於陰陽即資生資始的道體，可以說陰陽之外無物，陰陽之外無道。反之，也可說道外無物，「道有陰陽，陰陽生群有」〔註26〕。

道體就是陰陽之氣全體之稱，船山由是提出道是「物所眾著而共繇」的定義。

> 道者，物所眾著而共繇者也。物之所著，惟其有可見之實也；物之
> 所繇，惟其有可循之恆也。既盈兩閒而无不可見，盈兩閒而无不可

〔註19〕 明・王夫之：《張子正蒙注》，《船山全書》第十二冊，頁15。
〔註20〕 明・王夫之：《周易外傳》，《船山全書》第一冊，頁823。
〔註21〕 明・王夫之：《張子正蒙注》，《船山全書》第十二冊，頁15。
〔註22〕 明・王夫之：《周易內傳》，《船山全書》第一冊，頁561。
〔註23〕 明・王夫之：《周易外傳》，《船山全書》第一冊，頁990。
〔註24〕 明・王夫之：《周易內傳》，《船山全書》第一冊，頁525。
〔註25〕 明・王夫之：《周易內傳》，《船山全書》第一冊，頁525。
〔註26〕 明・王夫之：《周易外傳》，《船山全書》第一冊，頁886。

循，故盈兩間皆道也。可見者其象也，可循者其形也。出乎象，入
乎形；出乎形，入乎象。……其一之一之者，即與爲體，挾與流行，
而持之以不過者也。无與主持，而何以情異數畸之陰陽，和以不爭
而隨器皆備乎？……是故有象可見，而眾皆可著也；有數可循，而
无不共由也。〔註27〕

萬物皆由陰陽之氣聚散和合而生，陰陽之聚散乃道主持調配二氣，使各以定
量之分劑的「數」參伍融結所凝成。氣凝聚結成者即有質成體之物，皆爲明
著而可見的實有，此乃物外顯之「象」。故曰「物之所著，惟其有可見之實也」，
「可見者其象也」。道主宰調配之陰陽分劑的數，則爲物所必依循、遵由之的
恆度、常則，故曰「物之所由，惟其有可循之恆也」，「可循者其恆也」，此乃
物內涵之「理」或法則。陰陽本體固涵「一之一之」以主持分劑之大用，即
道；道之爲主持大用乃和陰陽「即與爲體」，道體即陰陽本體。道與陰陽爲體，
以聚散凝結，生成了其象著明可見之天下形器，而其分劑之數乃爲萬物所遵
循以各成其爲物的恆度、規律，故曰道者，物所眾著而共繇。可見之實爲「象」，
可循之恆度、規律稱爲「形」或「數」。〔註28〕

　　道是物所眾著共由之意，正意指道體就是陰陽之氣全體。充滿兩間的乃
是其象顯著可見的、一一個別的形器；以及任何形器皆凝含著隱於其體中，
而使其成爲具有如此體象之形器的、可持循的恆則。陰陽之氣聚散變化，使
萬有之形器由隱之顯而生，或由明之幽而亡，往來於太虛之中；萬物之生成
無不經由可持循之恆則、軌範；軌則乃若物所遵由以成物之路徑，故謂之道。
〔註29〕陰陽之氣本體在其當體固含萬物眾著共由之軌則、道路以生化萬有，
道也就用來統稱此資始萬物之本體。

　　既然道體即太極，就是陰陽之氣，則道與陰陽何必分立兩名？此乃因道
有其獨立之意義。道使物眾著，令物共由，其所以然，人莫見其所爲，但卻
能領悟其中必然具有「巧無以踰」的主宰以使物皆有則，所以名之爲「太極」

〔註27〕　明·王夫之：《周易外傳》，《船山全書》第一冊，頁1003～1005。
〔註28〕　故船山說：「自掛一象三以後，及於萬壹千五百二十之象，萬物皆有成則之可
　　　　　法。……道顯於有則，故恆而可由。」明·王夫之：《周易外傳》，《船山全書》
　　　　　第一冊，頁1019。又，蕭漢明教授把「形」解釋爲「氣化成形的規律性」。蕭
　　　　　漢明：《船山易學研究》（北京：華夏出版社，1987年），頁72。其說甚確。
　　　　　朱伯崑教授說爲「形跡與度數」。朱伯崑：《易學哲學史·第4卷》（臺北：藍
　　　　　燈文化公司，1991年），頁174。大致無誤。
〔註29〕　因此，道具有當然之法則義。曾春海：《王船山易學闡微》，頁99。

〔註 30〕。從陰陽之氣乃構造萬有之基質、材撰而言，其爲實有乃顯於「形」之下層而言，則爲形下之器；從陰陽之氣固具主持分劑之大用或主宰生化之通理，其使物有則之經營、搏捖乃「莫見其爲」〔註 31〕，隱於「形」之上層而言，則爲形上之道。

三、陰陽與道相與爲體——「道相陰陽，陰陽有道」

道體既不在陰陽之外別爲一物，則道和陰陽不可析離，亦無先後可言。

> 道以陰陽爲體，陰陽以道爲體，交與爲體，終无有虛懸孤致之道。
> 故曰「无極而太極」，則亦太極而无極矣。〔註 32〕

> 无有道而无天地。〔註 33〕

> 是故備乎兩間者，莫大乎陰陽，故能載道而爲之體。〔註 34〕

道、陰陽交與爲體，無虛懸孤致之道，此與「太極非孤立於陰陽之上者也」〔註 35〕；無有道而無天地，此與「陰陽之外無太極」〔註 36〕，都是同一意思的不同表述。道乃陰陽實體所固有，故說陰陽，則道在其中；而道之名強調的是「天地精粹之用」。〔註 37〕道相陰陽，意指陰陽本體固有夫道，道乃所以主持陰陽之化而使物眾著，令物共由之精粹大用，以輔相陰陽，而生群有者。

陰陽與道雖有異名，但卻是「統此一物」，「無外則相與爲一」，船山論及此說之言眾多，最詳者，莫過於其說明〈乾〉卦取名的原因之處。今據其文詳解。

> 人相道，則擇陰陽之粹以審天地之精，而易統天。故乾取象之德而不取道之象，聖人所以扶人而成其能也。蓋歷選於陰陽，審其起人之大用者，而通三才之用也。天者象也，乾者德也，是故不言天而言乾也。……天地其位也，陰陽其材也，乾坤其德也。材无定位而

〔註 30〕 明・王夫之：《周易內傳》，《船山全書》第一冊，頁 525。
〔註 31〕 明・王夫之：《周易內傳》，《船山全書》第一冊，頁 525。
〔註 32〕 明・王夫之：《周易外傳》，《船山全書》第一冊，頁 903。
〔註 33〕 明・王夫之：《周易外傳》，《船山全書》第一冊，頁 989。
〔註 34〕 明・王夫之：《周易外傳》，《船山全書》第一冊，頁 1010。
〔註 35〕 明・王夫之：《周易內傳》，《船山全書》第一冊，頁 562。
〔註 36〕 明・王夫之：《周易內傳》，《船山全書》第一冊，頁 578。
〔註 37〕 戴景賢：《王船山的道器論》（臺北：臺灣大學中文研究所博士論文，1982 年），頁 99。

有德，德善乎材以奠位者也，故曰「天行健」。行則周乎地外，入於地中，而皆行矣，豈有位哉！是故男德剛而女德柔，君子德明而小人德暗。男女各有魂魄，君子小人各有性情。男不無陰，而以剛奇施者，其致用陽；女不無陽，而以柔偶受者，其致用陰。是故易之云乾，云其致用者而已。繇此言之，君子有情，而小人有性，明矣。……或曰：「男不偏陽，女不偏陰，所以使然者天地。天不偏陽，地不偏陰，所以使然者誰也？」曰：「道也。」曰：「老氏之言曰：『有物混成，先天地生。』今曰：『道使天地然』，是先天地而有道矣；『不偏而成』，是混成矣。然則老子之言信乎？」曰：「非也。道者天地精粹之用，與天地並行而未有先後者也。使先天地以生，則有有道而无天地之日矣，彼何寓哉？而誰得字之曰道？天地之成男女者，日行於人之中而以良能起變化，非碧霄黃壚，取給而來覬之，奚況於道之與天地，且先立而旋造之乎？「若夫『混成』之云，見其合而不知其合之妙也。故曰『无極而太極』，无極而必太極矣。太極動而生陽，靜而生陰，動靜各有其時，一動一靜，各有其紀，如是者乃謂之道。今夫水穀之化為清濁之氣以育榮衛，其化也合同，其分也纖悉，不然則病。道有留滯於陰陽未判之先而混成者，則道病矣，而惡乎其生天地也！「夫道之生天地者，則即天地之體道者是已。故天體道以為行，則健而乾，地體道以為勢，則順而坤，无有先之者矣。體道之全，而行與勢各有其德，无始混而後分矣。語其分，則有太極而必有靜動之殊矣；語其合，則形器之餘，終无有偏焉者，而亦可謂之『混成』矣。夫老氏則惡足以語此哉！」故聖人見道之有在於六陽者，而知其為乾之德。知其德之乾，則擇而執之以利用。〔註38〕

　　船山證明道不能立於天地之先，道、天地乃相與為體。天地之成男女，乃天地之良能所起之變化日行於人之中所成。天地日行於人之中，一方面，「天地不先，萬物不後」。〔註39〕天地並非「碧霄黃壚」其體先立於此，然後萬物才得以「取給而來覬之」。若然，有有天地而無人之時，是天地之化有不行之時，則無法保證天地能不毀而盡於空無，同時無法合理解釋本無人之天

〔註38〕　明・王夫之：《周易外傳》，《船山全書》第一冊，頁821～823。
〔註39〕　明・王夫之：《周易外傳》，《船山全書》第一冊，頁1092。

地如何能從無中生有。二方面，人之生乃日生日成而日受天地之化，而並非初生之頃一受成型，終身不易。若然，則人之既生，天地即不行於人之中，是有有男女而無天地之時，等於毀滅乾坤。故天地之於男女乃日「以良能起變化」，男女乃日受天地之化而日成；既生既成，其氣亦日返於天地渾淪之體，是天地乃「於上發生」〔註40〕男女。

天地與萬物之生的關係既是於上發生，道與天地更是如此。人為何會和老子一樣誤認為道之為物乃先天地而生？因為主張天不偏陽，地不偏陰，不正是意指天地最初乃混成合一？人所見之天地，明是碧霄黃壚各定其位，天地剖判的狀態，乃偏陽偏陰者，何以能說天不偏陽，地不偏陰？所謂不偏，即是「混成」；天地既剖判為二，不得為混成。因此，「混成」者必求之於天地之先，是即為道，道即混合不分之體，由道之化生以成天地上下各奠其位之體；道使天不偏陽，地不偏陰，當然就立於天地之先了。

船山認為老子只見到天地混成合一之狀態，而不知其所以合一之妙，以為一說混成或「合一」，就不可允許有分化之存在；天地既然上下剖判，則分而不能有合。因此，所謂混成之道不能求之於天地，而必須推之於先天地生。若然，則陷入船山所批判之本無天地或陰陽之道，如何能從無中生有的結果。要解釋陰陽不偏而混成的情形，船山以為並不需要預設道乃先於天地生，道不可能在天地之上、之外。他辨別道與天地的關係，乃是既分又合，既一又二者。

天地其位，陰陽其材。天陽而非無陰，地陰而非無陽。〔註41〕故天地不偏陰陽，而天行亦入乎地中。以「乾」之名擬議天，並非說天只有陽而無陰，這是從人用的觀點，「見道之有在於六陽者」，取其「致用」之德，從渾淪為一之全體，亦即混成之道所全備的大用中，選擇一端，「擇而執之以利用」，而名之為「乾」（當然，若從「道之有在於六陰」，擇執利用而名之為「坤」亦同）。天地之為碧霄黃壚，其上下各奠者，乃天地之「位」；而構撰天地的材質基體乃陰陽之氣，是其「材」。陰陽之氣並無上下之定位，不能截然分析者，乃是無所不在。而使陰陽之氣所以能善成其材，以各安於上下之位而效著生化大用者，乃是其氣當體固含的乾坤之德。乾德剛，其行健，「周乎地外，

〔註40〕 明‧王夫之：《周易稗疏》，《船山全書》第一冊，頁789。
〔註41〕 船山說：「輕清上浮者陽也，而有形有象，聚者為陰；出地而有實者陰也，而形無固形，究歸而散為陽。……非判然兩分而不合也。」明‧王夫之：《張子正蒙注》，《船山全書》第十二冊，頁59。

入乎地中」，無所不行，所以陰陽之氣不至於有定位，而天地乃能不偏於陰陽（男女亦然）。從「致用」之德擬議混成之道或渾淪一氣，則天行固健，地未嘗無乾德（若其在人，則君子有情，而小人亦有性）。

此陰陽之氣本體固含的奠天地之位，善陰陽之材之德或大用，即道——「天地精粹之用」。道之大用全備，故其致用有乾健，而坤順之德不失；乾坤之德並著，而動、散、潤、暄、止、說之德亦不缺。所以能使天地成為萬有之「大始」：「若夫天地之所為大始者，則道也，道固不容於缺也。不容於缺，必用其全。健全而乾，順全而坤。因是而山、澤、雷、風、水、火，皆繁然取給于至足之乾坤，以極宇宙之盛，而非有漸次以嚮於備。」〔註42〕奠位於上的碧霄之天「體道以為行則健而乾」，定位於下的黃壚之地「體道以為勢則順而坤」。其所致用之德無不致其極至，是為「太極」；而道之大用則全備無缺，無不推致其極，而又不專限於某一德、某一用，是為「無專極」而「無極」。〔註43〕所謂「混成」，乃是陰陽之氣本體固有之大用或「道」之全備無缺的狀詞。而在其「渾成」之中，天行之健、地勢之坤，乃至動、散、潤、暄、止、說……等等之用無不致其極至；只是其用乃乘動靜之幾以效著。動靜有時，然無非混成之道在其自體之上，「於上發生」，以各著其功效，而秩然有紀。因此，渾合之中未嘗不分。從「人擇」的觀點觀其「致用」，渾淪一體之中，天地體道之全，而其行與勢「各有其德」，乾健坤順之德，其象固已秩然分立，故曰：「語其分，則有太極而必有靜動之殊矣」。然而，位可各定上下，材可分別陰陽，德可並建乾坤，而渾淪一氣其體則固然渾合不分，道固然混成全備。即使本體所生之個體或「形器」也無不全體陰陽，具足健順五常之德，故曰：「語其合，則形器之餘終無有偏焉者，而亦可謂之『混成』矣」。

船山以人物吸收食物的營養之例，來說明陰陽與道既分又合，既一又二，分而不分的情形：飲水五穀和人物各為分殊之體，當水穀被人物食用，它的養分變成了清濁之氣，經過複雜的化合作用的過程，合同成身體之一部分。但同樣被吸收至身體內的營養分，有的成為身體的血液，有的則成氣（據《素問》：「榮，水穀之精氣；衛，水穀之氣。」），其分化又極其細微，各有分際

〔註42〕明・王夫之：《周易外傳》，《船山全書》第一冊，頁976。
〔註43〕船山說：「則太極者乾坤之合撰，健則極健，順則極順，无不極而无專極者也。」明・王夫之：《周易外傳》，《船山全書》第一冊，頁990。

而不亂。人物對營養的化合作用與其身體相與爲一,渾合不分,「不然則病」。
若說道「先天地生」,則「道有留滯於陰陽未判之先而混成者,則道病矣!惡
乎其生天地也」?因此,道與天地相與爲體,所謂「道生天地」,就是「天地
之體道」,而於上發生各自的健順之德。道與天地(或陰陽)「統此一物」。從
其爲構造萬有之基質、材撰而言,則爲陰陽之氣(或形下之器);從其爲主持
分劑之精粹大用,則爲太極或形上之道。

　　船山曾說:「在天者渾淪一氣,凝結爲地,則陰陽分矣。……太極之本
體,中函陰陽自然必有之實,則於太極之中,不昧陰陽之象,而陰陽未判,
固即太極之象,合而言之則一,擬而議之則三。」〔註44〕又說:「自其神而言
之則一,自其化而言之則兩。神中有化,化不離乎神,則天一而已,而可謂
之參。……分則與太極不離而離矣。」〔註45〕太極在其渾淪一體之中,陰陽
各異之象固已判然,雖合而未嘗無分。而陰陽判然只不過是太極本體「於上
發生」的不同性情功效,雖分而固合。宇宙本體,語其合,渾淪一氣,一
而已矣!語其分,則動陽靜陰(天上地下)而二。道(或太極)與陰陽之氣
(或器)爲體,渾一之中,有陽、有陰、有道(太極),則本體一而可謂之參
(三);渾然一氣,一而已,而於上發生三(以至於萬),涵三(萬)於一,
故道(太極)與陰陽「不離而離」,這是老子「見其合而不知其合之妙」的「妙」
處所在。

　　船山批評說,如果陰陽與道不是相與爲體,那麼,將會造成若非「搏聚
而合之一」,便是「分析而各一」的結果。

　　　以爲分析而各一之者,謂陰陽不可稍有畸勝,陰歸於陰,陽歸於
　　　陽,而道在其中。則於陰於陽而皆非道,而道且游於其虛,於是而
　　　老氏之說起矣。觀陰之竅,觀陽之妙,則陰陽瓦解,而道有餘地矣。
　　　以爲搏聚而合一之者,謂陰陽皆偶合者也。同即異,總即別,成即
　　　毀,而道函其外。則以陰以陽而皆非道,而道統爲攝,於是而釋氏
　　　之說起矣。陰還於陰,陽還於陽,則陰陽退處,而道爲大圓矣。於
　　　是或忌陰陽而巧避之,或睒陰陽而欲轉之,而陰陽之外有道。陰也、
　　　陽也、道也,相與爲三而一其三。……兩間皆形象,則兩間皆陰陽
　　　也。兩間皆陰陽,兩間皆道。夫誰留餘地以授之虛而使游,誰復爲

〔註44〕 明・王夫之:《張子正蒙注》,《船山全書》第十二冊,頁45～46。
〔註45〕 明・王夫之:《張子正蒙注》,《船山全書》第十二冊,頁47。

大圓者以函之而轉之乎？其際無間，不可以游。其外無涯，不可以
函。〔註46〕

首先，以陰陽分析各一之說，將使陰陽成爲相異而彼此不可互有畸勝的對立
兩體。而所謂道，則只能游於陰和陽之間的「虛」空地帶。如此，一者，道、
陰、陽析而爲三；二者，陰、陽之際有隙而非無間；三者，陰、陽、道三者
都不是終極的本體，分析瓦解，各成死體。船山說：「一名爲陰，一名爲陽，
而沖氣死。」〔註47〕又說：「當其爲道也，函『三』以爲『一』，則生之盛者
不可窺，而其極至少。當其爲生也，始之以『沖氣』，而終之以『陰陽』。陰
陽立矣，生之事繁，而生之理亦竭矣。」〔註48〕若將陰、陽各建立爲相異敵
對之體，兩者被分析爲截然各一之物，則始之以沖氣，終之以陰陽；如同始
之以道，終之以陰陽，陰、陽、沖氣或道相外爲三。陰、陽既分立，便不能
再有沖氣之生理，而陰、陽瓦解；沖氣之生理在陰、陽各立之後，亦不能爲
陰、陽所有，而沖氣亦死。陰、陽既分析而各自瓦解，游於其虛的道，能是
何物？

其次，以陰陽摶聚而合一之說，仍然預設陰陽爲相異的敵對兩體之論；
道則是函於其外，以摶聚陰陽，使之相合，萬物都是「漚合之塵」。陰陽被統
合了，因其析異；總和了，因其分別；合成了，實則陰已非陰，陽已非陽（漚
合之塵已是陰陽之混合體，既不是陰，也不是陽），此等於陰、陽的毀滅。陰
陽既毀，函於其外的道，又能是何物呢？

以上二說必然導致宇宙被畫分成陰、陽、道等三者截然分析之體，其彼
此又不能不相通相合以生成變化。爲使三者相合，便必須另有一體以「一其
三」。然而，同樣的問題又再出現：此「一其三」之體和陰、陽、道是否相外
呢？如不是，則三者並不能析離各一；如是，則又必須另有一體以「一」之，……
成爲無窮追溯。因此，只有陰陽與道相與爲體，「其際無間，不可以游。其外
無涯，不可以函」之說才能避免上述之矛盾。

四、道是陰陽之本體固具之主持分劑的大用

道相陰陽，是天地精粹之用。則其爲用之實義何在？前文已略論及，船
山以道之用在其主持調配陰陽分劑之上。

〔註46〕　明・王夫之：《周易外傳》，《船山全書》第一冊，頁1002～1003。
〔註47〕　明・王夫之：《老子衍》，《船山全書》第十三冊，頁25。
〔註48〕　明・王夫之：《老子衍》，《船山全書》第十三冊，頁43。

　　「道」謂天道也。「陰陽」者太極所有之實也。……「一一」云者，相合以成，主持而分劑之謂也。……此則分劑之之密，主持之之定，合同之之和也。……故謂之「道」。〔註49〕

　　一之一之云者，蓋以言夫主持而分劑之也。……是以道得一之一之而爲之分劑也。乃其必有爲之分劑者：陽噪以廉，往有餘而來不足；陰重以嗇，來恆疾而往恆遲，則任數之固然而各有竭。陽易遷而莫之使居，陰喜滯而運之使化，遷於其地而抑弗能良。故道也者，有時而任其性，有時而弼其情，有時而盡其才，有時而節其氣，有所宜陽則登陽，有所宜陰則進陰。……孰爲爲之而莫不爲，則道相陰陽；孰令聽之而莫不聽，則陰陽亦固有夫道矣。動因道以動，靜因道以靜，任其性而有功，弼其情而非不樂也。盡其才而不倦，節其氣而不菀也。……是故於陰而道在，於陽而道在，於陰陽之乘時而道在，於陰陽之定位而道在。……持之者固无在而不主之也。一之一之而與共焉，即行其中而即爲之主。道不行而陰陽廢，陰陽不具而道亦亡。言道者亦要於是而已。〔註50〕

道乃「行於其中」，爲陰陽之主持分劑的主宰。道之能主宰陰陽，因爲道就是陰陽之氣固具的精粹大用，「一之一之而與共焉」，「无在而不主之」。因此，道之於陰陽「非有自外函之以合其離也，非有自虛游之以離其合也」〔註51〕。若在陰陽之外別有道體，而盈天地間既惟有陰陽之氣，則道體豈非成爲絕對之空無；就算承認道具有主持之用，而空無一物之道，又如何施其主宰之能？

　　陰陽之氣若非本具精粹主持之道體，則其摩盪以成變化的大用也不能保證其不至於枯竭而盡。因爲陰氣、陽氣「情異數畸」，各有其不同之性情功效，陽躁廉，陰重嗇。任令陰、陽之氣本身體性固然之數，聽其自然發動，則陰陽必各衰竭耗盡，此即「生之事繁，生之理竭」。如〈否〉卦乾上坤下，陽易遷，陰喜滯，任陽上升，任陰下降，則天地不交，萬物不生。所以，道必有時任其性，有時弼其情，有時盡其才，有時節其氣，陰陽之氣乃得以生生不息。

<hr>

〔註49〕　明・王夫之：《周易內傳》，《船山全書》第一冊，頁524～525。
〔註50〕　明・王夫之：《周易外傳》，《船山全書》第一冊，頁1004～1005。
〔註51〕　明・王夫之：《周易外傳》，《船山全書》第一冊，頁1005。

　　當然，說陰陽之氣「必有爲之分劑」者，並不可誤解成陰陽之氣本身是具有容易枯竭之數之體，而須有待一外在於其體的主宰（道）來主持其分劑。對船山來說，道體即陰陽之氣全體，陰陽之氣即道體，自具主持分劑之道，故能當得起「極其大而無尚」、「語道至此而盡也」之「太極」的贊辭。〔註52〕道不能在陰陽之外，所以說「陰陽不具而道亦亡」；而陰陽之氣也不是盲目運行的氣機之流，乃是固涵「巧無以踰」之「則」的主宰之體。若無道之主持，陰陽之變化任數固然，能否不至於相消相滅，保持其存在，便無必然保證，故曰「道不行而陰陽廢」。《繫辭傳》之所以不說「陰陽之謂道」，而要加兩個「一」字，所謂「一之一之」，正所以強調陰陽之氣固具的主宰之道。

　　道之爲陰陽之氣自具的主持大用，有三方面表現：

　　其一，是對陰陽純雜同異，多寡老穉的數量之調配分劑。船山說：

　　　　故建一純陽於此，建一純陰於此，建一陰老而陽穉者於此，建一陽
　　　　老而陰穉者於此，建一陰陽相均者於此，建一陰陽相差者於此，建
　　　　一陰陽畸倍者於此，建一陰少而化陽者於此，建一陽少而主陰者於
　　　　此，建一相雜以統同者於此，建一相聚以析異者於此。〔註53〕

蕭漢明教授根據日本學者小川晴九之說，認爲這十二種型態乃是概括六十四卦陰陽組合的各種特殊情形。〔註54〕陰陽至純至雜、純雜類聚與相間，老少之齊與不齊、多少之均與不均等等，都是指陰陽分劑之「比例」之不同，亦即是《易》學中的「數」。在《易》學領域，陰陽之數的分劑參錯決定了卦體體象的不同；而在存在界，陰陽之數就決定了存在物之個體不同的存在狀態。

　　其二，乃陰陽之氣化生萬物時，其所具有的相互制約的作用。船山說：「夫天地之化機，陰資陽以榮，陽得陰而實，於相與並行之中即有相制之用。」〔註55〕陰陽相制的方式爲「變通」：「變通者，陰陽之制也」。「變」是

〔註52〕　明・王夫之：《周易外傳》，《船山全書》第一冊，頁561。

〔註53〕　明・王夫之：《周易外傳》，《船山全書》第一冊，頁1004。

〔註54〕　純陰、純陽即乾坤並建；陰老陽穉、陽老陰穉乃陰陽老少不齊；陰陽相均、
　　　　　陰陽相差乃陰陽爻數之均與不均；陰陽畸倍有陰倍陽、陽倍陰二種型態；陰
　　　　　少化陽、陽少主陰乃就一卦之中，六爻之間主輔的關係而言；相雜統同、相
　　　　　聚析異乃一卦之中，陰陽之純雜關係。蕭漢明：《船山易學研究》（北京：華
　　　　　夏出版社，1987年），頁110～111。

〔註55〕　明・王夫之：《周易內傳》，《船山全書》第一冊，頁418。

「外生」，陰陽「變而生彼」，「通」是「內成」，陰陽「通而自成」。前者如「冬以生溫于寒，夏以生涼于暑」；後者如「夏以成溫而暑，冬以成涼而寒」。有變通之制，則陰陽之化機乃能行於天地之間；而陰陽相制之所以不至於相消相滅，則以陰陽「載道而爲之體，以用則无疆，以質則不易，以制則有則而善遷」，故天地之間乃有「吉凶著而化育成」之事。〔註56〕

其三，道對於陰陽的主持之用乃神妙莫測，而非有一成之型。船山說：「其曰『一陰一陽之謂道』者，……非一陰而即間以一陽，一陽而即雜以一陰，一受其成型，終古而不易之謂也。」〔註57〕陰陽之分劑乃參伍錯雜，而非一一相間，型式固定而不變者。「一一者，參伍相雜合而有辨也。卦或五陽一陰，或五陰一陽，乃至純乾純坤，而陰陽並建以爲易之蘊，亦一陰一陽也。」〔註58〕

五、結論

船山以宇宙本體爲氣，說「天人之蘊，氣而已」。以此放在「一陰一陽之謂道」的詮釋上，其論陰陽與道體的關係，便以陰陽之氣爲道體。當他強調陰陽之氣爲實有之體，爲可指求之主名時，乃籠統稱之爲有「形」之體。當以此詮釋「形而上者謂之道，形而下者謂之器」時，船山遂由「兩間皆陰陽」推出「天下惟器」的主張，並認爲「道者，器之道」，而把陰陽之氣當作器。而形下之器和形上之道是「統此一物」，都是指一氣實體。則就此而言，船山道器論的某方面內容和其論陰陽與道體的關係相同，都是把陰陽之氣當成道體（當然，道器論的內容豐富，並不止於此）。

船山既把陰陽之氣當作道體，則陰陽與道爲何要分立兩名？《繫辭傳》何以不直接說「陰陽之謂道」，而加兩「一」字？如同道、器指的都是同此一物，依上下而分立兩名；道和陰陽也各有不同之名義。基本上，船山主張陰陽與道爲體，道相陰陽，道是天地精粹之用，其實際意義在於：道是陰陽之氣自具之主持分劑的主宰大用；「一一」之謂正所以突顯此一主宰義。

就船山論陰陽與道體的關係而言，其目的是爲了充實其以氣爲宇宙本體

〔註56〕 以上內容概括《周易外傳》之文而成。明・王夫之：《周易外傳》，《船山全書》第一冊，頁1009～1010。另參考曾春海教授之說。曾春海：《王船山易學闡微》，頁97。
〔註57〕 明・王夫之：《周易內傳》，《船山全書》第一冊，頁491。
〔註58〕 明・王夫之：《張子正蒙注》，《船山全書》第十二冊，頁38。

的理論內容。道體等於太極，而太極是「陰陽之渾合」，陰陽乃「太極本然之體也」〔註59〕。所以陰陽和道體的關係等於其與太極之關係。

〔註59〕明・王夫之：《周易內傳》，《船山全書》第一冊，頁561、490。

第三章　陰陽觀念的本體論意義

一、引言

　　陰陽之字義，依梁任公的說法，原字是会易。会爲雲覆日，易爲日在地上，即日出之意。〔註1〕兩者均和日有關，一指日隱，一指日見。在中國哲學史上，陰陽的觀念，經過相當時期的演變，成爲宇宙間兩種基本元素或動力，用以說明宇宙間各種現象變化的法則和根源。〔註2〕因此，陰陽的觀念具有濃厚的本體論、宇宙論的意義。

　　宋儒根據《易傳》、《中庸》建立儒家的天道論。周濂溪根據「太極生兩儀」之說，以太極爲宇宙本體；太極由動靜而生陰陽二氣，布爲五行，由二氣五行妙合而凝、化生萬物，順利的說明了宇宙萬有生成變化的現象。〔註3〕張橫渠也說「氣有陰陽」，氣是「一物兩體」，由陰陽兩端聚散離合，循環不已，構成了宇宙萬有生成變化的情形。而陰陽二氣之能推行變化，是因有太虛神體運之使然：「運於無形之謂道，形而下者不足以言之」〔註4〕。二程便根據《易傳》之言，把陰陽當作形下之器，而道是形而上者，道是在陰陽之氣中，所以運動之、變化之的神體，所以使陰陽開闔感應的本體。〔註5〕

〔註1〕　梁啓超：〈陰陽五行說之來歷〉，收入《中國古史研究》（《古史辯》）（臺北：木鐸出版社，1980年）第5冊，頁343。

〔註2〕　徐復觀：〈陰陽五行及其有關文獻的研究〉，《中國人性論史—先秦篇》（臺北：商務印書館，1979年），頁510。

〔註3〕　清・全祖望：《宋元學案》（臺北：廣文書局，1971年），頁245。

〔註4〕　宋・張載：《正蒙》，收入《張載集》（臺北：里仁書局，1981年），頁14、10，頁16。

〔註5〕　明道說：「陰陽亦形而下者，而曰道者，惟此語截得上下最爲分明。」又說：

　　周、張、二程對於道體的理解儘管不同，但其論陰陽卻都有一共同點：即把陰陽當作形而下者，並非宇宙的本體。其原因在於陰陽是氣，氣有開闔。有開闔，則有感應生成，有運動變化；有生成則有死滅，有變化則有雜多。而宇宙本體則必須終始恆存，其體常一，只有形上之道足以當之。道和陰陽爲形上形下兩層不同的觀念，被朱子發展成理氣不即不離的理論，曾引起象山這豈不是「形上形下分爲二體」的質疑。〔註6〕進入明代，理氣是一？是二？太極和陰陽是同？是異？此問題引起廣泛討論。陽明對周子《太極圖說》的詮釋認爲「太極之生生，即陰陽之生生」，〔註7〕但太極是否等同於陰陽呢？陽明並未說明。和陽明同時代的羅整庵則認爲「通天地、亙古今，無非一氣而已」！所謂理又只是氣之「一動一靜、一往一來，一闔一闢，一升一降」之變化的條緒，所謂太極並非陰陽變易的主宰，〔註8〕根本只是氣化之機「莫知其所以然而然」的規律而已。陰陽和太極成爲一體，代價則是取消太極或理的主宰性。由於氣本身會變化開闔，是具雜多性的存在，要眞正貫徹理氣一體之論，其極致便不得不主張理有萬理。王廷相便是如此，他說「氣一則理一，氣萬則理萬」。把這種觀點運用到人性論方面，便自然要說聖人形氣純粹，其性無有不善；眾人形氣駁雜，其性多不善。〔註9〕而反對孟子的性善論，〔註10〕便不令人意外。

　　船山的本體論也是以氣爲宇宙的本體，「天人之蘊，氣而已」〔註11〕，太虛絪縕之本體「其實氣也」〔註12〕。因此，他論陰陽觀念，便直接把陰陽當

　　　　「冬夏寒暑，陰陽也；所以運動變化者，神也。」宋・程顥、程頤：《河南程氏遺書》，收入《二程集》（臺北：里仁書局，1982年），頁118、121。伊川說：「所以陰陽者，道也。……所以開闔者，道也；開闔便是陰陽。」又說：「陰陽，氣也，氣是形而下者，道是形而上者。」宋・程顥、程頤：《河南程氏遺書》，收入《二程集》，頁160、162。

〔註6〕　宋・陸象山：《陸九淵集》（臺北：里仁書局，1981年），頁505。

〔註7〕　明・王陽明：《傳習錄・中冊》（臺北：正中書局，1979年），頁51。

〔註8〕　明・羅欽順：《困知記》（臺北：中國子學名著集成編印基金會出版），卷上，頁15～16。

〔註9〕　明・王廷相：《雅述》，收入《歷代哲學文選》（臺北：木鐸出版社），頁277、278。

〔註10〕　明・王廷相：《王廷相哲學選集》（臺北：河洛圖書公司，1974年），頁163。另參考楊儒賓教授之說。楊儒賓：《儒家身體觀》（臺北：中研院中國文哲研究所籌備處，1996年），頁393。

〔註11〕　明・王夫之：《讀四書大全說》，《船山全書》第六冊，頁1054。

〔註12〕　明・王夫之：《張子正蒙注》，《船山全書》第十二冊，頁32。

作本體，如說「陰陽一太極之實體」〔註13〕，陰陽是「太極本然之體」〔註14〕，「太極之藏，唯兩儀之絪縕不息」〔註15〕。但是，船山並不取消太極或理的主宰性，他認為「氣原是有理底」〔註16〕。理是氣之實體自具的主宰，「理只在氣上見，其一陰一陽，多少分合，主持調劑者即理也」〔註17〕。陰陽之氣的主持調劑之用，即太極或道，「此則分劑之之密，主持之之定，合同之之和也。此太極之所以出生萬物，……故謂之『道』」〔註18〕。他的人性論自然不需放棄孟子的性善論。

　　既然船山把陰陽當作宇宙本體，他的本體論是否就是一元論呢？船山行文常說陰陽是二氣，更明指陰陽「判然各為一物」〔註19〕，「自各為一物，森然迥別而不紊」〔註20〕。那麼，是否可以論斷船山認為宇宙有兩個異質的實體，即其本體論為二元論呢？〔註21〕此一說法並不當。本章將指出船山之陰陽為「合兩端為一體」的本體。最後，說明此一「合兩為一」的陰陽本體是恆動恆伸之體，是動靜的主體，並非因動靜而始生。

二、船山之本體論非陰陽二元論之辨

　　船山說陰陽為二氣之言論，散見於其著作中各處。但大都是因為行文方便而說，並非在論證宇宙有相對異質的兩個實體之旨。最能令人產生陰陽為二元實體印象的說法主要有四處：

　　1、陰陽「二者之充塞兩間，而判然各為一物，其性情才質功效，皆不可

〔註13〕　明・王夫之：《張子正蒙注》，《船山全書》第十二冊，頁 24。
〔註14〕　明・王夫之：《周易內傳》，《船山全書》第一冊，頁 490。
〔註15〕　明・王夫之：《周易內傳》，《船山全書》第一冊，頁 578。
〔註16〕　明・王夫之：《讀四書大全說》，《船山全書》第六冊，頁 1060。
〔註17〕　明・王夫之：《讀四書大全說》，《船山全書》第六冊，頁 1729。
〔註18〕　明・王夫之：《周易內傳》，《船山全書》第一冊，頁 525。
〔註19〕　明・王夫之：《周易內傳》，《船山全書》第一冊，頁 524。
〔註20〕　明・王夫之：《周易內傳》，《船山全書》第一冊，頁 561。
〔註21〕　戴景賢教授說：陰之與陽，……是根本不同之二物。……並非氣動而為陽，靜而為陰，而是根本自始即有「陰氣」與「陽氣」兩種不同之氣。戴景賢：《王船山之道器論》（臺北：臺灣大學中文研究所博士論文，1882 年 6 月），頁 133。戴教授並認為這是船山晚年著《周易內傳》的說法，早期的《周易外傳》並無其說。案：此分別之意義並不大。若以船山之陰陽為本體二元論之說能成立，則《周易外傳》中也充滿此論，如「故二氣構形，形以成；二氣輔形，形以養」，「陰陽各自為體」。明・王夫之：《周易內傳》，《船山全書》第一冊，頁 892、957。

強之而同」〔註22〕。此說陰陽具有各自不同的性情功效，並不等於說陰陽是
實體相異的二氣。

2、「『儀』者，自有其恆度，自成其規範，秩然表見之謂。『兩』者，自
各爲一物，森然迴別而不紊」。這是指「陰陽之種性分」。〔註23〕所謂「種性」，
仍是指上項陰陽之性情功效不同。氣表現健而動之用，故具陽之種性；表現
順而止之用，故具陰之種性。這兩種「表見」各自分秩清楚，自成規範恆度，
所以稱爲「兩儀」。陰陽之種性分，依據的是其不同「表見」，而不是依據其
爲不同「實體」來分。

3、「陰陽者，二物未體之名也」〔註24〕，「夫陰陽之實有二物，明矣」
〔註25〕。船山的說法主要是在回答，爲什麼「象傳之言陰陽，皆曰剛柔」的
原因，其言頗費疏理。《象傳》（當爲《象傳》）是爲了解釋經文所說的吉凶悔
吝之所以然，而吉凶悔吝是生於應幾與否或當位不當位。陰陽之氣是宇宙本
體，並非凝合爲已成的特定成體之物，故曰「二物未體」。因此，盈天地之
間，其位皆陰陽之位。對陰陽而言，就沒有當位不當位的問題，也就不能用
吉凶悔吝來說陰陽。

剛柔是自陰陽之「質成而用著者言之也」。「二物未體」的陰陽，既尚未
凝成爲特定形體之物，則其爲氣也，仍屬之太虛絪縕之體，而未成形質。當
陰陽之氣凝成個別人物之體，便有形有質，而氣乃成質，陰陽之性情功效也
由之而著。「未體」則名陰陽，已成體而有質用著之陰陽，則名剛柔。所以說
「就其二而統言其性情功效，則曰剛，曰柔」。故船山亦說「在體曰陰陽，在
用曰剛柔」〔註26〕。但是「體有用，而用其體」，故剛柔亦是陰陽；特就「陰
陽之或見或隱，往來發見乎卦而成乎用，則陽剛而陰柔，性情各見，功效各
成」而言，則剛柔是未成體的本體之陰陽在已成體而有形質的人物之上表現
的不同性情功效之名。正因其如此，有體成質之人物乘情才以效動，便會有
當位不當位的問題，而剛柔也就成爲「盛德大業之所自出，而爲吉凶悔吝所
之所自生」的根源。

剛柔既是陰陽之性情功效，是陰陽之用，陽剛而陰柔，各不相紊，所以，

〔註22〕 明・王夫之：《周易內傳》，《船山全書》第一冊，頁524。
〔註23〕 明・王夫之：《周易內傳》，《船山全書》第一冊，頁561～562。
〔註24〕 明・王夫之：《周易內傳發例》，《船山全書》第一冊，頁659。
〔註25〕 明・王夫之：《周易內傳發例》，《船山全書》第一冊，頁660。
〔註26〕 明・王夫之：《周易內傳》，《船山全書》第一冊，頁621。

陰陽可說實有二物。但不能因此遂誤以爲船山之本體論是陰陽二元論。例如人的噓吸，船山說人之噓而煖者，腹中之氣溫；吸而寒者，空中之氣清。因此腹中溫氣和空中清氣並非一氣。「況天地固有之陰陽，其質或剛或柔，其德或健或順，其體或清或濁、或輕或重、爲男爲女、爲君子爲小人、爲文爲武，判然必不可使陰之爲陽，陽之爲陰」。陰陽之質、之德、之體，各有判然不同的性情功效，就像腹中、空中之氣不同，所以當然是「實有二物」。但船山亦說「天其噓乎？地其吸乎？噓而成男乎？吸而成女乎？噓則剛乎？吸則柔乎？其不然審矣」。天、男、噓是剛，亦可爲柔；地、女、吸是柔，亦是剛。剛柔是性情功效相異之兩用，因此可說陰陽乃是才質德性判然不同之兩物。但卻不能認定陰陽是宇宙中截然異質的兩個本體，爲什麼？因爲「自其氣之沖微而未凝者，則陰陽皆不可見；……自其合同而化者言之，則渾淪於太極之中而爲一；自其清濁、虛實、小大之殊異，則固爲二；就其二而統言其性情功效，則曰剛曰柔」。宇宙本體渾淪爲一，然其效用則才質、體性、功效又有二殊。故雖言陰陽實有二物，卻不礙本體爲太極渾淪之一。所以船山亦說：「剛者陽之質，而非剛中無陰；柔者陰之質，而柔中非無陽。」〔註27〕所以，船山才否定天地、男女、噓吸可判然畫分剛柔陰陽的說法。但不妨仍可說腹中溫氣、空中清氣乃實有二物。因此，從性情功效說陰陽爲二物，並不等於說宇宙本體是陰陽二元論。〔註28〕

　　4、「成而爲象，則有陰有陽；效而爲法，則有剛有柔；立而爲性，則有仁有義；皆太極本所並有，合同而化之實體也。……若其本有爲所動所靜者，則陰陽各有其體，而動靜者乃陰陽之動靜也。……故曰兩體，不曰兩用」〔註29〕。這裡說陰陽是兩體，也和第3項說陰陽實有二物，如剛柔、仁義之不同一樣，並非等於說天地本體是二元實體。所以船山說：「天無二氣、地無二形，人無二性。」〔註30〕承認陰陽是二元實體，便等於承認「天有二氣，人有二性」了。

　　認爲船山之本體論是陰陽二元論的說法最嚴重的後果，是使船山的理論落入了他嚴詞批判的異端之說。因爲，陽氣爲純乾至健的實體，陰氣是純坤

〔註27〕　明・王夫之：《張子正蒙注》，《船山全書》第十二冊，頁27。
〔註28〕　第3項內容乃總括船山之言而成。明・王夫之：《周易內傳發例》，《船山全書》第一冊，頁659～660。
〔註29〕　明・王夫之：《張子正蒙注》，《船山全書》第十二冊，頁275～276。
〔註30〕　明・王夫之：《周易內傳》，《船山全書》第一冊，頁622。

至順之體，兩者爲絕對異質的二元，則陽不能有陰，陰不能有陽。這等於說「則果有純坤之一時也。有純坤之一時，抑有純乾之一時，則將有未有乾、未有坤之一時，而異端之說，由此其昌矣」〔註31〕。亦即，宇宙的生成也將如異端之說，乃是「無中生有」了。

何況，承認船山爲二元論者，許多他的重要學說都將不得其解：

1、陰、陽自始爲根本異質的二氣，陰不能有陽，陽不能有陰（否則便非異質之兩體）。這等於說有有陰無陽，有陽無陰之日，是陰陽有不足之時，和太極爲「陰陽之至足」〔註32〕的實體之說相背。

與此相關，陰陽有不足，則陰陽有欠缺而非有隱見；有有無而非有幽明。這和陰陽「具足充滿」，有隱見而無欠缺，「有幽明而無有無」之論也相矛盾。〔註33〕

「乃見一陰一陽之云，遂判然分而爲二」〔註34〕（這和陰陽「判然各爲一物」的意思不相同），「一名爲陰，一名爲陽，而沖氣死」〔註35〕。道若非「游於其虛」，就是「自外函之」，道、陰、陽分而爲三。〔註36〕這正是船山所批判的觀點。同時也和「陰亦有陰陽，陽亦有陰陽，非判然二物，終不相雜之謂」〔註37〕之說相反。

2、「乾坤並建」之說也難以成立。陰陽二元，陰氣純坤，陽氣純乾，這等於承認乾坤各自獨立。但船山說：「故周易並建乾坤爲諸卦之統宗，不孤立也。」〔註38〕天下將有純陰純陽之物，而這是船山所反對的說法。陰陽二元，是天地不再爲「一成之象」。船山則說：「周易並建乾、坤於首，無有先後，天地一成之象也。無有地而無天、有天而無地之時，則無有乾而無坤、有坤而無乾之道，無有陰無陽、有陽無陰之氣，無有剛無柔、有柔無剛之質，無有仁無義、有義無仁之性，無陽多陰少、陰多陽少……之理」〔註39〕。「天地一成之象」和陰陽二元論正好相反。

〔註31〕明・王夫之：《周易外傳》，《船山全書》第一冊，頁949。
〔註32〕明・王夫之：《周易内傳》，《船山全書》第一冊，頁490。
〔註33〕明・王夫之：《張子正蒙注》，《船山全書》第十二冊，頁30。
〔註34〕明・王夫之：《思問錄・内篇》，《船山全書》第十二冊，頁427。
〔註35〕明・王夫之：《老子衍》，《船山全書》第十三冊，頁25。
〔註36〕明・王夫之：《周易外傳》，《船山全書》第一冊，頁1003。
〔註37〕明・王夫之：《張子正蒙注》，《船山全書》第十二冊，頁57。
〔註38〕明・王夫之：《周易内傳》，《船山全書》第一冊，頁74。
〔註39〕明・王夫之：《張子正蒙注》，《船山全書》第十二冊，頁276。

　　與此相關，是乾坤將有息滅之時。陰氣，陽氣判然不相雜，陰有坤無乾，陽有乾無坤。不但乾不能有坤，坤不能有乾，「則且疑二卦之外，皆非乾坤之所固有，而乾坤有息滅之時」。〔註40〕故船山反對陰陽判然為二體之說。

　　太極之名亦不能成立。陽氣健則極健而無順，陰氣順則極順而無健。陰陽各自專於一極，而非無所不極之太極。船山則說：「則太極者乾坤之合撰，健則極健，順則極順，无不極而无專極者也。」〔註41〕

　　3、陰陽二元論也和船山天化論不相容。「夫乾之資始，坤之資生，仁也。唯仁以始，唯仁以終，故曰『乃統天』。統天者，統天之所有造，而六位時成一元矣。漫令天以『元』始，以『亨』『利』中，以『貞』終，則始無『貞』而終無『元』。俯仰以觀天地之化，曾是各有畛而不相貫乎」〔註42〕？陰、陽判然為二，則是二者「各有畛而不相貫」；陽生，陰成，是等於承認「始無『貞』而終無『元』」，元不足以統天，違反《易》教，更不合天地之化。若要承認「乾之資始，坤之資生，仁也」，那麼，就不能維持純陰、純陽之氣的存在，也就不能支持陰陽二元論。

　　熊十力先生曾說過船山乾坤並建之說有「陰陽異體」的嫌疑，是「議之粗者」，但終不認為船山是二元論。〔註43〕為什麼船山之說會讓人易於把它當成二元論呢？這是因他的陰陽觀念是「合兩端於一體」的本體。

三、陰陽為「合兩端於一體」的一元實有之本體

　　陰陽是一元實有的本體，先引船山之言以明此旨：「若陰陽之所自分，則實一氣之屈伸而非有兩體」〔註44〕。「合者，陰陽之始本一也，而因動靜分而為兩，迨其成又合陰陽於一也。……要其受氣之游，合兩端於一體，則無有不兼體者也」〔註45〕。「自太和一氣推之，陰陽之化自此而分，陰中有陽，陽中有陰，原本於太極之一，非陰陽判離，各自孳生其類」〔註46〕。以上各段，明指本體為「一氣」，陰陽是由一氣實體之動靜屈伸之化而分。宇宙本體唯有一元，而陰氣、陽氣各有不同才質、性情、功效，所以也可稱為「二體」。

〔註40〕　明・王夫之：《周易內傳》，《船山全書》第一冊，頁567。
〔註41〕　明・王夫之：《周易外傳》，《船山全書》第一冊，頁990。
〔註42〕　明・王夫之：《春秋家說》，《船山全書》第五冊，頁110。
〔註43〕　熊十力：《原儒》（臺北：洪氏出版社，1980年），頁157。
〔註44〕　明・王夫之：《禮記章句》，《船山全書》第四冊，頁1119。
〔註45〕　明・王夫之：《張子正蒙注》，《船山全書》第十二冊，頁37。
〔註46〕　明・王夫之：《張子正蒙注》，《船山全書》第十二冊，頁47。

> 夫陰陽者呼吸也，剛柔者燥溼也。呼之必有吸，吸之必有呼，統一氣而互為息，相因而非反也。以燥合燥者，裂而不得剛，以溼合溼者，流而不得柔，統二用而聽乎調，相承而无不可通也。呼而不吸，則不成乎呼；吸而不呼，則不成乎吸。燥之而剛，而非不可溼；溼之而柔，而非不可燥。合呼吸於一息，調燥溼於一宜，則既一也。分呼分吸，不分以氣，分燥分溼，不分以體，亦未嘗不一也。〔註47〕

就像呼吸是同一氣之消息往來異用而分為二，燥溼是同一體之剛柔堅軟殊質而分為兩，呼氣、吸氣確實有所不同，剛燥、柔軟其別判然；因此，雖同為一體，但仍可說是「二物」。陰陽之氣之為實體，可說「以本體言，雖不可竟析之為二體，以效用言，則亦不可槩之為一體也」〔註48〕。從性情功效之異可分呼、吸，但「不分以氣」；可分燥、溼，但「不分以體」，故陰陽之為本體，「則既一也」。陰陽之氣體一而用二，故船山亦說：「蓋陰陽者氣之二體，動靜者氣之二幾，體同而用異則相感而動。」〔註49〕

　　宇宙本體既只是一氣，船山何以又把陰陽當做太極之實體，並屢言陰陽二氣呢？這是由於說本體是一元之氣，如此則是處於抽象狀態下之本體，因為其乃非人之所能擬議者。氣是生生不息的本體，為掌握其具體的、動態的生化大用，船山透過其「兩端迭用」，亦即本一→分兩→合一的狀態，視之為「合兩端於一體」的本體，展現一元之氣生動活潑的實蘊。

　　「陰陽未分，二氣合一，絪縕太和之真體，非目力所及，不可得而見也」。「其合一而為太和者，當其未成乎法象，陰陽之用固息也」。〔註50〕太和一氣未成乎法象，未著乎形體，其體固然常在，其有卻是抽象狀態之有，因為不是人的目力所能及，也就不是人所能擬議。就此而言，人亦可說其體之「陰陽之用固息」。一氣實體生生不息，其用如何能有止息之時？說陰陽之用固息，正是意指人的目力不能及，則氣之為體也只是存於抽象狀態之下。甚至，因為人無法擬議之，遂可懷疑其體是否存在，所以說：「則可疑太虛之本無有，

〔註47〕　明・王夫之：《周易外傳》，《船山全書》第一冊，頁1074。
〔註48〕　此二句乃引申船山論心體之言而成。船山說：「以本體言，雖不可竟析之為二心，以效用言，則亦不可槩之為一心也。」明・王夫之：《讀四書大全說》，《船山全書》第六冊，頁1084。
〔註49〕　明・王夫之：《張子正蒙注》，《船山全書》第十二冊，頁23。
〔註50〕　明・王夫之：《張子正蒙注》，《船山全書》第十二冊，頁35、36。

而何者爲一」〔註51〕。抽象狀態的「一」，既然令人疑其本無；則爲證實其體之眞有，人遂不得不據目力所及而擬議之；由人之目力所見，一元之氣遂進入「兩端各立」的狀態。

因此，兩端迭立之象都必然預設本體爲一元之體，故曰：「今既兩體各立，則溯其所從來，太和之有一實，顯矣。非有一，則無兩也。」〔註52〕就一氣實體之爲人之目力所不能及的超絕狀態，船山依傳統的用法，名之爲天。「其升降飛揚，莫之爲而爲萬物之資始者，於此言之則謂之天。」〔註53〕人無從得見天之本體，人所能見者，皆天之生化大用，即「天之化」。「若夫天之爲天，雖未嘗有俄頃之閒、微塵之地、蜎孑之物或息其化，而化之者天也，非天即化也。化者，天之化也；而所化之實，則天也，天爲化之所自出」〔註54〕。天乃「即以氣之不倚於化者」〔註55〕而立之名。人無從窺見天之體，只能觀察到天之化；人所見到的天之化，其現象則是：萬有從天之中，自未有以肇有，自未有象以生象，未有形以成形；既生既成，又自有以返於未有，自有形有象而返於太虛絪縕之體，如是來來往往於天之體中的情形。由萬有之生成往來，人遂見天之體可分爲兩：由無肇有是爲動，形象之成是爲靜。一元之氣，有此二幾，故曰「動靜者，氣之二幾」，而其體則是恆動至動之體。動靜之幾是萬有生成變化出現的關鍵，所以又說：「動靜之幾，聚散、出入、形不形之從來也。」〔註56〕

人據其目力所及，一元之氣即現爲動靜二幾，遂成「兩體各立」之象：聚散、屈伸、幽明、隱顯、往來、出入、虛實、清濁、生死、鬼神，……等等；本體亦若爲「兩體各立」：太極—兩儀、道—器、天—地、理—氣、性—情（才）、心—物，……等等。

同此一氣，凝成人物而有形則爲聚，形消而氣返於太虛，則爲散。「其聚而出爲人物則形，散而入太虛則不形」〔註57〕。

聚則爲生，散則爲死。生則氣由彼而伸於此，是爲伸；死則氣由此而返

〔註51〕　明・王夫之：《張子正蒙注》，《船山全書》第十二冊，頁36。
〔註52〕　明・王夫之：《張子正蒙注》，《船山全書》第十二冊，頁36。
〔註53〕　明・王夫之：《張子正蒙注》，《船山全書》第十二冊，頁32。
〔註54〕　明・王夫之：《讀四書大全說》，《船山全書》第六冊，頁1112。
〔註55〕　明・王夫之：《讀四書大全說》，《船山全書》第六冊，頁1111。
〔註56〕　明・王夫之：《張子正蒙注》，《船山全書》第十二冊，頁23。
〔註57〕　明・王夫之：《張子正蒙注》，《船山全書》第十二冊，頁23。

於彼，是爲屈。伸則爲來，屈則氣往；聚則人可見而爲顯、爲明；散則人不可見而爲隱、爲幽。聚而盛則爲人物，已散或未聚乃爲鬼神。神者氣來伸於此，鬼者氣返歸於彼。

> 自天地一隱一見之文理，則謂之幽明；自萬物之受其隱見以聚散者，則謂之生死；自天地至足之體以起屈伸之用，而生死乎物者，則謂之鬼神。〔註58〕

> 伸以肇天下之有則神也，屈以歸固有之藏則鬼也。〔註59〕

> 聚而盛則爲人，當其未聚與其已散，希微流動於天地之間，則謂之鬼神。〔註60〕

> 伸之感而屈，生而死也；屈之感而伸，非既屈者因感而可復伸乎！
> 〔註61〕

> 凡虛空皆氣也，聚則顯，顯則人謂之有；散則隱，隱則人謂之無。
> 〔註62〕

> 氣之未聚於太虛，希微而不可見，故清；清則有形有象者皆可入於中，而抑可入於形象之中，不行而至神也。……氣聚於太虛之中則重而濁，物不能入，不能入物，拘礙於一而不相通，形之凝滯然也。〔註63〕

兩端迭用都是發生於一氣之動靜二幾。由兩端之互成對立之象，則其各爲相異之兩體之義，確實可以成立。「如水唯一體，則寒可爲冰，熱可爲湯」〔註64〕。寒與熱，其用不同；冰與湯，其體各立；故各爲對立之兩物。由寒熱迭用，冰湯各成，人遂可見水之常體是一。由聚散伸屈之迭用，人物之形不形，出與入，人乃可知太和之氣爲絪縕一體。所以，船山才會說人物之身「用久而神隨形敝，敝而不足以存」，其氣乃「復散而合於絪縕者爲鬼」。〔註65〕若宇宙自始即存在兩個異質的本體，人物死後，其氣非返於此體，即

〔註58〕 明・王夫之：《周易內傳》，《船山全書》第一冊，頁521。

〔註59〕 明・王夫之：《禮記章句》，《船山全書》第四冊，頁569。

〔註60〕 明・王夫之：《禮記章句》，《船山全書》第四冊，頁1119。

〔註61〕 明・王夫之：《張子正蒙注》，《船山全書》第十二冊，頁21。

〔註62〕 明・王夫之：《張子正蒙注》，《船山全書》第十二冊，頁23。

〔註63〕 明・王夫之：《張子正蒙注》，《船山全書》第十二冊，頁31。

〔註64〕 明・王夫之：《張子正蒙注》，《船山全書》第十二冊，頁36。

〔註65〕 明・王夫之：《張子正蒙注》，《船山全書》第十二冊，頁33～34。

返於彼體，不應說是「合於絪縕」了；而且上述船山「水唯一體」的比喻也不能理解了。

人根據目力所及的兩端迭用的現象，知其皆本於渾淪一氣之變化，故一切兩端對立之體並非宇宙最終的本體。一方面「非有一，則無兩」，須有此太和一氣，才能推行兩端之用。「一之體立，故兩之用行」〔註66〕。另一方面，太和一氣也非抽象、靜態之體。若非乘乎動靜之幾，兩端迭用，生人生物，效法成象，則人亦可疑太虛之本無有。「藉令本無陰陽兩體虛實清濁之實，則無所容其感通，而謂未感之先初無太和，亦可矣」〔註67〕。

現在，已確定船山的本體是「兩端迭用」之體，其實蘊則是「氣」。「太虛即氣，絪縕之本體，……雖其實氣也」〔註68〕。做為本體之氣，是兩間唯一實有之體，「蓋言心言性，言天言理，俱必在氣上說，若無氣處則俱無也」〔註69〕。因此，船山的本體論是一元實有的本體。對於此一本體，言道者可以根據對其詮釋之不同，而賦予不同之名。「名者，言道者分析而名，言之各有所指，故一理而多為之名，其實一也」〔註70〕。例如：

以其為超絕無對之全體，則謂之天。「其升降飛揚，莫之為而為萬物之資始者，……則謂之天」〔註71〕。

就其為渾淪為一，「極其大而無尚」，「語道至此而盡也」，則謂之太極。〔註72〕

就其為使萬物出形入象，出象入形，「眾著而共繇」之大路，且為萬化的主持分劑者而言，則謂之道。〔註73〕

就其為資始資生萬物之本體，乃實有而非虛無，則謂之誠。「陰陽有實之謂誠」〔註74〕。

張子謂之太和，以其「合同不相悖害」〔註75〕。又謂之太虛，以「氣

〔註66〕 明・王夫之：《張子正蒙注》，《船山全書》第十二冊，頁36。
〔註67〕 明・王夫之：《張子正蒙注》，《船山全書》第十二冊，頁36。
〔註68〕 明・王夫之：《張子正蒙注》，《船山全書》第十二冊，頁32。
〔註69〕 明・王夫之：《讀四書大全說》，《船山全書》第六冊，頁1111。
〔註70〕 明・王夫之：《張子正蒙注》，《船山全書》第十二冊，頁32。
〔註71〕 明・王夫之：《張子正蒙注》，《船山全書》第十二冊，頁32。
〔註72〕 明・王夫之：《周易內傳》，《船山全書》第一冊，頁561。
〔註73〕 明・王夫之：《周易外傳》，《船山全書》第一冊，頁1003、1005。
〔註74〕 明・王夫之：《張子正蒙注》，《船山全書》第十二冊，頁25。
〔註75〕 明・王夫之：《張子正蒙注》，《船山全書》第十二冊，頁15。

彌綸無涯而希微不形，則人見虛空而不見氣」〔註76〕。程朱謂之爲理，以「理爲天地之主宰」〔註77〕。或謂之性，陸王則謂之心，皆指其爲主宰生化之體。

但是這些本體之名，所指之實固然都是一氣實體，卻因「言之各有所指」〔註78〕，「理一而所指殊，故言各有端」〔註79〕，於是，都不能盡本體之全蘊。既然都是各爲一端之名，則在此端之外，必然又另有一端，遂亦成「兩端對立」的現象。如太極－陰陽、道－器、天－地、心－物、性－情、理－氣，……等等各自相對。必須兼體之，「合兩端於一體」，方能盡一氣之實的全蘊。

而在詮釋本體之名言中，「陰陽」的觀念最爲特殊。一方面在哲學傳統中，「陰陽」一向被視爲氣；二方面，「陰陽」被廣泛運用在天地人物所有層面上做解釋。當船山將氣詮釋爲「合兩端於一體」的本體時，他把「陰陽」當做宇宙本體是最方便的做法。兩端所成的對立之象，既可視爲各自相異之兩體，於是，便以「陰陽」爲一氣兩端之總名，以指稱道器、理氣、太極陰陽……等等。「陰陽」兩端既判然實有二物，各有不同之性情功效；太和一氣又是合陰陽兩端於一體，則把渾淪一體之氣暫時分說爲陰氣、陽氣二體，也無不可。原本應當說是具有陰陽這兩種不同性情功效的太和一氣，被籠統說成「陰陽之氣」；進一步，又把陰陽二字當成氣之本體，且說「陰陽實體」〔註80〕，這也未嘗不可。在這樣的脈絡下，「陰陽」是太和一氣兩端迭用所成對立之兩體的總名，在邏輯層次上，陰陽之兩端是預立本體爲一元之氣的存在，陰陽的觀念後於一氣實體，當然不會造成二元論的後果。

當「陰陽」觀念上升到本體的層次，做爲一氣之實的代稱，成爲「合兩端於一體」的宇宙實體，一方面，船山可以貫徹本體一元論的立場，說天無二氣，人無二性。二方面，他更能彰顯氣之實體，其「本一→分兩→合一」的生動活潑的動性。三方面，他也能因此順利地說明宇宙萬有生生不息的現象。

「陰陽」做爲實體，在船山哲學中，其意義不但異於周、張、二程、朱

〔註76〕 明・王夫之：《張子正蒙注》，《船山全書》第十二冊，頁23。

〔註77〕 明・王夫之：《四書訓義（上）》，《船山全書》第七冊，頁202。

〔註78〕 明・王夫之：《張子正蒙注》，《船山全書》第十二冊，頁32。

〔註79〕 明・王夫之：《禮記章句》，《船山全書》第四冊，頁1306。

〔註80〕 明・王夫之：《張子正蒙注》，《船山全書》第十二冊，頁363。

子之視陰陽爲形而下者，也和羅整庵、王廷相的氣一元論大不相同。因爲羅、王二儒之氣一元論固然取消了形上形下二元對立，但理或太極之主宰義也喪失了。從船山「合兩端於一體」的觀點來看，羅、王之本體只是由偏於理之一端擺向氣之一端，基本上都是另一種型態的二元對立。主張一元論並不必然要取消形上形下的畫分；畫分形上形下也不必然導致二元論。船山說：「統此一物，形而上則謂之道，形而下則謂之器，無非一陰一陽之和而成。」〔註81〕宇宙本體既然統此太和一氣，何以又有上下道器之分呢？那是因爲其爲「合兩端於一體」者。曾昭旭教授言之極精當：「一切乾坤、動靜、天地、道器、性情，皆實只是一物。然既是一物，又何以有此分別？此則須從隱顯處說。……所謂隱顯者，蓋就一時一地而言，天地原不能全體呈現在目前，而必有顯有隱。」〔註82〕而其所以出現兩端，全因人的目力能及與否而分；顯者、明者固然是有；隱者、幽者也非絕對空無。所以船山說：「亦以明夫無所謂無，而人見爲無者皆有也。」〔註83〕一體之氣因人的觀點分成兩端，其爲絕對的實有而非空無，則不因人而有異。陰陽是兩端之總名，故陰陽爲一元實有之本體。

只有理解陰陽爲「合兩端於一體」的本體，才能明白船山爲什麼屢次強調天下無孤陽孤陰之物，從而能瞭解其詮釋《周易》「乾坤並建」之旨。船山說「盡天下之事物，無有象此純陽純陰者也」，但爲什麼《周易》要「立一純陽無陰之卦」呢？這是因爲「陽有獨運之神，陰有自立之體」。所以，伏羲氏「於二儀交合以成能之中，摘出其陽之成象者」，以爲「乾」卦；「摘出其陰之成形者」，以爲「坤」卦。〔註84〕宇宙本體是太和一氣，天下事物也莫不是陰陽合撰而成。其所以會出現純陽純陰的情形，只是由於人之擬議所需要而暫時畫分的。曾昭旭教授的詮釋亦極貼切：「所以分爲二者，實因就人心之需要，要明白此二種純德以爲行道之所法，故通過人心之分析作用，將此凝合爲一之天地統體，摘出其獨運之神以謂之乾，摘出其自立之體以謂之坤，以各著其性情功效耳。非謂宇宙眞有此實存之二元。」〔註85〕從

〔註81〕　明・王夫之：《思問錄・內篇》，《船山全書》第十二冊，頁427。
〔註82〕　曾昭旭：《王船山哲學》（臺北：遠景出版社，1983年），頁60。
〔註83〕　明・王夫之：《張子正蒙注》，《船山全書》第十二冊，頁272～273。
〔註84〕　總括船山之言而成。明・王夫之：《周易內傳》，《船山全書》第一冊，頁43、74。
〔註85〕　曾昭旭：《王船山哲學》，頁58。

性情功效，可分爲陰陽兩體；從實存之體，則只能說「合兩端於一體」，本體並非二氣。本體只是一氣，卻是合兩端之陰陽於一體，故能具足至健至順之性，全備純乾純坤之德。由本體一氣所生之人物，雖只是氣之全體在一端所凝成的「定體」〔註86〕，但仍是合陰陽兩端於一之體，如六十二卦，卦卦無不具足乾坤，全備陰陽。此所以《周易》必須「並建乾坤爲諸卦之統宗，不孤立也」〔註87〕。是以對天地萬物，人可就其兩相對待之物，而畫分陰陽，但卻不可執著此物有陽無陰，而彼物乃有陰無陽；何況宇宙本體之氣，如何可執著有陰氣、陽氣兩個自始即判然不同的兩個實體呢？故船山說：「天地、水火、男女、血氣，可分陰陽，而不可執道之自然者，類如此。泥於象跡名言者，將使天地相爲冰炭，官骸相爲讎敵，溝畫而夯分之，亦惡足以知道哉」〔註88〕！把船山的天道論當做二元論者，正是拘泥執著於陰陽的「象跡名言」。

四、陰陽爲恒動恒伸的本體

太和一氣生生不息，故可說是恒動不已的本體，「太虛者，本動者也」〔註89〕。由一氣之恒運於兩閒，以聚以散，遂有人物之生死往來。就人物而言，可說氣有聚有散，有屈有伸，就一氣實體而言，則恒運不息，只能說有動無靜，有伸無屈。所以說：「運於兩間者恒伸，而成於形色者有屈」。〔註90〕因此若以「靜」來說一氣實體，將是「廢然之靜」，而「廢然之靜，則是息矣」〔註91〕。唯從人物之聚散屈伸的情形，則可將太和一氣生生不息之大用分成兩個面相：「動而趨行者動，動而赴止者靜」〔註92〕。把動靜當作一氣之二幾。

船山已將陰陽視爲實體，則在邏輯層次上，陰陽乃先於動靜而有，「其有在動靜之先也」〔註93〕。其次，動靜是氣之二幾，而陰陽即一氣實體，所以

〔註86〕 「定體」一詞與「本體」相對，原指人性全體在一端（情、才）的呈現。此借用以說宇宙本體與其所生之個體的關係，義理相通。明・王夫之：《讀四書大全說》，《船山全書》第一冊，頁1053。

〔註87〕 明・王夫之：《周易內傳》，《船山全書》第一冊，頁74。

〔註88〕 明・王夫之：《周易內傳》，《船山全書》第一冊，頁84。

〔註89〕 明・王夫之：《周易外傳》，《船山全書》第一冊，頁1044。

〔註90〕 明・王夫之：《張子正蒙注》，《船山全書》第十二冊，頁273。

〔註91〕 明・王夫之：《思問錄・內篇》，《船山全書》第十二冊，頁402。

〔註92〕 明・王夫之：《張子正蒙注》，《船山全書》第十二冊，頁15。

〔註93〕 明・王夫之：《周易內傳》，《船山全書》第一冊，頁525。

動靜的主體當然是陰陽，「而動靜者，陰陽之動靜也」〔註94〕。最後，動靜是其陰陽因時表現的不同之「幾」，動時則非靜，靜時亦非動。然以動以靜的陰陽之氣則不因動靜之變化而有所不同，其體常在。故說：「動靜有時而陰陽常在，有無無異也。」〔註95〕

陰陽既爲先於動靜而有的恒動恒伸之體，則將如何解釋周子「動而生陽，靜而生陰」之說呢？船山說：「生者，其功用發見之謂，動則陽之化行，靜則陰之體見尔。非初無陰陽，因動靜而始有也。」〔註96〕曾春海教授說：「陰陽雖非因動靜而有，卻因動靜而始發見，由動靜之用而彰著兩者判然相異之性情功能。……性情既異，則可交相生感。所謂動靜者，乃指陰陽交感之幾。……一般將動稱陽之特性，將靜說成陰之特性，乃『以其性之所利而用之所著』而分言之。」〔註97〕其說甚諦。

說動陽、靜陰，既只是依據「性之所利而用之所著」區分，則動未必非陰，靜亦未必非陽；陽非不能靜，陰亦非不能動。若謂靜者爲陰，則陽必無靜，動者爲陽，則陰必無動。或說陰者爲靜，則動者必非陰；陽者爲動，則靜者必非陽。這也是「泥於象跡名言」。合陰陽兩端於一之體，既爲「陰陽之體」；則「陰陽之體」乘時以效動靜之幾，以各著健動或順止之性情功效，那麼，所動所靜，當然都是「陰陽」之動，「陰陽」之靜。船山說：「升降飛揚而無間隙，則有動者以流行，則有靜者以凝止。於是而靜者以陰爲性，雖陽之靜亦陰也；動者以陽爲性，雖陰之動亦陽也。」〔註98〕「升降飛揚」是形容陰陽之氣恒伸恒動，運於兩間的狀態。有動者、有靜者，是其生化流行之二幾。動者之性陽，靜者之性陰，既是對動靜之幾的特性之規定，也包含陰陽之性情功效藉動靜而「生發著見」之意。

以上文所說爲例，太和一氣乃合陰陽兩端於一之體，由本體凝成而生之「定體」，也是合陰陽兩端於一之體。由其合兩端，故對太和一氣，可暫時分說爲陰陽兩氣；同理，對所有本體所生之「定體」，亦可就其爲互相對待之體，而分陰分陽，如天地、水火、男女、血氣，皆可分陰陽，只要不執著。那麼，太和一氣乘動靜二幾而各著陰陽不同之性情；本體所凝之「定體」當然亦各

〔註94〕　明・王夫之：《周易內傳發例》，《船山全書》第一冊，頁660。

〔註95〕　明・王夫之：《張子正蒙注》，《船山全書》第十二冊，頁24。

〔註96〕　明・王夫之：《周易內傳發例》，《船山全書》第一冊，頁659～660。

〔註97〕　曾春海：《王船山易學闡微》（臺北：輔大哲研究博士論文，1978年），頁94。

〔註98〕　明・王夫之：《張子正蒙注》，《船山全書》第十二冊，頁27。

乘其動靜之幾，而各效不同之性情功能。隨「陰陽之體」層次有所不同；動靜的意義也有層次之異。如天、男爲陽，地、女爲陰。天、男有其動靜，當然可說動靜卻都是陽之動靜；地、女亦然，是爲陰之動靜。反之，天、男爲陽，既有其靜，靜以陰爲性，便可說「雖陽之靜亦陰也」。地、女是陰，既有其動，動以陽爲性，便可說「雖陰之動亦陽也」。當然，既然陰陽可分而不可執，那麼，天與男當然亦可爲陰，地與女也可爲陽，由是陰陽動靜之關係亦隨之而異。茲不贅。船山有一則論陰陽動靜之言頗扼要，引於此以明其旨：「而陽有動有靜，陰亦有靜有動，則陽雖喜動而必靜，陰雖喜靜而必動。……陰非徒靜，靜亦未即爲陰；陽非徒動，動亦未必爲陽。」〔註99〕

　　船山以陰陽爲「合兩端於一體」的本體，不但掌握了一氣實體生動活潑的特性；更由於陰陽之體「本一→分兩→合一」的過程，使他能具體而實在的展現了氣之爲恒動恒伸的實體。由「陰陽之始本一，因動靜分而爲兩；迨其成，又合陰陽於一」，船山靈活運用了「陰陽」的觀念，貼切地描繪了陰陽從本體至定體的動態生化過程，既能建立陰陽爲一元實有，恒動恒伸之體，更使陰陽具有豐富的宇宙論意義。

五、結論

　　在中國哲學史上，陰陽一直被當做氣。由於氣本身有闔闢運動，可以用來解釋宇宙萬有生成變化的現象；又因萬有彼此兩端相對的情形最容易被察覺，遂易產生宇宙有陰氣、陽氣等二氣的觀念。船山在建立其本體論時，把氣當作宇宙本體，陰陽的觀念對船山而言，乃是「一太極之實體」，不再是形而下者。但是，船山並不因此而取消太極之理的形上地位與其主宰之義；他也不認爲陰陽是二個異質的實體。在船山理論中，理氣的形上形下問題，和陰陽是一元二元的問題被搏合爲一，一併吸納到「氣」的本體論中來處理。船山由是建立其陰陽觀念爲「合兩端於一體」的本體論。陰陽即氣，是宇宙本體。太和一氣具有陰陽兩種判然相異的性情、功效、體性、才質。天地萬物也莫不可就其「爲寒暑、潤燥、男女之情質」〔註100〕等等相異之處而劃分陰陽。陰陽彼此既然具有相異的性情功效，確實是不同之二物，當然可以說陰陽「判然各爲一物」，陰陽「實有二物」。太和一氣既然有此二物，則具有

〔註99〕　明・王夫之：《周易內傳發例》，《船山全書》第一冊，頁659。

〔註100〕　明・王夫之：《張子正蒙注》，《船山全書》第十二冊，頁24。

陰陽「兩種」不同性情之氣，籠統地說成「陰陽二氣」，也無不可。但是陰陽可分而不可執，若因此認爲船山之氣乃「陰陽二元本體論」則正落入其所批判的「泥於象跡名言」。

若說本體爲太和一氣，固無不可；但氣之爲體乃處於抽象的狀態。因爲人將因「非目力所及，不可得而見，可疑太虛之本無有」，而以爲其用固息。氣之爲體既是生生不息，具體而實在，爲展現其恆動恆伸，運於兩間的生化大用，船山遂以陰陽的觀念，由其始本一，因動靜分爲兩；迨其成又合陰陽於一的動態過程，來掌握氣之具體生動的特性。於是，乃形成了陰陽爲「合兩端於一體」的本體之觀念。

船山可以貫徹一元論的立場，也可以解釋所有兩端對立的現象。任何兩端之象，都是就陰陽之性情功效不同而分；其分立也，無礙於本體爲合兩爲一之體。船山此一方法，不只運用在其天道論的建立方面，更貫串其人性論中。當船山化解孟子心官大體、耳目小體之說可能產生「是一人而有二體」的矛盾時，他便說：「從其合而言之，則異者小大也，同者體也。從其分而言之，則本大而末小，合大而分小之謂也。」〔註101〕再者，他調合舜之授禹：「人心惟危，道心惟微」，可能使人產生人有二心之疑時，便說：「以本體言，雖不可竟析之爲二心，以效用言，則亦不可槩之爲一心也。」〔註102〕可以說船山論心，乃是「合心官、耳目兩端於一體」之實存心體。〔註103〕而太和一氣，以本體言，不可竟謂之有二氣；以效用言，亦不可槩之爲一體。

〔註101〕明・王夫之：《尚書引義》，《船山全書》第二冊，頁355。
〔註102〕明・王夫之：《讀四書大全說》，《船山全書》第六冊，頁1084。
〔註103〕曾昭旭教授便指出船山所說之性乃是「統本心與形色，合理氣，兼即心，即生二路渾凝以說性」。曾昭旭：〈性之說統新探〉，收入《道德與道德實踐》（臺北：漢光文化事業公司，1983年），頁72。

第四章　陰陽觀念的宇宙論意義

一、引言

　　船山之學本於《周易》，並深受橫渠的影響，其眼中的宇宙乃是一生化不息的世界，陰陽（含乾坤）乃用以說明此生化過程的觀念。〔註1〕此一宇宙觀深受學者注目，並早有專文詳論。或者說：「周易之宇宙在船山之解釋下，成爲健動生生而實有之生命世界。所點化出來之動態、生態，可謂生氣活現，躍然於紙上。」〔註2〕或者說船山宇宙論的中心任務是：「破無立有，破虛立實，並從而建構實有流動、生生不已、運行無窮之宇宙學說。……能擺脫宇宙起源之難題，並免於陷入無窮後退論之邏輯困境。更不用說，理氣先後之爭論，自然亦因此而化之於無形。」〔註3〕上述之說均能彰顯船山宇宙論的特徵及其價值，但對於船山建立其宇宙論的陰陽觀念之豐富義涵，則均未有系統而周詳的分析。

　　宋儒在說明宇宙發生以及生成變化的問題時，根據《周易・繫辭傳》之文：「太極是生兩儀」、「一陰一陽之謂道」，認爲太極或道才是宇宙的本體，是形而上者；陰陽由太極所生，是形而下者。濂溪說：

> 太極動而生陽，靜而生陰。靜極復動，一動一靜，互爲其根；分陰
> 分陽，兩儀立焉。陽變陰合，而生水、火、木、金、土，五行順布，

〔註1〕勞思光：《中國哲學史・第三卷》（香港：友聯出版社，1980年），頁738。
〔註2〕曾春海：〈闡船山易學之宇宙論〉，收入《儒家哲學論集》（臺北：文津出版社，1989年），頁409。
〔註3〕許冠三：〈王船山的宇宙觀〉，《香港中文大學中國文化研究所學報》，第10卷，第1期，頁161。

> 四時行焉。……無極之眞，二五之精，妙合而凝。乾道成男，坤道
> 成女；二氣交感，化生萬物。萬物生生，而變化無窮焉。〔註4〕

此段從太極本體的動靜化生陰陽二氣，由二氣之變合化生五行等質素之空間的分布，和四季等序列在時間方面的運行，提供萬物出現其中的時空根據與存在與料。再由陰陽二氣交感化生了萬物，萬物彼此又變化相生，而生生無窮的過程，有系統地說明了宇宙起源與萬物生成變化的情形，爲儒家首次建立完整的宇宙發生的理論。

　　橫渠認爲陰陽乃是一氣之兩端不同的體性，太極或道體乃是氣之本體，道雖不是形下之氣，但又不離陰陽。他說：「一物兩體，氣也。一故神，兩故化。」〔註5〕又說：「太虛之氣，陰陽一物也，然而有兩體，健順而已。」「一物而兩體者，其太極之謂與！」〔註6〕太極即道體之神用即於陰陽之氣中運之動之，以推行之，而生化萬物的本體。「運於無形之謂道，形而下者不足以言之」〔註7〕。道非陰陽而是陰陽的本體，卻與陰陽爲一體。道體運於氣中，使一氣顯現了陽健陰順兩種體性，由陰陽兩端之循環不已，遂化生天地萬物。

> 氣坱然太虛，升降飛揚，未嘗止息。……此虛實、動靜之機，陰陽、
> 剛柔之始。浮而上者陽之清，降而下者陰之濁。其感通聚結，爲風
> 雨，爲雪霜，萬品之流行，山川之融結，糟粕煨燼，無非教也。游
> 氣紛擾，合而成質者，生人物之散殊。其陰陽兩端循環不已者，立
> 天地之大義。〔註8〕

宇宙只有一氣，陰陽乃是氣之兩端，並非同時有純陰純陽之二氣。太極道體與氣爲體，運於其中，使一氣顯現健順不同的體性，兩端循環，感通聚結，而合成人物之形質。故可說萬物「無無陰陽者」。〔註9〕萬物之生原於氣之聚結消散，「氣之聚散於太虛，猶冰凝釋於水。知太虛即氣，則無無」〔註10〕。

　　橫渠「無無陰陽者」之確義如何？二程在太極與陰陽的關係之問題上，看法大致與橫渠相同（當然，伊川對道體的體悟與橫渠、明道有別）。在用陰

〔註4〕　清・全祖望：《宋元學案・濂溪學案下》（臺北：廣文書局，1971年），頁245。

〔註5〕　宋・張載：《正蒙》，收入《張載集》（臺北：里仁書局，1981年），頁7。

〔註6〕　宋・張載：《橫渠易說》，收入《張載集》（臺北：里仁書局，1981年），頁231、234。

〔註7〕　宋・張載：《正蒙》，收入《張載集》，頁14。

〔註8〕　宋・張載：《正蒙》，收入《張載集》，頁8、9。

〔註9〕　宋・張載：《正蒙》，收入《張載集》，頁10。

〔註10〕　宋・張載：《正蒙》，收入《張載集》，頁8。

陽觀念解釋宇宙現象時，二程發現陰陽既相對為二，卻又不能截然斷絕的關係。伊川說：

　　　天地之間皆有對，有陰則有陽，有善則有惡。〔註11〕

二程又舉例，冬至一陽生，卻反而更冷；如天將欲曉，反而更暗，說：

　　　陰陽消長之際，無截然斷絕之理，故相攪掩過。〔註12〕

二程之意，陰陽不能截然畫分，因陰陽互相掩蓋，如冬至一陽生，至後則倍加寒冷，表示陰氣掩蓋了陽氣之長。這是一般所謂陰中有陽，陽中有陰之意。但陰陽相掩乃已預設陰必非陽，陽必非陰，這又是另一種方式的陰陽截然斷絕。橫渠「無無陰陽者」之意是否也是如此？並不確定。

　　朱子調和這兩種陰陽關係，說：

　　　陰陽作一箇看亦可，做兩箇看亦可。做兩箇看，是「分陰分陽，兩
　　　儀立焉」；作一箇看，只是一箇消長。〔註13〕

朱子的說法和二程相似。如噓吸：噓陽吸陰，可分兩個，陰陽截然分判。但噓吸又是同屬一氣，故可說陰陽只是一箇。於是朱子與橫渠一樣可說「無一物無陰陽」〔註14〕。此外，朱子在說明萬物生生現象時，提出了「陰陽各生陰陽」〔註15〕的觀念，如晝夜：晝陽而夜陰，而晝自午後又屬陰，夜自子後又屬陽。

　　船山吸收了周張二程與朱子這些陰陽觀念，而創造「陰陽之體」、「陰陽相感和合」、「萬物各為陰陽相異之體」、「互為陰陽殊異之體」等觀念，以靈活地說明宇宙生成的問題。但其中有極大的區別：對船山而言，有宋諸儒劃分形上形下兩層存有的說法，不免造成本體二元論的嫌疑。在宇宙論方面，如果形上實體不是形下之氣，那麼對於氣的來源就不易有圓滿的說明：氣從何而來？本無陰陽之氣的形上實體從何生出氣來？氣若從無中生出，是否也有消亡之日？當朱子把太極生兩儀的問題轉成理氣關係時，這些問題都使他不得不去面對。於是朱子承認理氣固然不離，但邏輯上可說理先氣後。甚至肯認在理論上，氣有消亡之一日：「萬一山河大地都陷了，畢竟理卻在這裏」。

〔註11〕　宋・程顥、程頤：《二程集》（臺北：里仁書局，1982 年），頁 160。此伊川之
　　　　　說。明道之說相同。宋・程顥、程頤：《二程集》，頁 123。
〔註12〕　宋・程顥、程頤：《二程集》，頁 47。
〔註13〕　宋・朱熹：《朱子語類》（臺北：文津出版社，1984 年），頁 1602。
〔註14〕　宋・朱熹：《朱子語類》，頁 1603。
〔註15〕　宋・朱熹：《朱子語類》，頁 1604～1605。

說天地「不會壞。只是將相人無道極了，便一齊打合，混沌一番，人物都盡，又重新起」〔註16〕。氣有毀滅，則眼前世界從何而來？只好說重新再起。這樣的宇宙觀自然認爲世界乃是在一生成衰滅循環過程中，不斷重複出現，宇宙乃在時間進程中由初生而逐漸成長、衰亡的漸進狀態。朱子之說實與船山所批判之佛氏之劫、邵子「天開於子，消於亥；地闢於丑，消於戌」之說很難有所不同。都不免認爲宇宙在時間上有開端，也有終結之日。船山批判這種宇宙生化漸進論無法解釋「宇宙如何自無中生有」的問題。

　　爲解決上述困難，船山認爲只有貫徹本體一元論才能化解。他將伊川「動靜無端，陰陽無始」之言解釋爲在陰陽之上、之外並無其他實體作爲陰陽始生的根源，〔註17〕陰陽就是宇宙終極的本體，亦即是「太極」。船山主張「陰陽一太極之實體」〔註18〕，陰陽乃太極本然之體。形上形下的劃分只是對於此同一實體之不同層面的不同指稱，宇宙實體唯有一，在其上、其外絕無另一個始之生之的更高根源。因此在本體論方面，船山反對存在著一個時間上先於天地萬物而爲萬有始生的根本。他把萬有之生成完全收歸在這個一元的實體上，說成是在實體上「於上發生」，是「立於此（太極實體）而生」，而爲實體所「同有」、「固有」。在宇宙論方面，宇宙的發生與生成變化也就不須通過時間的進程來說明，可以避免宇宙循環斷滅的困難。以下先分析船山對

〔註16〕　宋・朱熹：《朱子語類》，頁4、7。

〔註17〕　陳來教授認爲朱子的理氣學說主張理先氣後，發現這與伊川「動靜無端，陰陽無始」的說法矛盾，晚年乃走向邏輯上理先於氣之說。陳來：《朱熹哲學研究》（臺北：文津出版社，1990年），頁13。案：此說似以爲伊川「陰陽無始」之言乃指並無另一個本體在陰陽之先，而爲陰陽之始。伊川之意似非如此，如其謂：「動靜無端，陰陽無始。非知道者，孰能識之？動靜相因而成變化。」宋・程顥、程頤：《河南程氏經說》，收入《二程集》（臺北：里仁書局，1982年），頁1029。又說：「陰陽之開闔相因，無有先也，無有後也，可謂今日有陽而後明日有陰，則亦可謂今日有形而後明日有影也。」宋・程顥、程頤：《河南程氏粹言》，收入《二程集》（臺北：里仁書局，1982年），頁128。可見伊川意指動靜並不可分誰端誰委，陰陽亦不可分誰先誰後，而非說陰陽之先並無另一本體以爲陰陽之始的意思。朱子對這兩句話的解釋和伊川相同。宋・朱熹：《朱子語類》，頁1896。但是，只要形上形下分爲兩層，理先於氣都是不可避免的結論。船山對「陰陽無始」的解釋則與伊川本人及朱子不同，而認爲陰陽之外、之先並無陰陽之始的根源。陰陽其體在動靜之先，動靜者乃陰陽之動靜，陰陽並不因動靜而後生。明・王夫之：《周易內傳》，《船山全書》第一冊，頁525。

〔註18〕　明・王夫之：《張子正蒙注》，《船山全書》第十二冊，頁24。

宇宙生化漸進論的批判，再進而說明陰陽觀念在船山之宇宙論的意義。

二、「太極無端，陰陽無始」──船山對「宇宙生化漸進論」的批判

　　船山認為「陰陽一太極之實體」，乃宇宙唯一絕對的實有，無端無始，永恆常在：「太極无端，陰陽无始」〔註19〕，「陰陽常在，有無無異」〔註20〕。萬物都是這唯一絕對的本體「道用其全」而化生，同為本體所有，那麼便無法說宇宙是在那個時間點上被創造，或說此物先於它物而生。始終並非時間觀念，天地不在某一時間點被創造，也不在另一時間點終結；萬物不在此時被生，也不是在彼時滅亡。所以說：「天地不先，萬物不後。」〔註21〕「天地始者今日也，天地終者今日也。」〔註22〕如果說宇宙在某時間點被創造，邏輯上也就很難否認宇宙會在時間上有終結的時候，這必達至「遂以謂邃古之前，有一物初生之始；將來之日，有萬物皆盡之終」〔註23〕的結果，等於承認「有毀天地之一日」，「藉有毀天地之一日，豈復望其亥閉而子開，如邵子之說哉」〔註24〕！

　　船山乃從四個方面論證「宇宙生化漸進論」的不當。

（一）道不容缺，必用其全

> 若夫天地之所為大始者，則道也，道固不容於缺也。不容於缺，必用其全。健全而乾，順全而坤，因是而山、澤、雷、風、水、火，皆繁然取給于至足之乾坤，以極宇宙之盛，而非漸次以嚮於備。何也？道无思而无為。漸次以嚮於備，則有為客留，有為增益，是且有思而有為，其不足以建天地之大也久矣。……要其至足之健順，與為廣生，與為大生，日可以作萬物之始。有所缺，則亦无有一物而不備矣。〔註25〕

〔註19〕　明・王夫之：《周易外傳》，《船山全書》第一冊，頁1110。

〔註20〕　明・王夫之：《張子正蒙注》，《船山全書》第十二冊，頁24。

〔註21〕　明・王夫之：《周易外傳》，《船山全書》第一冊，頁1092。

〔註22〕　明・王夫之：《周易外傳》，《船山全書》第一冊，頁979。

〔註23〕　明・王夫之：《周易外傳》，《船山全書》第一冊，頁979。

〔註24〕　明・王夫之：《周易外傳》，《船山全書》第一冊，頁975。蕭馳教授說：「船山從根本上否定了任何宇宙創造論的可能空間──因為任何創世都必須以一個時間起點為前提。」蕭馳：〈論船山天人之學在詩學中之開展〉，《中國文哲研究集刊》，第15期（1999年9月），頁132。

〔註25〕　明・王夫之：《周易外傳》，《船山全書》第一冊，頁976。

本體是繁有全具，絕對無限的實體，乾坤具足，陰陽全備，故能大生廣生，「日可以作萬有之始」（而非僅於萬物生初之時始生之，物生之後即不復資始資生之），萬物乃其所「同有」、「固有」，〔註26〕而非漸次以有之。若說道體資生萬物，是在「漸次以嚮於備」的時間歷程中進行，有有天地而無萬物，有有父而無子之時，這等於說道體有「一物不備」之時，則道體將是有所吝留，而有所不足。爲彌補道體吝留所造成的不足，必須有所增益。那麼，道體就成爲有方所、有定體之有限者，而非無方無體，無思無爲之絕對無限體。

（二）「宇宙生化漸進論」必然導致「宇宙循環斷滅論」

船山說：「蓋陰陽之往來无淹待而嚮背无吝留矣。」〔註27〕若說萬物是在時間序列中，依照先後次序被生發，則將如《序傳》所說「有天地，然後萬物生焉」，就等於承認「未有萬物之前，先有天地，以留而以待也」。〔註28〕則「陰陽一太極之實體」就不是繁然皆備，而不足以大生廣生，如前所說。

此外，承認天地在時間上有開端，也無法否認天地在時間上有終結，「將來之日，有萬物皆盡之終」。那麼，眼前的世界又從何而來？爲解釋這個問題，只好說宇宙處在一生成毀滅，無盡循環的過程中。如邵子說天開於子而閉於亥，又復開於子，或佛家說劫。〔註29〕已毀之天地則爲「永終」；「永終」則成絕對之空無，既不能有所始，也不能有所終。故船山說：「藉其不然，胥古今上下以未濟，則一終者將以永終，且亦不可以得一終也。」〔註30〕眼前之世界明是繁盛富有，而「永終」則爲絕對之空無，從無中如何生有？

（三）「宇宙生化漸進論」陷入無窮追溯的邏輯困境

若道體有缺，非用其全，則道體之生化萬物必有淹滯留待。如此，則道體所備之物並非全體皆備，而且道體在時間上必有停滯之時，在空間上必有斷裂之際。然而本體必須是絕對無限體。故爲使本體爲無限者，必須在道體之外另有一主以彌縫時空停滯斷裂之處。而此「主之者」又與道體爲二而有時空之隙，於是又必另有一主以彌縫之，而無窮後返。

〔註26〕 船山說：「『易有太極』，固有之也，同有之也。」明・王夫之：《周易外傳》，《船山全書》第一冊，頁1023。
〔註27〕 明・王夫之：《周易外傳》，《船山全書》第一冊，頁1091。
〔註28〕 明・王夫之：《周易外傳》，《船山全書》第一冊，頁1092。
〔註29〕 明・王夫之：《周易外傳》，《船山全書》第一冊，頁975、979。
〔註30〕 明・王夫之：《周易外傳》，《船山全書》第一冊，頁982。

蓋陰陽之往來无淹待而嚮背无吝留矣。故道生於有，備於大，繁有
皆實，而速行不息，太極之函乎五行二殊，固然如斯也。有所待非
道也；續有時則斷有際，續其斷者必他有主，陰陽之外无主也。
〔註31〕

　　陰陽之氣就是宇宙終極的本體，陰陽之外不能另有它主。陰陽之生萬物
乃道用其全，同有固有，繁然皆備，故船山說：「抑无不生，无不有，而後可
以為乾坤。」〔註32〕全體函之、備之，道用其全之生的理論乃能避免探討宇
宙發生論時可能出現無窮後返的邏輯困境。

（四）始終意指陰陽本體是萬物資生之始，也是萬物返歸之終，始
終並非時間性的概念

始終，非有無之謂也；始者聚之始，日增而生以盛，終者聚之終，
數盈則日退而息於幽。非有則無以始，終而無則亦不謂之終矣，所
自始者即所自終。〔註33〕

凡自未有而有者皆謂之始，而其成也，則皆謂之終。既生以後，刻
刻有所成，則刻刻有所終；刻刻有所生於未有，則刻刻有所始。
〔註34〕

始終之義可分兩方面：一是指陰陽之氣即太極實體既是萬物資生之始，也是
萬物返歸之終，即「所自始者，即所自終」之意。二是指受造物之生與成。
凡說一物之生，即指此物自未有而有。物所以能自未有而有，乃來自陰陽之
氣的凝聚；陰陽之氣凝聚，就是此物有生之始（氣聚是受造物有生之始，但
聚與始各有不同意義；散與終之關係同此，詳下。）因此，自未有而有＝氣
聚而有生＝始。凡有生之物，刻刻有生，即刻刻有氣之聚於其中，則即日日
有自未有以肇有的「始」。日生而氣日聚，其生亦日增，所以說「日增而生以
盛」。而有生之物在日受凝聚於其體中之氣而日生時，也有已成之氣日日返歸
太虛之體，則此物之內乃同時有氣散之終。因此，已成之氣自有而未有＝氣
散而返歸本體＝終。為什麼受造物不能只受氣之聚而生，乃必同時將已成之
氣返歸太虛？因受造物乃函受一定限量之氣以成其形質而生，其體所受之量

〔註31〕　明・王夫之：《周易外傳》，《船山全書》第一冊，頁1091。
〔註32〕　明・王夫之：《周易外傳》，《船山全書》第一冊，頁1092。
〔註33〕　明・王夫之：《張子正蒙注》，《船山全書》第十二冊，頁375。
〔註34〕　明・王夫之：《讀四書大全說》，《船山全書》第六冊，頁754。

已盈，則太虛之氣雖日與之而不能受，所以說「數盈則日退而息於幽」。有生之日，刻刻有已成之氣退息於幽，即刻刻有所終。〔註35〕

因此始終是太極之體或受造物當體具有的意義，它無法成爲時間歷程的概念。人之所以認爲始終是時間概念，乃由於用生死解釋始終。船山批判這個說法：1、受造物的生死由於氣之聚散，船山說：「如雲氣聚而生，氣散而死，可以聚爲始而散爲終乎？」聚散與始終各有不同義界，不可簡單地把始終等同聚散，再把聚散等同生死，然後根據受造物的生死是時間歷程而把始終當作時間概念。依照此一說法，人物有生之日只能有氣之聚，必不能有氣之散（因散即死，有生之日其氣有散等於說物既生又死）。但若人物之氣聚而不散，天地之氣豈非有消散殆盡之日？2、人之所以說始終即生死，乃以初生之日爲始，正死之日爲終。如此則由初生至正死這中間一大段「方生之日」是什麼？初生固然是生，方生之日也是生。以初生爲始，則向後有生之日，也刻刻有所始。3、若以生爲始，死爲終，則等於說「死者生之終，生者死之始」。「死者生之終」此句尚可，但在實踐上卻說得不易。至於「生者死之始」，則不合義理。把生當作趨向死的開始，完全否定生的價值與意義。〔註36〕

始終之意既如上述，在宇宙發生的問題上，船山遂可避免宇宙在時間上有毀滅之一日的可能性所產生的邏輯困難：「其耗以嚮於消者或亦有之，則陰陽之紛錯偶失其居，而氣近於毀。此亦終日有之，終歲有之，終古有之，要非竟有否塞晦冥。傾壞不立之一日矣」〔註37〕。個別事物消亡乃終日皆有之事，宇宙本體則「陰陽常在，有無無異」，絕無傾壞不立之日，這樣就不至於出現眼前之天地在過去已毀之後，如何自無復有的問題。

以上船山批判「宇宙生化漸進論」不能成立，其言似與一般常識的看法極爲不同。常識總認爲萬物彼此是處在先後關係中，依照時間的次序，相繼而生，由此可推，宇宙理當在某個時間形成。船山否定宇宙在時間中形成，取消始終的時間意義，他如何解釋萬物彼此間的時間現象。船山認爲時空乃

〔註35〕 船山謂人在有生之日，氣已日返歸於太虛；而返歸者爲鬼，故人在生之日，爲鬼者多矣！他說：「日生者神，而性亦日生；反歸者鬼，而未死之前爲鬼者亦多矣。」明・王夫之：《張子正蒙注》，《船山全書》第十二冊，頁102。

〔註36〕 此段總括船山之言而成。明・王夫之：《讀四書大全說》，《船山全書》第六冊，頁752～753。

〔註37〕 明・王夫之：《周易外傳》，《船山全書》第一冊，頁976。

是人據以認識事物的形式根據，在本體之處，並不存在時空的問題：

> 無先後者，天也，先後者，人之識力所據也。在我為先者，在物為
> 後；在今日為後者，在他日為先。不貳則无端委之殊，不息則无作
> 止之分，不測則无漸次之差。故曰「神无方而易无體。」東西南北
> 者，人識之以為嚮背也。今、昔、初、終者，人循之以次見聞也。
> 〔註38〕

取消時間的開端，否定漸進發生的理論，船山乃把宇宙發生與萬物的生成變化完全以物之施生與承受彼此不同的功能作用來解釋：於是船山發現「陰陽」觀念在宇宙發生的問題之說明上具有非常特殊的重要性。

三、「陰陽之體」、「陰陽相感和合」、「陰陽各自殊體」、「互為陰陽之體」——宇宙發生的過程與現象之說明

船山說：「太虛即氣，絪縕之本體，陰陽合於太和，雖其實氣也，而未可名之為氣；其升降飛揚，莫之為而為萬物之資始者，於此言之則謂之天。」〔註39〕天的實蘊是氣，氣是兩間實有的內容。氣的特性是升降飛揚，所謂「太虛者，本動者也」〔註40〕。由於這種特性，故氣之「升降飛揚而無間隙，則有動者以流行，則有靜者以凝止」〔註41〕。由於流行與凝止的作用，氣乃出現或聚或散的狀態，遂有萬物之生死，而出入往來於太虛之中。但是，氣是如何生化萬物的呢？事實上，人並非真能窺見氣之生化的奧秘，人所見者是而且只是已經顯著可知的生化事實。至於氣是經由什麼複雜的程序以流行凝止、聚結和合的實際底蘊，則非人所知。如此狀態之氣也就不是人的思慮所能測，也不是任何言說所能擬議。傳統上只能勉強形容之為「莫之為而為之者」，而以「天」擬議之。天就是指氣之實體乃超越、絕對、至一、渾全之名。如此之天既非人所能窺測，人只能見天所化現的生生之事實，也就是「氣化」之實：「氣化者，氣之化也。陰陽具於太虛絪縕之中，其一陰一陽，或動或靜，相與摩盪，乘其時位以著其功能」〔註42〕。故船山又說：「然則其云『繇太虛，有天之名』者，即以氣之不倚於化者言也。……而化之者天也，非天即化也。

〔註38〕 明・王夫之：《周易外傳》，《船山全書》第一冊，頁976。
〔註39〕 明・王夫之：《張子正蒙注》，《船山全書》第十二冊，頁32。
〔註40〕 明・王夫之：《周易外傳》，《船山全書》第一冊，頁1044。
〔註41〕 明・王夫之：《張子正蒙注》，《船山全書》第十二冊，頁27。
〔註42〕 明・王夫之：《張子正蒙注》，《船山全書》第十二冊，頁32。

化者，天之化也；而所化之實，則天也。天爲化之所自出。」〔註43〕只有天所化現的事實才是人對氣之實體所觀察得到的現象。

　　人所觀察到的「氣化」之實乃是萬物自未有以肇有而生，既生已成，復自有以返於未有，如此由明入幽，由幽出明，出出入入，來來往往於太虛之中的情形。雖然人無從得知這樣的現象是經由怎樣複雜奧妙的過程被實現，但是天化不息的事實，卻使人可以確定氣之實體必然具有兩種功能不同的作用：生與成。生的作用彰顯氣之至健之性，見其純乾之德；成的作用彰顯氣之至順之性，見其純坤之德。言道者乃名氣之生者爲陽氣，氣之成者爲陰氣，渾合一體之氣遂若分爲陰陽二氣。唐君毅先生說船山「惟就一形器之物之能呈用，以生其他形器之物，見其具陽生之氣。而其他形器之物則承其用，而自成，于此見一陰成之氣。遂謂任一形器之物，皆依此天地間之陰陽二氣，爲其成形器之物之根據。……則一切有形器之物，無不承它物之用，而更自用其體以生他物，而存於此一用之流行中。」〔註44〕事物的發生、成長、衰微、消亡等變化的現象化爲無盡之「用之流行」的過程，時間歷程在解釋宇宙發生的問題上也就不存在。

　　當然說一切事物皆依天地間的陰陽二氣而生成，固然是把陰陽之氣當作萬物的實體。但並不能因此認爲宇宙本體乃有兩個：即純陰之氣與純陽之氣。陰陽乃是人觀察到天「所化之實」以後才有的名言，在「氣之不倚於化」之處只有天之名，而無陰陽之名。也就是說，陰陽的觀念乃言道者用來詮釋生成變化的現象所用的名言。天化之實最明顯的現象既是生與成，天之德最著者爲乾健坤順，謂天爲具有陰陽二氣的實體，說宇宙本體爲陰陽二氣或省略爲陰陽，則是爲詮釋之方便而籠統地說。故船山乃說：「陰陽實體，乾坤其德也。」〔註45〕在這樣的脈絡下，陰陽的觀念在邏輯上顯然後於一氣實體；陰陽二體之成立已先預設本體方面一元之氣的存在。所以說：「若陰陽之所自分，則實一氣之屈伸而非兩體。」〔註46〕又說：「自太和一氣推之，陰陽之化自此而分。」〔註47〕若說天地有陰氣、陽氣兩個實體，試問：人物消亡之後，

〔註43〕 明・王夫之：《讀四書大全說》，《船山全書》第六冊，頁 1111～1112。

〔註44〕 唐君毅：《中國哲學原論・原教篇（下）》（臺北：臺灣學生書局，1979 年），頁 518～519。

〔註45〕 明・王夫之：《張子正蒙注》，《船山全書》第十二冊，頁 363。

〔註46〕 明・王夫之：《禮記章句》，《船山全書》第四冊，頁 1119。

〔註47〕 明・王夫之：《張子正蒙注》，《船山全書》第十二冊，頁 47。

已散之氣歸於何處？歸陰？歸陽？一部分歸陰，一部分歸陽？果真如此，船山何以說：「合於人物之身，用久則神隨形敝，敝而不足以存，復散而合於絪縕者爲鬼。」〔註48〕「絪縕」正是強調萬物是來自陰陽和合不分的太和之氣，所以死後也仍返於陰陽和合不分之體。

> 易言往來，不言生滅，「原」與「反」之義著矣。以此知人物之生，一原於二氣至足之化；其死也，反於絪縕之和，以待時而復，特變不測而不仍其故爾。生非創有，而死非消滅，陰陽自然之理也。朱子譏張子爲大輪迴，而謂死則消散無有，何其與夫子此言異也！〔註49〕

既然陰陽乃自一氣實體之生成的不同功用而分，且進而被用以指稱實體，因此便可說宇宙本體是「陰陽之體」。而萬物都是分得氣之實體之一分而生，也都全備乾坤之性，具足健順之德，因此也無不是「陰陽之體」。建立「陰陽之體」的觀念後，船山便可將功用之施生與承受的現象解釋爲「陰陽相感和合」的過程。只是太和一氣其體之存在乃先於陰陽之感，而由一氣實體之感化生的萬物則爲「感後之體」。而人對「體先於感」的太和一氣的神用之體悟，乃完全基於「感後之體」相互間施生、承受彼此功用的現象之觀察。但爲說明方便，以下分從這兩方面論述陰陽在宇宙生化過程的意義。

（一）體在感先

> 蓋陰陽者氣之二體，動靜者氣之二幾。體同而用異則相感而動，動而成象則靜，動靜之幾，聚散、出入、形不形之從來也。〔註50〕

> 健順，性也；動靜，感也；陰陽合於太和而相容，爲物不貳，然而陰陽已自成乎其體性，待感而後合以起用。天之生物，人之成能，非有陰陽之體，感無從生，非乘乎感以動靜，則體中槁而不能起無窮之體。體生神，神復立體；繇神之復立體，說者遂謂初無陰陽，靜乃生陰，動乃生陽，是徒知感後之體，而不知性在動靜之先本有其體也。（案：此段乃註解《正蒙》「感者，性之神；性者，感之體」之文）〔註51〕

〔註48〕　明・王夫之：《張子正蒙注》，《船山全書》第十二冊，頁33～34。
〔註49〕　明・王夫之：《周易內傳》，《船山全書》第一冊，頁520。
〔註50〕　明・王夫之：《張子正蒙注》，《船山全書》第十二冊，頁23。
〔註51〕　明・王夫之：《張子正蒙注》，《船山全書》第十二冊，頁367。

　　太和一氣爲物不貳，宇宙本體當然不是有純陰和純陽兩個異質之物。所以船山也說陰陽「非判然二物，終不相雜之謂」〔註52〕，「陰陽之外無太極」，而「太極之藏，唯兩儀之絪縕不息」。〔註53〕既然如此，船山何以要說陰陽是「氣之二體」？顯然，「氣之二體」的「體」字非「實體」義，乃「體性」義，這也就是「陰陽已自成乎其體性」的意思。而陰陽的體性究竟怎樣？船山說：「健而動，其發浩然，陽之體性也；順而止，其情湛然，陰之體性也。」〔註54〕陰陽之氣確實各有其不同的性情功效，而這兩種功用又同屬於一氣實體所有，和合於太和之中，故謂之爲「氣之二體」；而太和一氣也就可說是「陰陽之體」。陰陽兩種體性同屬於一氣實體所有，本體同一，效用則異，故曰「體同而用異」。

　　從太和一氣分析出陰陽兩種體性來，對船山而言，具有重大的意義。藉此，船山才得以由陰陽之感通和合的過程說明宇宙發生的問題。因爲人物之生成與消亡是由於氣之聚結與消散，氣之聚散則由於氣之「動以流行，靜以凝止」的作用；而氣之動靜的作用，則來自相對兩體的感通和合。故船山說：「陰陽相感，聚而生人物爲神；……復散而合於絪縕者爲鬼。」〔註55〕太和一氣具有陰陽相異的體性，因此在其自體內便可產生陰陽感通合和的功能，發生動靜的作用，流行凝止，聚散生成。這乃避免以宇宙本體爲陰氣陽氣的二元論所導致的「有陰無陽，有陽無陰」的結果。

　　船山說：「感者，因與物相對而始生。」〔註56〕據此則陰陽相感的情形有四個方面：陰感於陽，陽感於陰，陰與陰感，陽與陽感。後兩者船山名之爲「遇」：

> 感者，交相感；陰感於陽而形乃成，陽感於陰而象乃著。遇者，類相遇；陰與陰遇，形乃滋，陽與陽遇，象乃明。感遇則聚，聚已必散，皆升降飛揚自然之理勢。〔註57〕

陰陽交感相遇顯現了太和一氣摩盪動闢，創生不息與凝結順闔，承成無疆的作用。由此一闔一闢，一動一靜之幾，萬物乃由幽之明，由明之幽，或聚或

〔註52〕　明・王夫之：《張子正蒙注》，《船山全書》第十二冊，頁57。
〔註53〕　明・王夫之：《周易內傳》，《船山全書》第一冊，頁578。
〔註54〕　明・王夫之：《張子正蒙注》，《船山全書》第十二冊，頁82。
〔註55〕　明・王夫之：《張子正蒙注》，《船山全書》第十二冊，頁33～34。
〔註56〕　明・王夫之：《張子正蒙注》，《船山全書》第十二冊，頁367。
〔註57〕　明・王夫之：《張子正蒙注》，《船山全書》第十二冊，頁28。

散，往來出入於太虛之中。此即「動靜，感也」，「動靜者氣之二幾」乃「聚散、出入，形不形之從來」的意思。

因為生成的現象一定通過感通遇合的過程才發生，此即「待感而後合以起用」之意。而感乃「與物相對始生」。所以，非有「陰陽相對之體」的觀念無法解釋生成的現象。而陰陽二元論之說既造成本體論方面「有陰無陽，有陽無陰」的結果；太極本無陰陽之說也無法不陷入「無中生有」的詰難。則把太和一氣視為陰陽「合兩端於一體」就是最適當的理論了。體為「陰陽之體」，則體自能生感而起動靜之用以生無窮之體，故曰：「非有陰陽之體，感無從生；非乘乎感以動靜，則體中槁而不能起無窮之體。」體中感通遇合之用為神，有此神用，遂能生生無窮之體。故曰「體生神；神復立體」。但是人不見太和一氣在其自體中已具陰陽之體性，而只見氣之神用相感之後所生之體有陰有陽；人不知有「體在感先」而為陰陽相感所由生的本體，遂將周子「太極動而生陽，靜而生陰」之說解釋：「初無陰陽，靜乃生陰，動乃生陽」。船山認為這是「徒知感後之體，而不知性在感先，本有其體也」。陰陽二體為太和一氣所固有同有，乃先於感而有，不因動靜之感而生，所以是「在動靜之先」。至於「動而生陽，靜而生陰」，是說太極實體之動靜而生發著見了陰陽二種不同的性情功效。船山說：「生者，其功用發見之謂。」〔註58〕體性效用可分為二，實體則為一體。

（二）感後之體

對於體在感先的太和一氣化生萬物的情形，人是通過陰陽相感所化生的萬物——即「感後之體」彼此相生相成的情形才得以了解。在說明感後之體互動相生的情形時，船山提出了「陰陽各自殊體」、「互為陰陽之體」的觀念。

> 陰陽實體也，乾坤其德也。體立於未形之中，而德各效焉，所性也。
> 有陰則必順以感乎陽，有陽則必健以感乎陰，相感以動而生生不息，
> 因使各得陰陽之撰以成體而又生其感。〔註59〕

這段從太和一氣相感和合以生萬物，說到萬物既生之後，彼此各生陰陽相感之用，而生生不息的過程。萬化雖未形，而陰陽實體已卓然立於兩間，所性之乾健坤順之德各效其用，故能「相感以動而生生不息」，而使萬物自未

〔註58〕明・王夫之：《周易內傳發例》，《船山全書》第一冊，頁659。
〔註59〕明・王夫之：《張子正蒙注》，《船山全書》第十二冊，頁363。

形而有形。陰陽實體所化生的萬物也是「各得陰陽之撰以成體」的「陰陽之體」，故無不全備純乾純坤之德，具足至健至順之性，而能「又生其感」，以另起無窮之體。

> 天下之物，皆天命所流行，太和所屈伸之化，既有形而又各成其陰陽剛柔之體，故一而異。惟其本一，故能合；惟其異，故必相須以成而有合。然則感而合者，所以化物之異而適於太和也。〔註60〕

太和屈伸相感所化生之物既然也是「陰陽之體」，那麼爲何「又各成其陰陽剛柔之體」？此陰彼陽，或此陽彼陰，豈非陰陽叛離，而與「陰陽之體」的觀念矛盾？其實這兩個觀念並不衝突。

> 一屈一伸，交相爲感，人以之生，天地以之生人物而不息，此陰陽之動幾也。動而成乎一動一靜，然必先有乾坤剛柔之體，而後能闔闢相摩，猶有氣而後有呼吸。〔註61〕

> 天地之法象，人之血氣表裏、耳目手足，以至魚鳥飛潛，艸木華實，雖陰陽不相離，而抑各成乎陰陽之體。〔註62〕

> 自太和一氣推之，陰陽之化自此而分，陰中有陽，陽中有陰，原本於太極之一，非陰陽判離，各自孳生其類。故獨陰不成，孤陽不生，既生既成，而陰陽又各殊體。〔註63〕

太和一氣，其體本動，屈伸相感，而成一動一靜之幾，能生人物而不息。故必先有此「乾坤剛柔之體」，亦即「陰陽之體」，才能生發闔闢摩盪的生化大用。但天地法象、宇宙萬物既都是「陰陽不相離」之體，爲什麼在其既生既成之後，卻各「成乎陰陽之體」，即彼此各自成爲或陰或陽，相異互殊的「陰陽殊體」呢？1、因萬物雖皆爲陰陽之體，備足乾健坤順的德性，但其德性並不能全體顯現於眼前之幾；就一時一地而言，任何一物所呈現之德，都是陽見則陰隱，陰見則陽隱。故可就眼前之幾中，此物所呈現的功能是施生或承成的作用，而暫時區分其爲陽性或陰性之體。2、區分陰陽殊體，才能說明生成變化的現象，因爲，感是生於兩相對待之體。故船山說：「惟異生感，故交相訢合於既感之後，而法象以著。」〔註64〕

〔註60〕 明・王夫之：《張子正蒙注》，《船山全書》第十二冊，頁365。

〔註61〕 明・王夫之：《張子正蒙注》，《船山全書》第十二冊，頁108。

〔註62〕 明・王夫之：《張子正蒙注》，《船山全書》第十二冊，頁27～28。

〔註63〕 明・王夫之：《張子正蒙注》，《船山全書》第十二冊，頁47。

〔註64〕 明・王夫之：《張子正蒙注》，《船山全書》第十二冊，頁36。

因此，「陰陽各自殊體」的觀念，只在說明兩相對待之物交感互動的關係上，才能成立。當區別萬物爲陰陽殊體之後，並不可執著，而認爲天地間存在孤陽獨陰之物：「天地、水火、男女、血氣，可分陰陽，而不可執道之自然者，類如此。泥於象跡名言者，將使天地相爲冰炭，官骸相爲讎敵，溝畫而券分之，亦惡足以知道哉」〔註65〕！而區分萬物爲陰陽各異之體的意義有兩方面：一者，針對同一事物，同一現象，依據不同的觀點，從此一觀點看，它表現陽之體性；由另一觀點看，則表現陰之體性。「輕清上浮者陽也，而有象有形，聚者爲陰；出地而有實者陰也，而形無固形，究歸於散爲陽。……非判然兩分而不相合也」〔註66〕。同此一氣，當它輕清上浮，固然是陽；但同時也因其上浮而聚成天之形象，又可說是陰。至於氣凝成堅實之地，固然是陰；但同時地氣日返於太虛，地無一成不易的固定之形，又可說是陽。二者，針對交相感合之二物 A 與 B，從此一觀點，A 表現陽之體性，B 爲陰；從另一觀點，則 A 表現陰之體性，而 B 爲陽。如人之血氣表裏、耳目手足，以至魚鳥飛潛，草木花實之區分陰陽。可見，任何兩相對待之物彼此在交相感和之關係中，乃是「互爲陰陽之體」。

> 則天之有柔以和煦百物，地之有剛以榮發化光，又無判然不相通之理。擬之以人，則男陽而固有陰，女陰而固有陽，血氣榮衛表裏之互爲陰陽剛柔，莫不皆然。……仁之嚴以閑邪者剛也，陰也；慈以惠物者柔也，陽也；義之有斷而儉者陰也，剛也；隨時而宜者陽也，柔也。〔註67〕

> 以陰陽之分言之，則仁者行之純，陰之順也：知者知之明，陽之健也。以陰陽之合者言之，則仁者陰陽靜存之幾，知者陰陽動發之幾也；皆性之所有，而道之所全具者也。〔註68〕

任何「陰陽之體」，從不同角度看其呈現的功用，可暫時將之分別爲是陰或是陽。這種區分，或者發生於同一人物、同一事體的自體之中，如男女之自體「互爲陰陽」，仁德之體從其嚴以閑邪言則爲陽，從其慈以惠物言則爲陰。或者發生於兩相對待之物，如天與地、男與女等彼此之互爲陰陽。

〔註65〕明・王夫之：《周易內傳》，《船山全書》第一冊，頁84。
〔註66〕明・王夫之：《張子正蒙注》，《船山全書》第十二冊，頁59。
〔註67〕明・王夫之：《周易內傳》，《船山全書》第一冊，頁622。
〔註68〕明・王夫之：《周易內傳》，《船山全書》第一冊，頁527。

　　唐君毅先生曾根據朱子之說，把儒家陰陽相感的理論分成縱的陰陽與橫的陰陽兩方面。朱子說法是：

> 陰陽有個是流行的，有個是定位的。一動一靜，互爲其根，是流行底，寒來暑往是也。分陰分陽，兩儀立焉，是定位底，天地四方是也。〔註69〕

唐先生說，朱子所說的流行的，是縱的陰陽；定位的，是橫的陰陽。前者如物之成其所能與作用處，無不有化於物之舊形，而有成於物之新形。其有化於物之舊形之處，即舊形由之而入而隱，此即名之爲陰。其所有成於新形之處，即新形由之而出而顯，此即名之爲陽。二者相繼以成生生不息之歷程。後者即並在之兩物，相對相感時之陰陽關係。如天降雨露是陽，地承雨露是陰；施感者陽，受感者陰。以上兩種又以橫的爲縱的陰陽之本。如雞卵生雞雛，由舊形化生新形是陰陽相繼之縱的歷程。而其所以有此歷程，則因先有雌雄之相感，此即橫的陰陽。主動者施發一功能作用，即使此作用功能顯；被動者承受一作用功能，即使此作用功能隱。然被動者之受感而動，其動又有一作用功能之顯。是又由陰而陽以有陰陽之相繼。〔註70〕唐先生之說雖不全然在詮釋船山之旨，但卻與船山的陰陽觀念甚爲接近。從船山之言可見：天地、物我彼此之相感，是橫的陰陽；天地生萬物，乾坤生六子、五十六卦，乃縱的陰陽。人的稚少壯老之生成變化的現象，形日生，質日代，神日充的情形，乃可由血氣、表裏、榮衛等陰陽殊體，互爲陰陽，相感以動而生生不息之作用歷程來詮釋。父生子成的現象也通過相對之體互施相承不同作用功能之陰陽關係來說明。

　　通過互爲陰陽，相感以動的作用，每一陰陽之體乃可說「形無固形」，而無不處在變化狀態之中，日生日成。船山將物之變化的型態分爲內成與外生兩種。

> 生者外生，成者內成。外生變而生彼，內成通而自成。故冬以生溫于寒，夏以生涼于暑；夏以成溫而暑，冬以成涼而寒。〔註71〕

其言乃在解釋變通之義：所謂變，是物之變而成另一物之過程；所謂通，是同一主體的自我發展，於保持主體同一性而自成其體之情況。〔註72〕以人爲

〔註69〕 宋・朱熹：《朱子語類》，頁 1602。

〔註70〕 唐君毅：《哲學概論・下冊》（臺北：臺灣學生書局，1980 年），頁 723～725。

〔註71〕 明・王夫之：《周易外傳》，《船山全書》第一冊，頁 1009～1010。

〔註72〕 曾春海：《王船山易學闡微》（臺北：輔大哲研所博士論文，1978 年），頁 107。

例：「夫陽主性，陰主形」〔註73〕，陽感陰而變陰，則神理日生；陰感陽而化陽，則嗜欲日開。主體仍維持同一，而陽變陰則成君子，陰化陽則成小人，有所不同。這是內成，或是通。若火燒水，而水蒸發成為氣，由一物變為另一物，這是外生，或是變。變通顯示陰陽裁制萬物的神用，解釋了萬物生成變化的現象。

本節分析陰陽觀念在解釋宇宙發生過程的意義，可概括如下：

太和一氣→陰陽，氣之二體→陰陽二體相感以動→陰陽相感，乘動靜
（體在感先　　（體同用異）　　　　　（體生神）　　（動靜，感也）
的陰陽之體）

之幾，分而為兩→陰陽和合而成萬有之體→萬有之體各成陰陽殊異之
　　　　　　　（神復立體）
　　（因使各得陰陽之撰以成體）
　　（感後之體）

體→陰陽殊體互為陰陽→互為陰陽之體相感以動，而乘乎動靜之幾→
　　　　　　（而又生其感）

陰陽又和合，而更生新體→新體生而又生，更生無窮
　（更起無窮之體）

四、「陰陽之本體（全體）」與「陰陽之定體（端體）」──生生不息的宇宙圖像

船山從太和一氣之體分析出陰陽兩種相異的體性，以擬議宇宙生化的情形。太和一氣具有陰陽此二種相異之體性，故為陰陽之體。由此二體性，太和一氣乃能透過陰陽交感和合的作用生化萬物，萬物都是太和一氣使之「各得陰陽之撰以成體」，因此也都是「陰陽之體」而能生其感，以更生新體，故曰「體生神，神復立體」。每一體都具足乾健坤順之大用，故能「相感以動而生生不息」，以「起無窮之體」，宇宙就成為生生不息的世界。

在這生生不息的宇宙圖像中，每一事物和其他事物並不是處於一個靜態的、並列的關係中。每一事物都是至動恆動的實體（陰陽之體），不論在其自體或是與物相對，都既是各為陰陽相異之體，又是互為陰陽的關係。故能不斷交相感合，以起無盡之用，更生無窮之體。不但並存同在之物可相感更

生，肇生者與所生者也能互動交感。於是，由太虛本動，人遂見無窮無盡之
體自未有而肇有，往來出入於太和一氣中，「於（實體）上發生」無限的生化
大用。在此宇宙中，任一事物存在的意義與價值，完全在於此物和與之交感
互動之物，在感應之幾上，所表現的功能作用而定。亦即，「體」是由「用」
來規定，而「用即其體」，故船山說：「即有言體者，亦用之體也。」〔註74〕
又說：「當其有體，用已現；及其用之，無非體。蓋用者用其體，而即以此體
爲用也。」〔註75〕天之生物，人之成能，「非乘乎感以動靜，則體中槁而不能
起無窮之體」。「感」就是功能作用的呈現，功能作用的表現在於各自殊體的
事物「互爲陰陽」，相互施生、承受彼此功用的地方。

　　在上述說明中，有一個問題：太和一氣與其所生發的萬物都是「陰陽之
體」，則將如何區別其不同呢？曾昭旭教授根據船山之言，以宇宙渾然一氣之
體爲本體，以凝爲人之氣質而亦全具宇宙本體之性者爲定體。渾然一氣之體
與氣化所成之一一個體之間的關係，可說個體乃渾然一氣之一端，因既爲渾
然一體，則不可截然分割。個體直下乃是本體之一端而可直通於全體者。可
見，本體與定體之分，也可說成全體與端體之別。〔註76〕

> 乃君子推而小之，以至於一物之細、一事之微，論其所自來與其所
> 自成，莫非一陰一陽、和劑均平之構撰；論其所體備，莫不有健順
> 五常，咸在其中而無所偏遺。故欲破此一物爲有陰而無陽，彼一物
> 爲有陽而無陰，此一事道在仁而不在義，彼一事道在義而不在仁，
> 而俱不可得。……故「鳶飛戾天」，疑於陽升，而非無陰降；「魚躍
> 于淵」，疑於陰降，而非無陽升。健順五常，和成一大料藥，隨炮一
> 丸，味味具足，斯則以爲天下莫能破也。〔註77〕

萬物都是太和一氣「道用其全」而無吝留，全體灌注於一端而生，故陰陽具
足，體備健順五常之德。宇宙本體之渾然一氣之全體，猶如陰陽和劑均平的
一大料藥，萬物都是從這大料中，隨炮一丸所成的陰陽之端體，故陰陽五常，
味味具足。天人的不同在於形質之函氣與否，「若當其未函時，則且是天地之
理氣，……而其爲天之流行者，初不以人故阻隔，而非復天之有」〔註78〕。

〔註74〕明・王夫之：《讀四書大全說》，《船山全書》第六冊，頁531。
〔註75〕明・王夫之：《讀四書大全說》，《船山全書》第六冊，頁896。
〔註76〕曾昭旭：《王船山哲學》（臺北：遠景出版社，1983年），頁342～346。
〔註77〕明・王夫之：《讀四書大全說》，《船山全書》第六冊，頁496～497。
〔註78〕明・王夫之：《讀四書大全說》，《船山全書》第六冊，頁860。

曾昭旭教授說：個體「直是本體之一端而可通於全體者，於是而個體乃眞亦有其超越無限之尊嚴」。〔註79〕

　　太和一氣之爲陰陽和劑均平的大料藥，乃陰陽之全體或本體；由此大料藥中隨尥一丸而成之個體，乃陰陽之端體或定體。前文已說，吾人並非眞能窺見太和一氣陰陽相感，生化不測之神用。人之以陰陽相感擬議天道，完全基於對陰陽本體所已化現之物，即陰陽之端體彼此間之相感和合，生生無窮的現象之觀察而得。若無隨尥一丸而成之端體，若無端體之陰陽相感生生無窮，太和一氣固然其體常在，實有而非空無，但人「則可疑太虛之本無有，而何者爲一」〔註80〕。爲什麼？因「其合一而爲太和者，當其未成乎法象，陰陽之用故息也」〔註81〕。其實，陰陽之本體生生無窮，陰陽之用何曾止息？只是「陰陽未分，二氣合一，絪縕太和之眞體，非目力所及，不可得而見也」〔註82〕。那麼，從法象已著之後，人可就端體相感，以見陰陽之用而言，陰陽全體之太和一氣的富有日新之大業得以昭著於兩間，端體之生生即所以圓成本體之生生，故船山說：「乾、坤有體則必生用，用而還成其體。」〔註83〕

　　既然乾坤（陰陽）之本體（全體）的實蘊乃由其體所生之用而成之陰陽定體（端體）來圓成，人所能擬議的又只是端體彼此間之相感生生之關係，則在擬議端體間生生之關係時，人也可以不必過度執著兩者之義，限定本體、全體只能指稱太和一氣；定體、端體只能指稱氣化所成之體。氣化所成之體既也是陰陽之體，具乾健坤順之用，當然也能「乾、坤有體則必生用，用而還成其體」。於是，不妨暫時把肇生之體稱作本體或全體，所生之體仍名定體或端體。事實上這也正是船山使用這些詞的方法。

　　　　孟子斬截說簡「善」，是推究根原語。善且是繼之者，若論性，只喚
　　　　作性便足也。性裡面自有仁、義、禮、智、信之五常，與天之元、
　　　　亨、利、貞同體，不與惡作對。故說善，且不如說誠。……所有者
　　　　誠也，有所有者善也。則孟子言善，且以可見者言之。可見者，可
　　　　以盡性之定體，而未能即以顯性之本體。〔註84〕

─────────────────────

〔註79〕　曾昭旭：《王船山哲學》，頁345。
〔註80〕　明・王夫之：《張子正蒙注》，《船山全書》第十二冊，頁36。
〔註81〕　明・王夫之：《張子正蒙注》，《船山全書》第十二冊，頁36。
〔註82〕　明・王夫之：《張子正蒙注》，《船山全書》第十二冊，頁35。
〔註83〕　明・王夫之：《張子正蒙注》，《船山全書》第十二冊，頁16。
〔註84〕　明・王夫之：《讀四書大全說》，《船山全書》第六冊，頁1053。

船山這段話的主旨在批判告子「性猶杞柳」,「猶湍水」之說。告子不曾見得性,所以才說性猶杞柳、猶湍水。船山說:「人之有性,卻將一物比似不得。」〔註85〕告子為什麼不知性?因為他「但據氣之動者以為性。動之有同異者,則情是已;動之於攻取者,則才是已。若夫無有同異、未嘗攻取之時,而有氣之體焉,有氣之理焉,(即性。)則告子未嘗知也。」〔註86〕情、才乃是性之可見者,即性之定體,「情才者,性之撰也」〔註87〕。至於性之本體,祇喚作性而已,用一物去比似不得。孟子說性,本應「只喚作性便足了」。勉強要形容性之本體,則宜說性誠。其說性善,已是從性之可見的定體,也就是性之本體已經表現在外可見的活動之體,即「有所有者」說善。「有所有者」乃性體通過活動呈現在外可見之端,如情、才。故孟子說:「乃若其情則可以為善;若夫為不善,非才之罪也。」情、才是性之本體活動而顯於一端者,故性是本體,情、才是其所生之定體;而性體又為太和一氣隨处一丸而成的有一定限量之體。可見,本體、定體之名義乃隨互為陰陽之相對殊體間的關係,而被用以詮釋不同之對象。全體、端體之意亦然:

> 不忍人之心……亦忽遇所感於計較不起、思慮不及之際而見其端。
>
> 此端也,以全體注於一念,而一念即其全體。〔註88〕

惻隱之心乃性體全體灌注而生之端體;同樣,人性也是太和一氣全體灌注於一人之端而生之端體。

弄清船山「本體」/「全體」與「定體」/「端體」的用法,將之運用到宇宙論的問題上,便可展現船山宇宙生生不息的世界觀。宇宙生化的圖象,乃是無數「陰陽之體」各自為陰陽相異之殊體,彼此互為陰陽,相感以動更生無窮陰陽之體的流行過程。在這一流行過程中,無盡的「陰陽之端體」從「陰陽之本體」肇生;既生之端體又自成本體,更生端體,無止息地衍生無窮,無遠弗屆,終見太和一氣乃渾淪為一之體。陰陽互殊的個體之所以能感通和合正因太和一氣渾淪為一,故船山說:「惟其本一,故能合。」〔註89〕而萬物若非各成相異之體則不能起陰陽相感,和合生化之用,故船山也說:「既

〔註85〕 明・王夫之:《讀四書大全說》,《船山全書》第六冊,頁 1053。
〔註86〕 明・王夫之:《讀四書大全說》,《船山全書》第六冊,頁 1055。
〔註87〕 明・王夫之:《詩廣傳》,《船山全書》第三冊,頁 299。
〔註88〕 明・王夫之:《四書訓義(下)》,《船山全書》第八冊,頁 219。
〔註89〕 明・王夫之:《張子正蒙注》,《船山全書》第十二冊,頁 365。

有形而又各成其陰陽剛柔之體，故一而異。」〔註 90〕陰陽之本體與端體衍生
無窮的作用圓成了乾坤一體的實蘊，此即「用而還成其體」。

> 但言體，其爲必有用者可知；（言未發則必有發。）而但言用，則不
> 足以見體。（「時中」之中，何者爲體耶？）「時中」之中，非但用也。
> 中，體也；時而措之，然後其爲用也。喜怒哀樂之未發，體也；發
> 而皆中節，亦不得謂之非體也。所以然者，喜自有喜之體，怒自有
> 怒之體，哀樂自有哀樂之體。喜而賞，怒而刑，哀而喪，樂而樂，（音
> 岳。）則用也。雖然，賞亦自有賞之體，刑亦自有刑之體，喪亦自
> 有喪之體，樂（音岳）亦自有樂之體，是亦終不離乎體也。……中
> 無往而不爲體。未發而不偏不倚，全體之體，猶人四體而共名爲一
> 體也。發而無過不及，猶人四體而各名一體也。固不得以分而效之
> 爲用者之爲非體也。〔註91〕

以人體喻一氣實體。人體是全體，四體是端體。而一氣實體是全體，人
體又是氣之一端。太和一氣化生的萬物都是陰陽之體，具足乾健坤順之德，
故能施生承成無盡功能作用，更起無窮之體。用船山的術語來說，陰陽之體
所具的功能作用，稱之爲「藏」。凡物之生，必有存在之體，其體中即含藏陽
健陰順之性，而能生生無窮。故船山說：「情受於性，性其藏也，乃迨其爲情，
而情亦自爲藏矣。藏者必性生而情乃生欲。」〔註 92〕性體乃太和一氣隨赽一
丸而生，其體含藏無限之大用，雖未發而必能發，亦名爲中體。性體健順五
常之德「分而效之爲用」，而生喜怒哀樂之情，無過不及，則情無不是性，無
非中體，是爲時中。情既由性生而亦自成體，自具其藏，而能生用，喜而賞、
怒而刑等，其中節者性也，不中節者則流而成私欲。而賞、怒、喪、樂生於
情之後又自爲體，而有其藏，也有其陽健陰順之用。此即禮樂刑政之文化功
能，如：子貢欲去告朔之餼羊，孔子告以「我愛其禮」。即以禮文形式的存在
仍能施生陽健之德，啓發後人重新尋找道德價值的創造根源。

相對於太和一氣，人之性體乃陰陽全體大料藥赽成的端體；對於喜怒哀
樂之情而言，性體又是生之者的陰陽本體，四情又爲全體所生之端體。喜怒
哀樂之於賞、怒、喪、樂之關係亦然。對於陰陽之本體衍生端體此一生生不

〔註90〕 明·王夫之：《張子正蒙注》，《船山全書》第十二冊，頁 365。
〔註91〕 明·王夫之：《讀四書大全說》，《船山全書》第六冊，頁 452～453。
〔註92〕 明·王夫之：《詩廣傳》，《船山全書》第三冊，頁 327。

息的宇宙觀，船山有段簡短言論最能彰顯其精義：

> 合者，陰陽之始本一也，而因動靜分而為兩，迨其成又合陰陽於一
> 也。……要其受氣之游，合兩端於一體，則無有不兼體者也。〔註93〕

最初是太虛絪縕之本體，即體在感先的太和一氣，乃「陰陽之始本一」之體。其陽生陰成之性乘動靜之用而生發著見，遂分為二。然而也由此而陰陽相感和合，使萬物各得陰陽之撰以成體，是為本體一端所凝之定體，即感後之體，乃「迨其成，又合陰陽於一」之體。很明顯，本一的「陰陽之體」與動靜之後分兩又合一的「陰陽之體」其意義與層次是完全不同的。而「迨其成，又合陰陽於一」的感後之體，既生既成之後又自成「陰陽之始本一」之本體，然後再乘動靜而相感和合，又「合陰陽於一」，更生端體；兩者之體，其意義與層次當然也不一。只要太虛本動，實體為健動生動之活體，則乾坤有體必有用以起無窮之體，如此生生之過程，便會無窮地進行。宇宙遂如唐君毅先生所形容之「用之流行」的世界。

五、結論

宇宙的本體是什麼？本體是一？二？或多？本體是否在時間上先於萬物而存在？宇宙的起源如何？它是如何被創生的？萬物的生成變化是如何發生的？宇宙本體與萬物之間的關係如何？有宋諸大儒對這些問題的看法大體上乃化分兩層存有：太極或道體乃形上的本體，恆存遍在；陰陽或氣乃形下之器，有運行變化。形上本體並不離形下之器，而是即在形下之器中主宰氣之運動變化者。宇宙本體只有一，即太極道體；本體永恆遍在，且形上形下不離，本體先在的問題並不存在；但邏輯上可承認太極道體的優先性（特別是朱子）。太極道體運於無形，因動靜而化生陰陽，而成五行；由二氣五行之聚散，而有萬物之生成，故物無無陰陽者；物既成而秉太極為性：氣有變異，性則無殊。

船山認為，畫分形上形下的做法，難免造成本體打成兩截的嫌疑。在宇宙論方面，也就不容易回答氣從何而來的問題，理論上也無法否定氣有消亡之一日，從而極易主張宇宙乃是在時間進程中，由初生、成長、衰老、滅亡，不斷循環發生的「宇宙生化漸進論」。船山認為這一理論根本無法解釋已經毀滅的天地如何能從無中生有的問題。船山批判此一理論，他乃主張「陰陽一

〔註93〕 明・王夫之：《張子正蒙注》，《船山全書》第十二冊，頁37。

太極之實體」，取消形上形下的對立，認爲「太極无端，陰陽无始」。「陰陽一太極之實體」即宇宙終極本體，在其上、其外並無另一始之、生之的根源。實體之生萬物並不在時間歷程中進行，而是直接在本體上發生，是本體「道用其全」而生之，是萬物乃本體同有固有，天地不先，萬物不後。

　　萬物生成變化的情形，透過萬物呈現的功能作用來說明。其功能作用有二：陽生與陰成。船山吸收了橫渠「無無陰陽者」、二程「陰陽互相對待」、「陰陽無截然分析之理」、朱子「陰陽又生陰陽」等觀念，形成「陰陽之體（本體／全體與定體／端體）」、「陰陽相感和合」、「陰陽殊異之體」、「互爲陰陽之體」等觀念，生動活潑地說明了宇宙發生的情形。

　　從橫的方面看，萬物彼此交互作用的關係複雜萬端；從縱的方面看，萬物彼此相生相成的關係更具有無限多層次之異。使用陰陽這組簡單的觀念去解釋如此錯雜的縱橫關係，不可免的，會使陰陽的意義極爲複雜紛歧。許冠三教授就認爲船山的「陰陽」一詞指喻含渾，使人對其本體論有所誤釋。〔註94〕然而，順著船山行文的脈絡，要掌握其陰陽觀念的意義也並非完全不可能。蘊含在其陰陽觀念中，生動活潑的宇宙圖像仍是清楚可見的。

〔註94〕許冠三：〈王船山的宇宙觀〉，頁178～179。

第二部分：乾坤並建論

第五章　「乾坤並建」理論的基本內容及其天道論涵義

一、引言

「乾坤謂陰陽也」〔註1〕，故「乾坤並建」，又曰「陰陽並建」〔註2〕、「兩儀並建」〔註3〕，為船山學極重要且基本的理論。凡是論及船山《易》學或有關其天道論、形上學之論著者，大都會提到此說。

「乾坤並建」的基源問題，主要是針對歷代《易》學，特別是漢儒與邵子等關於《周易》六十四卦卦序的邏輯問題而發，以討論六十四卦的基本元素，其發生過程，根本原理的學說。船山藉著此一理論以建立其天道論哲學；或反過來，也可以說是他以個人的形上學洞見，透過此一學說來闡釋、發揮。無論如何，「乾坤並建」具有豐富的本體論、宇宙論意義則毫無疑問。

關於「乾坤並建」的內涵，學者最早的說法是認為船山此說乃是二元論者。〔註4〕其次，則謂其意指「太極為乾坤之合撰」〔註5〕，而不必是本體二

〔註1〕　明・王夫之：《周易內傳》，《船山全書》第一冊，頁560。

〔註2〕　明・王夫之：《張子正蒙注》，《船山全書》第十二冊，頁38。

〔註3〕　明・王夫之：《周易內傳》，《船山全書》第一冊，頁508。

〔註4〕　熊十力先生最先認為船山此說有「陰陽異體」的嫌疑，是「議之粗者」，但終不認為其為二元論。熊十力：《原儒》（臺北：洪氏出版社，1980年），頁157。後來則屢屢質疑「乾坤並建」頗有二元論的意思。熊十力：《讀經示要》（臺北：洪氏出版社，1978年），卷3，頁93。熊十力：《新唯識論》（臺北：洪氏出版社，1974年），卷下之一，頁52。晚期更斷定其確為二元論而批評之。其大意是認為船山此論乃建立陰氣、陽氣兩個本體。乾為陽氣，乃氣之舒者，坤乃陰氣，陰氣之結為形、為魄，陽氣則行於形質之中外者，為氣、為神。

元論者。其三，曾昭旭教授首先闡明「乾坤並建」乃船山「即氣言體」而立之兩個「純理」，指出其本體論確爲一元論者的重要關鍵。〔註6〕其四，除關於本體論之涵義之外，學者更注意船山乃藉著「乾坤並建」說，以建立其宇宙發生論。〔註7〕

「乾坤並建」的主要內容包含三部份：其一，是說《周易》六十四卦雖然各有六位，但這是從卦體顯現可見之象而言，其實另有六位之象隱而不可見，所以每一卦眞正具備的共有十二位。其次，不論每卦所顯示的卦象，其彼此的陰、陽之數如何參差不齊，但是它們所具備的十二位，一定都是由六陰六陽所構成。而六陰六陽正是乾坤二卦之象。所以，乾坤二純可說是其餘六十二卦的本體。其三，乾坤二純發生六十二卦的方式如何之問題。透過這

陰非陽、陽非陰，陰氣、陽氣各成其體，故爲二元論。熊十力：《乾坤衍》（臺北：臺灣學生書局，1983年），頁204。然而熊先生在《新唯識論》又說乾、坤是互相錯的，而亦是互相綜的。說乾便涵著坤，說坤便涵著乾。熊十力：《新唯識論》卷上，頁65。熊先生此說實與船山之論無異。

〔註5〕 唐君毅先生根據船山之言說，太極乃陰陽二氣之渾合，此不同於漢人乾元、坤元只是一乾元之說，亦不取宋儒一氣流行成二氣之說，而主乾坤陰陽，自始即相待而有。唐君毅：《中國哲學原論·原教篇下》（臺北：臺灣學生書局，1979年），頁522、526。勞思光先生之說亦同，並指出「太極爲陰陽之渾合」，除對「太極」而言，有不立「陰陽」以外之「太極」之理論義意外，尚有另一意義，即「陰陽」二者乃所謂「道」之內容，不可偏廢。勞思光：《中國哲學史·第三卷下》（香港：友聯出版社，1980年），頁734。

〔註6〕 曾教授說船山主張「周易乾坤並建，首先即謂二卦原非孤立，實爲合撰。而所以分爲二者，實因就人心之需要，要明白此二種純德以爲行道之所法，故通過人心之分析作用，將此凝合爲一之天地統體，摘出其獨運之神以謂之乾，摘出其自立之體以謂之坤，以各著其性情功效耳。非謂宇宙眞有此實存之二元，可以此純陽純陰象之也。」又說，乾與陽乃就氣之本體之活動義或創造原則立名，坤與陰則就氣之本體之存有義或凝成原則、表現原則而立名。於是疑船山爲二元論者固然未是，以船山爲唯物論者亦非。曾昭旭：《王船山哲學》（臺北：遠景出版社，1983年），頁58、340～341。

〔註7〕 曾春海教授說：船山「以陰陽與太極，二而一、一而二之體用關係，及陰陽對待往來之法則說明周易生生不息，創進不已之宇宙生成變化論。……其獨特之『乾坤並建』說，解釋周易宇宙之生成論，而以乾坤並建所立之『陰陽十二位數』說明周易由剛柔相推而生之變化論。」又說：「乾坤不但爲萬物資始資生之元德，亦爲整部周易之門戶。由乾坤相連不相離，而言卦之陰陽十二位，隱現各半。以卦之六爻位涵蓋天、地、人爲『三才之道』，以陰爻、陽爻在卦爻間錯綜、參伍之升降，相互往來之消息，解釋卦爻變化及宇宙變化之原理，從而展示生生之宇宙觀。」曾春海：〈闡船山易學之宇宙論〉，《儒家哲學論集》（臺北：文津出版社，1989年），頁396、400。

三個部分的說明，便能掌握其中蘊含之天道論意義。

二、陰陽十二，卦用其六

船山對卦體六陰六陽的說明，最顯著者莫過於其闡釋周子《太極圖》之處。

> 乾坤並建，爲周易之綱宗，……蓋所謂「易有太極」也。周子之圖，準此而立。其第二圖，陰陽互相交函之象，亦無已而言其並著者如此爾。太極，大圓者也。圖但取其一面，而三陰三陽具焉。其所不能寫於圖中者，亦有三陰三陽，則六陰六陽具足矣。特圖但以顯三畫卦之象，而易之乾坤並建，則以顯六畫卦之理。乃能顯者，爻之六陰六陽而爲十二，所終不能顯者，一卦之中，嚮者背者，六幽六明，而位亦十二也。十二者，象天十二次之位，爲大圓之體。太極一渾天之全體，見者半，隱者半，陰陽寓於其位，故轂轉而恆見其六。〔註8〕

太極本體全備六陰六陽，「易有太極」，所以《周易》六十四卦，卦卦也都「六陰六陽具矣」。但是，《周易》要以卦畫來顯示太極本體，只能經由「爻」畫，用六陽爻之乾、六陰爻之坤，「乾坤並建」合起來共有十二位，以「象天十二次之位，爲大圓之體」。若是在「一卦之中」就無法完全顯現太極本體之象。因爲每一卦只能畫六位，所以不能將陰陽各六之十二位全部顯示出來。於是，在一卦可見的「嚮者」六位之外，就另有隱於不可見之「背者」六位。

從六十四卦，卦卦各有嚮者六位、背者六位，合爲陰陽各六之十二位的情形，可推出一連串的觀念：「隱顯（見）」、「幽明」、「表緼（裡）」、「屈伸」、「往來」、「體用」等。居於嚮者六位的陰陽爲顯，背者六位則爲隱，「見者爲明，而非忽有，隱者爲幽，而非竟無」〔註9〕。「幽以爲緼、明以爲表也」〔註10〕。「自明而之幽爲屈，自幽而之明爲伸」〔註11〕。「明者以知來，幽者以藏往；來者以立體，往者以待用」〔註12〕。總之，可見之卦，六陰六陽之

〔註 8〕　明・王夫之：《周易內傳發例》，《船山全書》第一冊，頁 657～658。
〔註 9〕　明・王夫之：《周易內傳》，《船山全書》第一冊，頁 225。
〔註10〕　明・王夫之：《張子正蒙注》，《船山全書》第十二冊，頁 272。
〔註11〕　明・王夫之：《張子正蒙注》，《船山全書》第十二冊，頁 273。
〔註12〕　明・王夫之：《周易內傳》，《船山全書》第一冊，頁 567。

數雖或不足而實無欠缺，雖或不見而實非空無：「非所見者有，所不見者無也。故曰『乾、坤其易之蘊邪』，……有幽明而無有無，明矣」〔註13〕。這些觀念既顯示實有本體論的涵義，而具有宇宙發生論的內涵，被用以說明宇宙生化的問題。

　　六十四卦和乾坤合撰的太極本體既然同樣全備無缺，則兩者將有何區別？其關係又是如何？船山說：「天無自體，盡出其用以行四時、生百物。」〔註14〕「太極一渾天之全體」，六陰六陽盡見於用；而六位之體不足以容納十二之陰陽，所以六十四卦其體雖全備陰陽，其見於用乃成陽見陰隱、或陰見陽隱，陰陽多寡不足的情形。船山參考周子《太極圖》第二圖「陰陽互相交函之象」，說明六十四卦乃是太極渾天之全體恆動運轉所呈現的一端之體而已。太極○大圓，○的正面六位，背面六位，六陰六陽已寓於其位；然而正面之陰陽可見，背面則隱而不見，於是隨著○的轉動，出現在正面的六位的陰陽之象就有六十四種可能，而為六十四卦，此即「轂轉而恆見其六」之意。因此，每一卦畫所顯示的六位陰陽，皆只是太極全體全備之陰陽所動態地互相交函之一可能之「端」而已。〔註15〕故「散見於六十二卦者，雖乾坤之象不全，而體固具也」，每卦之卦象雖然「陰陽有畸勝」，而其卦體之中則乾坤之體全備而「無偏廢」。〔註16〕於是，乾坤合撰之太極與六十二卦之區別乃在於太極為全體，六十二卦則為全體的一分之體或端體；然無論本體或端體，其為乾坤至足之「陰陽之體」則一致。在天道論方面，太極則為統體之一，亦即「統體一太極」；六十二子則為分殊之多，亦即「卦卦一太極」，乃一與多的關係。

　　上述觀念之能成立，必須建立在一前提之上，即如果一卦之中具備陰陽各六之十二位，那麼《周易》為什麼不直接將陰陽十二之數盡顯於一卦之中呢？這涉及《周易》何以是以陰陽二儀（或奇偶之畫）、六畫之位構成六十四卦，亦即《周易》象數結構有何客觀必然理由的問題。船山對此問題的論證，將另詳於本書〈第三部分第九章〉，在此僅簡單說明其涵義。船山認為《周易》之為書乃「天人之合用也。……人合天地之用也」〔註17〕，而六畫之卦乃「天

〔註13〕 明·王夫之：《張子正蒙注》，《船山全書》第十二冊，頁30。
〔註14〕 明·王夫之：《周易內傳》，《船山全書》第一冊，頁58。
〔註15〕 邱黃海〈船山《易》學的原理與方法——〈周易內傳發例〉的解析〉，《鵝湖學誌》，第28期，頁177。
〔註16〕 明·王夫之：《周易內傳》，《船山全書》第一冊，頁560。
〔註17〕 明·王夫之：《周易外傳》，《船山全書》第一冊，頁983～984。

地合德」所構撰：「故六十四卦之畫六，而天地之德合。合以成撰，撰備而體不缺，德乃流行焉」。所以「易者，天地固然之撰也」，而「易盡於六」。但是，六位之卦乃天地之德流行所構撰之體，而天地生化之德並非、也並不能全盡於此，在可見之撰六位以外另有不可見之德六位，以往來相易於卦體之中，然後生生之德乃能不窮：「陰六陽六，陰陽十二，往來用半而不窮」，「而見於撰者半，居爲德者半。合德、撰而陰陽之數十二，故易有十二，而位定於六」。〔註18〕因此，《周易》不可能將陰陽各六之數盡於一卦之中，是因爲從「人用」的觀點而不得不然。故船山說：「道行於乾坤之全，而其用必以人爲依。不依乎人者，人不得而用之。」〔註19〕

六十四卦的每一卦之嚮背二面的陰陽之數合起來的結果，都是六陰六陽；而六陽之象爲乾，六陰之象爲坤。這種情形不止乾坤二卦如此，其它六十二卦也無不皆然：「實則一卦之嚮背而乾坤皆在焉。非徒乾坤爲然也，明則爲屯、蒙，則幽爲鼎、革，無不然也」〔註20〕。這種結果自然導致以乾坤二卦爲太極之蘊，乾坤爲六十二子的本體的理論，所以《周易》乃「乾、坤並建以爲首，易之體也」〔註21〕。

三、乾坤或陰陽二儀乃六十二卦之本體——「太極者，乾坤之合撰」

太極○大圓，六陰六陽全備，故曰「太極者乾坤之合撰」〔註22〕。陰陽往來發見於六位之中而成六十四卦，是以六陽之乾，六陰之坤乃是其他六十二卦資生資始之本體，而六十二子則是大圓○轂轉，陰陽互相交涵，著見成象之大用所在。

> 周易之書，乾、坤並建以爲首，易之體也；六十二卦錯綜乎三十四
> 象而交列焉，易之用也。純乾純坤，未有易也，而相峙以並立，則
> 易之道在，而立乎至足者爲易之資。屯、蒙以下，或錯而幽明易其
> 位，或綜而往復易其幾，互相易於六位之中。〔註23〕

〔註18〕 明·王夫之：《周易外傳》，《船山全書》第一冊，頁 1053～1054。
〔註19〕 明·王夫之：《周易外傳》，《船山全書》第一冊，頁 850。
〔註20〕 明·王夫之：《周易內傳發例》，《船山全書》第一冊，頁 658。
〔註21〕 明·王夫之：《周易內傳》，《船山全書》第一冊，頁 41。
〔註22〕 明·王夫之：《周易外傳》，《船山全書》第一冊，頁 990。
〔註23〕 明·王夫之：《周易內傳》，《船山全書》第一冊，頁 41。

乾坤與六十二子乃為體與用之關係：太極○以純乾純坤之資，陰陽交相錯綜往來以發生摩盪變化之用，而成六十二子之端體。乾坤之為本體隱含三方面意義：其一，乾坤必為陰陽具足無缺的實有本體。其二，乾坤雖日起六十二子陰陽相雜之變化，其自身仍為不失純一的至純本體。其三，乾坤之生六十二子乃固有主宰大用的本體。以下分述其義。

其一，乾坤乃實有的本體：就乾坤本體乃實有六陰六陽於十二位，則謂之「誠」：「陰陽之撰各六，其位亦十有二。……體之充實，所謂誠也」〔註24〕。就其體充滿、畜足陰陽而無空虛之隙，則謂之縕：「故謂之『縕』，言其充滿無間，以爻之備陰陽者言也」〔註25〕，「言易藏畜陰陽，具足充滿」〔註26〕。就其如同是六十二子出入往來、變化成體的門戶，則謂之門：「又謂之『門』，言其出入遞用，以爻之十二位具於嚮背者言也」〔註27〕。凡因卦象為陰陽不足於六的情形，而認為六十二卦卦體乃有乾坤不至者，則亦必導致本體乃為有乾無坤、有坤無乾，乾坤不備的結果，以至於毀滅乾坤：「見乾則疑無陰，見坤則疑無陽……。因幽之不可見而疑其無，則是毀之矣。毀乾坤十二位之實體」〔註28〕。本體既毀，六十二子何從發生：「若陰陽不純備乎乾坤，則六十二象之往來者何所從生邪，其何以見易乎」〔註29〕？其說將無法說明六十二卦發生的根本。

乾坤既是實有本體，六十二子皆其乘時摩盪變化所生。此說表現在天道論，則為實有形上學，以天地萬有無不真實無妄。「故其動也極而正，不極而亦正。因材以起萬變，則无有不正者矣。乾坤極而正者也。六十二卦不極而亦正者也」〔註30〕。

其二，乾坤乃至純的本體：無論六十四卦「見於撰者半」的卦象為純陰、純陽、陰陽相雜如何不齊，太極大圓○之體，體含六陰六陽，具足純乾純陰，乃無往而或失其純。乾坤以至純之體摩盪變化，乘時利用，而六子、五十六卦之雜因之以生。「撰之全，斯體之純；體之純，斯用之可雜。幾不能

〔註24〕 明‧王夫之：《周易內傳》，《船山全書》第一冊，頁 225。

〔註25〕 明‧王夫之：《周易內傳發例》，《船山全書》第一冊，頁 658。

〔註26〕 明‧王夫之：《張子正蒙注》，《船山全書》第十二冊，頁 30。

〔註27〕 明‧王夫之：《周易內傳發例》，《船山全書》第一冊，頁 658。

〔註28〕 明‧王夫之：《張子正蒙注》，《船山全書》第十二冊，頁 277。

〔註29〕 明‧王夫之：《張子正蒙注》，《船山全書》第十二冊，頁 37。

〔註30〕 明‧王夫之：《周易外傳》，《船山全書》第一冊，頁 1094。

不摩，時不能不盪。以不摩不盪者為之宗，以可摩可盪者因乎勢，以摩之盪之者盡其變。故可鼓也，可潤也，可運也，可成也。而未鼓、未潤、未運、未成，乾坤自若也。方鼓、方潤、方運、方成，乾坤自若也」〔註31〕。六子與五十六卦未生、方生、既生，而「乾坤自若」為眾變之統宗，不失其純。若乾坤並非至純而為陰陽雜勝之體，則一方面，由雜勝必無以達天下至雜的變化，「故非天下之至純者，不能行乎天下之至雜」〔註32〕；二方面，本體若為陰陽雜勝，則其道將日求反於至純，而無以生天下雜多之變化，「借非然而已雜已勝矣，天下亦且日以雜勝為憂，而務反之純」〔註33〕。

由乾坤至純、不摩不盪為統宗之體的觀念，其表現於天道論，則是太極為「健則極健，順則極順，无不極而无專極者也」〔註34〕，極致天下之德皆乾坤所有，然其體不失常一之純。所以船山雖以太和一氣為宇宙本體，卻不必因為氣有純疵駁雜萬有不齊的緣故，而無法維持本體為至純常一之體的理論。當此理論貫通至人性論方面，船山也不必如同王廷相「氣一則理一，氣萬則理萬」的「氣種論」，無法維持氣之純一性，終至走回漢儒所說聖人形氣純粹，其性無有不善；眾人形氣駁雜，其性多不善的老路；而反對孟子的性善論。〔註35〕

其三，乾坤為主宰生化之本體：乾坤之生六子、五十六卦，既非純任陰陽之自然而以虛無為道，更非視陰陽為偶合而如夢幻泡影。陰陽之生有真實無妄的主宰使之必生、且繼其生。而乾坤生化的主宰又非「陰陽之外有道」，以至於「陰也，陽也，道也，相與為三而一其三」〔註36〕。乾坤本身即是固具主宰生化大用的本體。

此言六子之大用，所以摩盪陰陽，互相節宣，而歸本於乾坤也。……

陰陽交相為益，而無過不及之憂矣。而宰制陰陽，使因時而效六子

〔註31〕明・王夫之：《周易外傳》，《船山全書》第一冊，頁988。
〔註32〕明・王夫之：《周易外傳》，《船山全書》第一冊，頁987。
〔註33〕明・王夫之：《周易外傳》，《船山全書》第一冊，頁1054。
〔註34〕明・王夫之：《周易外傳》，《船山全書》第一冊，頁990。
〔註35〕明・王廷相：《王廷相哲學選集》（臺北：河洛圖書公司，1974年），頁163。《雅述》，收入《歷代哲學文選》（臺北：木鐸出版社），頁277～278。船山在維持性善論，並說明不善來源的理論方面有不少獨創之見，其從人性論觀點論說者，參考陳祺助：〈王船山論情、才的意義及其善惡問題研究〉、〈王船山論惡的問題——以情才為中心的分析〉二文，分別收入《鵝湖月刊》，第325期（2002年7月）、第327期（2002年9月）。
〔註36〕明・王夫之：《周易外傳》，《船山全書》第一冊，頁1003。

> 之績者，健行之氣「君」之也。其能受陽之施，含藏以成六子之體
> 者，順承之德「藏」之也。故能相摩相盪，而六子之用行，兩間之
> 化浹也。伏羲平列八卦，而乾君坤藏之象已著；文王並建乾坤以統
> 易，亦善承伏羲之意而著明之耳。〔註37〕

六子具有摩盪陰陽，使之互相節宣之用；而六子之所以能「宰制陰陽」，使之
交相爲益、無過不及者，則是「歸本於乾坤」主宰之大用——乾坤在此基本
上乃是「一之一之」以主持分劑陰陽之道。船山認爲文王並建乾坤本於伏羲
八卦平列，「乾君坤藏之象」，這是特別著重乾坤之主宰義而說。

但是，船山說宰制陰陽的是「健行之氣『君』之」，而「順承之德『藏』
之」又是「受陽之施」（案：此句中之陽乃乾君之氣，與「宰制陰陽」句中之
陽不同）。那麼，船山之意似乎以乾爲主宰，這適合說「乾坤並建」嗎？此問
題先簡單回答，可說：分言之，則乾坤同爲生化之主宰；合言之，則乾亦主
宰乎坤。這同於天地：分言之，「天地之所以宰萬物者，理而已矣」〔註38〕；
合言之，則天亦主宰乎地。而要徹底了解船山之說，必須追溯乾坤並建理論
的出發點，即奇偶之畫－、-的性質。而此說在掌握其天道一元論之眞義方面，
極爲重要。

> 乾者陽氣之舒，天之所以運行。坤者陰氣之凝，地之所以翕受。天
> 地，一誠无妄之至德，生化之主宰也。乃乾行不息於無聲無臭之中，
> 坤受无疆而資不測之生，其用至賾，而用之也隱，人不可得而見焉，
> 則於「天尊地卑」而得其定性之必然矣。……而健順之德著矣。此
> 言奇耦之畫，函三於一，純乎奇而爲六陽之卦，以成乎至健；於三
> 得二，純乎耦而爲六陰之卦，以成乎大順。奇偶至純而至足於兩間，
> 故乾坤並建而統易，其象然，其數然，其德然，卦畫之所設，乃固
> 然之大用也。〔註39〕

乾坤同爲「一誠无妄之至德，生化之主宰也」，此所以文王「並建乾坤」之故。
然而「天尊地卑」，則生化之主終究是乾「行不息於無聲無臭之中」。這是天
地之象、數、德性所固然之大用。

然而，是否可說乾元就是眞正主宰宇宙生化的本體，而指船山乃以乾陽

〔註37〕 明‧王夫之：《周易內傳》，《船山全書》第一冊，頁 625～626。

〔註38〕 明‧王夫之：《周易內傳》，《船山全書》第一冊，頁 521。

〔註39〕 明‧王夫之：《周易內傳》，《船山全書》第一冊，頁 507。

為本體的天道一元論者？若然，船山的義理型態實與宋明諸大儒無多大分別（雖然對道體的規定或有不同）。船山雖盛贊乾陽之大用，而實不以乾陽為本體；本體乃「乾坤合撰」之太極，乾陽不是本體，但又有其與太極同功之處：「陰不適主，陽……與太極同而无所歉」〔註40〕。

　　太極為萬有的本體，原為不可擬議者，所以其主宰生化之大用本亦不可測。當人根據太極已生之化跡以測其體，則可知其必有主宰。萬化之生，其變至繁，然太極之主宰無往不在，其體恆一，故「無所變而無太極」〔註41〕。不可擬議的主宰之太極，此乃宇宙真正唯一的本體；顯於化跡中的太極主宰就是乾陽。所以乾陽一方面與太極同功，另一方面又不是萬有真正的本體。這從船山陰陽象數之論自可看出：

> 太極之一，○也，所以冒天下之數也，而惡乎測之？測之者因其所生。動者必先，靜者必隨，故一先二，二隨一。……一者，天之始數也，亦地之始數也。一一而二，二固始於一也。……太極之有數生於動，易之變化，亦動也。……未動則合五十而為一。合而為一者，太極混淪周徧之體，而非動而倚數，於五十之中立一以為一矣。立一以為一，而謂之太極，韓康伯之臆說也：立一於數外，與四十有九參立，乃自外來而為之君，此老氏之所謂一也。易固不曰「掛一以象太極」，太極不可與陰陽析處而並列也。〔註42〕

天數或陽數之一，是「動而倚數，於五十之中立一以為一」之一，乃立於萬數外、且參與於萬數之中而為其中一數，與其它之數分離析處，以主宰萬數之變化的太極。太極之一○則為「混淪周徧之體」，是「未動則合五十而為一」。地數二始於此，天數一也始於此；此即「一者，天之始數」的緣故。天數之一也是萬數所自始，而有主宰之用，故其身分也是太極，此乃陽之「與太極同」功之所在。天數之一在老子與王、韓謂之無，在宋明大儒之中，即乾陽、理或天道等形上本體。

　　從太極之一○測之，可得奇偶之畫一、- -，這是《周易》「乾坤並建」的根本原因。

> 故陽爻奇，一合三於一；陰爻偶，一分一得二；陽爻具陰，陰爻不

〔註40〕　明・王夫之：《周易外傳》，《船山全書》第一冊，頁1018。

〔註41〕　明・王夫之：《周易外傳》，《船山全書》第一冊，頁1024。

〔註42〕　明・王夫之：《周易外傳》，《船山全書》第一冊，頁1016～1019。

能盡有陽也。〔註43〕

太極之有數生於動，從○測之，「徑一圍三」，涵三於一而得陽爻或奇畫---合成一，故乃「一合三於一」。分---之中虛而得陰爻或偶畫- -，故曰「一分一得二」。- 彌縫於- -之中得三、而四……，由此聚散變化，萬數生焉。萬化無不本於陰陽乘時聚散而生，故從奇偶之畫的固然大用，已含乾坤並建的原理，乾坤同爲生化之主宰。〔註44〕

然而陰爻乃從陽爻中分出，故陽爻具有陰，而陰爻不能盡有陽。如同天能含地，地不能盡有天：「在天者渾淪一氣，凝結爲地，則陰陽分矣」〔註45〕。故乾陽又可爲坤陰之主宰。〔註46〕另一方面，天若未凝結爲地，則渾淪一氣，生化未著。人也將因陰陽生化大用之不可見，「則可疑太虛之本無有，而何者爲一」〔註47〕？所以，乾坤同爲生化主宰，故曰「乾坤並建，以爲大始，以爲永成，以統六子，以函五十六卦之變。……時无先後，權无主輔」〔註48〕。「周易並建乾、坤於首，無有先後，天地一成之象也。無有地而無天、無有天而無地之時，則無有有乾而無坤、有坤而無乾之道，無有陰無陽、有陽無陰之氣」〔註49〕。乾坤並建既是根源於人之測太極○所得之陰陽（奇偶）象數，一方面，其理論已預設太極渾全一體；另一方面，天地必無純乾、純陰之象，則乾坤之並建乃是人用以擬議太極渾一之體的生化大用之二種「純德」。如此，船山本體論自不會落入二元論。〔註50〕

四、乾坤本體發生六十二子的方式

乾坤既是六十二子的本體，那麼乾坤本體發生六十二卦的方式如何？此

〔註43〕 明・王夫之：《張子正蒙注》，《船山全書》第十二冊，頁 47。

〔註44〕 船山說：「以陰陽之本體言之，一、二而已矣。……『成變化而行鬼神』者，其用也，用則散矣。陽即散，而必專直以行乎陰之中，故陰散而爲四、六、八、十，而陽恆彌縫其中虛，以爲三、五、七、九。一非少也，十非多也。聚之甚則一、二，散之甚則九、十也。」明・王夫之：《周易內傳》，《船山全書》第一冊，頁 544。

〔註45〕 明・王夫之：《張子正蒙注》，《船山全書》第十二冊，頁 45。

〔註46〕 朱伯崑教授指出，船山以參虛其一爲偶數二，以偶數二實其一爲奇數一，乃強調奇偶或陰陽相互涵蘊。朱伯崑：《易學哲學史・第四冊》，頁 79。其說甚確。惟朱教授尚未注意到船山陽爻具陰，陰爻不能盡有陽的理論特色。

〔註47〕 明・王夫之：《張子正蒙注》，《船山全書》第十二冊，頁 36。

〔註48〕 明・王夫之：《周易外傳》，《船山全書》第一冊，頁 989。

〔註49〕 明・王夫之：《張子正蒙注》，《船山全書》第十二冊，頁 276。

〔註50〕 曾昭旭：《王船山哲學》，頁 58。

一問題不但在船山的宇宙發生論方面具有重要意義，也影響其本體論的義理性格。乾坤發生六十二子的的過程表現在三個相關聯的方式之上：於上發生、並建捷立、道用其全。

（一）太極於其上發生——「固有之則生，同有之則俱生」

太極一○乃渾天之全體，其體實有、本動，轂轉恆運，儀、象、卦、爻就由其○渾一之體上變化發生，日生不息，「從有益有，則无有先後而動要以先」〔註51〕。太極發生儀、象、卦、爻等既是「從有益有」，是以肇生者與所生者乃是「乾、坤有體則必生用，用而還成其體」〔註52〕的關係。六十二子由乾坤相易而發生，既生既成，亦反而回饋、灌注於太極之○而豐厚本體之蘊。則六十二子反爲體，乾坤則成用。

然而在此說太極與六十四卦等之體用相生，乃是從人觀測太極於既生之後的暫時權宜之說。究極而言，乾坤與六十二子皆爲體用一如之實有：「當其有體，用已現；及其用之，無非體」〔註53〕。六十二子「體乾坤而各自爲體」，〔註54〕反以厚實乾坤本體，故根本只是太極○當體之本動恆運之生生不息，體用一如之自生自有。〔註55〕儀、象、卦、爻乃太極「固有」，太極之生彼等，並不是太極乃與之相外、分立之二體，而自外推動以生之。而且太極之生兩儀等，乃太極與兩儀等「同有」而「俱生」：

> 太極生兩儀，兩儀生四象，四象生八卦，固有之則生，同有之則俱生矣。故曰「是生」。「是生」者，立於此而生，非待推於彼而生之，則明魄同輪，而源流一水也。〔註56〕

說太極則儀象卦爻固有而即在，捨儀象卦爻也別無太極，「固合兩儀、四象、八卦而爲太極」〔註57〕。故曰「同有之則俱生」。必無「有太極無兩儀，有兩儀無四象，有四象無八卦之日」，而「太極即兩儀，兩儀即四象，四象即八卦」〔註58〕。太極和儀象卦爻等的關係如同明魄同爲一輪明月，源流同屬一川之

〔註51〕明・王夫之：《周易外傳》，《船山全書》第一冊，頁1016。

〔註52〕明・王夫之：《張子正蒙注》，《船山全書》第十二冊，頁16。

〔註53〕明・王夫之：《讀四書大全說》，《船山全書》第六冊，頁896。

〔註54〕明・王夫之：《周易內傳》，《船山全書》第一冊，頁560。

〔註55〕曾昭旭教授說本體與端體「兩體迴環相抱」，乃「乾坤、陰陽、體用之往來變通而體用一如。」曾昭旭：《王船山哲學》，頁347。

〔註56〕明・王夫之：《周易外傳》，《船山全書》第一冊，頁1023～1024。

〔註57〕明・王夫之：《周易外傳》，《船山全書》第一冊，頁1024。

〔註58〕明・王夫之：《周易稗疏》，《船山全書》第一冊，頁790。

水。僅是同一本體之自化自生，故曰「是生」。

船山曾說：「一生二，非生二也，二與一俱生，先一後二，可名之爲生也。」
〔註59〕說太極生二儀，並不是太極之一先立於此，而後陰陽二儀才從無中被
化生。乃是太極之○立於此，二儀之分而合同者即顯見於此。其實，太極之
一並未生陰陽之二，乃僅是太極渾一之○之恆動恆運，自分自化。陰陽雖分
於太極，太極固恆一而不二；而有太極之一即已含陰陽之二。陰陽雖分而未
分，太極雖一而又二，所謂「分則與太極不離而離」〔註60〕。既然如此，何
必又說「一生二」、「太極生兩儀」呢？此因畢竟一切萬有之存在，都已是從
既有之後觀之。由其既有而逆推，必然存在著一實有恆動的本體「先」立於
此。故「一」必先於二，「先一後二」，乃「可名之爲生也」。故船山又說：「從
有益有，則无有先後而動要以先。……太極之一，○也，所以冒天下之數，
而惡乎測之？測之者因其所生。動者必先，靜者必隨，故一先二，二隨一。」
〔註61〕一之生二，必無有有一無二之時，亦無有太極無陰陽之時，故曰「俱
生」。顯然，太極生兩儀等，「生」的意義著重於乾坤本體的自變自易，分化
發生，所以是一種本體「於其上發生」的生。

> 生者，於上發生也，如人面生耳、目、口、鼻，自然賅具，分而言
> 之，謂之生耳。……猶人面即耳目口鼻，特於其上所生而固有者分
> 言之，則爲兩、爲四、爲八耳。〔註62〕

如此之「於上發生」，不至於使太極因爲在自體之上起萬化、生萬有，日新變
異而喪失其恆常不易、至純貞一之體。其一含萬，萬不失一。肇生者與所生
者實渾淪無別，如人面之與耳目口鼻，從其分別而謂之生耳。

既然如此，太極之「生」是否毫無實義？儀象卦爻等之生是否爲自然獨
化？這又不然。從太極固有兩儀等，乃不具「生」相；從人觀測太極於既生
之後，則實見太極之變通生化之大用，與其固具主宰之理。

> 在易則乾坤並建，六位交函，而六十四卦之爻象該而存焉。……陰
> 陽之種性分，而合同於太極者，以時而爲通爲變，人得而著其象，
> 四者具矣，體之所以互成，用之所以交得。其在於易，則乾一象，
> 坤一象，震、坎、艮一象，巽、離、兌一象，皆即兩儀所因而生者

〔註59〕 明·王夫之：《尚書引義》，《船山全書》第二冊，頁345。
〔註60〕 明·王夫之：《張子正蒙注》，《船山全書》第十二冊，頁47。
〔註61〕 明·王夫之：《周易外傳》，《船山全書》第一冊，頁1016。
〔註62〕 明·王夫之：《周易稗疏》，《船山全書》第一冊，頁789～790。

也。四象成而變通往來進退之幾著焉。成乎六子之異撰，與二純而八矣，卦之體所繇立也。……無一非太極之全體，乘時而利用其出入。其為儀、為象、為卦者顯矣；其原於太極至足之和以起變化者密也。〔註63〕

太極究非終於靜之死體，而乃本動恆生，是以其渾一之〇當體即函「陰陽之種性分」而又「合同於太極」——「分則太極不離而離矣」。於是，人得以根據陰陽「以時而為變為通」，以形著太極生化之象。而由陰陽之互相「交涵」，四象「通之象二，乾坤也；變之象二，陰陽六錯：震、坎、艮一象也，巽、離、兌一象也」〔註64〕，也同含於陰陽，即固有於太極。八卦之情形亦然，六十二子乃交涵於乾坤並建之中而「於其上發生」。

（二）乾坤並建而捷立——「兩卦合用，四卦合體，體有各見而用必同軸」

捷者，徑直之意，無所需待也。〔註65〕乾坤本體陰陽交涵，體互成、用交得，往來變通，「於上發生」六十四卦，乃至三百八十四爻，「無一非太極之全體乘時而利用其出入」所成。太極全備六陰六陽，其發生卦爻乃乾坤本體全體灌注於一端而生之，無所需待，無所吝留，每卦都是乾坤之全「當幾發見」，故曰「捷立」〔註66〕。

乾坤極而正者也。六十二卦不極而亦正者也。何也？皆以其全用而无留无待者並建而捷立者也。坎離、小過中孚合其錯，而陰陽各六，視乾坤矣。六十四卦嚮背顛倒，而象皆合錯。象三十六，其不可綜者八。凡綜之象二十八，其可綜者固可錯也。合四卦而一純，則六陰六陽之全再備矣。錯者捷錯，綜者捷綜，兩卦合用，四卦合體，體有各見而用必同軸。故屯、蒙之不可離析，猶乾坤也；頤、大過之无所需待，猶乾坤也。〔註67〕

太極一〇全備六陰六陽，而其體轂轉恆運，人恆見其半，而顯為六十四卦卦象。然而將相錯而不相綜之卦八：乾－坤、頤－大過、坎－離、中孚－小過，其兩兩相錯之卦合為一體，可見者為六陰六陽。而其既錯又綜之卦，則四卦

〔註63〕明・王夫之：《周易內傳》，《船山全書》第一冊，頁561～562。
〔註64〕明・王夫之：《周易稗疏》，《船山全書》第一冊，頁789。
〔註65〕陳玉森、陳獻猷：《周易外傳鏡銓》（北京：中華書局，2000年），頁995。
〔註66〕曾昭旭：《王船山哲學》，頁62。
〔註67〕明・王夫之：《周易外傳》，《船山全書》第一冊，頁1016。

合為一體，如屯、蒙、鼎、革等，可見者亦為六陰六陽。從可見之六位看，相錯之卦，其象雖異。而從其合為同體觀之，則不可析離，同有固有於乾坤而無先後之次，不相需待，捷綜捷錯。故曰「屯、蒙之不可離析，猶乾坤也；頤、大過之无所需待，猶乾坤也」。六十四卦卦體「雖乾坤之象不全，而體固具也」〔註68〕，乾坤全體六陰六陽就是六十四卦生化大用之全體，太極○轂轉恆運之軸心。乾坤本體發生之用必同於此六陰六陽之軸，而「於其上發生」六十四卦卦象陰陽多寡不齊之卦體，故曰：「體有各得，用必同軸」。

乾坤並建捷立之說，表現在天道論方面，乃將每一個體當作具備純乾純坤之德，體含至健之順之性，真實無妄，至善無惡的「陰陽之體」，貫徹「物物一太極」的理論。

（三）道用其全——而非「漸次以嚮於備」

乾坤無往而不全備，於上發生六十四卦，那麼，六十四卦的發生就不是以卦卦之間依次相序，逐漸衍生的過程而形成。因為六十四卦若依次相遞而生，則將「有純坤之一時，抑有純乾之一時」，亦「將有未有乾、未有坤之一時，而異端之說，由此其昌矣」。〔註69〕

乾坤之生六十二卦，乃是太極渾淪一○以至儀象卦爻等之固有的分化，是至純之全以至雜勝之分殊等之同有的發生。一方面，肇生者非立其始，所生者非居其終，無始終先後之別：

> 錯之綜之，兩卦而一成，渾淪摩盪於太極之全；合而見其純焉，分而見其雜焉，純有雜而雜不失純，孰有知其終始者乎？故曰：「太極无端，陰陽无始。」〔註70〕

二方面，六十四卦的生成並不是由乾至未濟，從未有漸至於有，自不足漸趨於完備，如人之自初生而幼、少、壯、老等：

> 如以漸而求之，則乾必援震，坤必援巽，乾必授姤，坤必授復，強元化以稱、老、生、死之幾，而元化之始終可執，其不肖天地之法象也明矣。〔註71〕

而是「陰陽之往來无淹待而嚮背无吝留矣」〔註72〕，道「不容於缺，必用其

〔註68〕 明・王夫之：《周易內傳》，《船山全書》第一冊，頁560。
〔註69〕 明・王夫之：《周易外傳》，《船山全書》第一冊，頁949。
〔註70〕 明・王夫之：《周易外傳》，《船山全書》第一冊，頁1110。
〔註71〕 明・王夫之：《周易外傳》，《船山全書》第一冊，頁1111。
〔註72〕 明・王夫之：《周易外傳》，《船山全書》第一冊，頁1091。

全」〔註73〕以生之。六十四卦既非相次而有，而爲體乾坤無留無待之全以生，是以前後卦之次列，並無一定如此不可移之必然次序：「无待，則後卦不因前卦而有；无留，則前卦不資後卦以成」〔註74〕。即若乾坤不是「道用其全」，而爲漸進以生六十二子，則將陷入太極本無乾坤的結果：「太極立而漸分，因漸變而成乾坤，則疑夫乾坤之先有太極矣」〔註75〕，便會遭致「無中生有」之批判。

「於上發生」、「並建捷立」、「道用其全」等乾坤發生六十二卦的方式，使船山在說明宇宙發生的問題時，一方面不必預立一個時間上先於萬有之上、之外的本體，而造成肇生者與所生者相外、對立爲二的本體二元論。另一方面也不會使宇宙的發生處於生成毀滅、循環漸生的過程，而造成「無中生有」的困境。至於人所見到的生化漸進的現象如何解釋？簡言之，漸生的現象乃是從「人事」的觀點才能成立：「夫人事之漸而後成，勢也，非理也。天理之足，无其漸也，理盛而勢莫之能禦也。易參天人而盡其理，變化不測，而固有本矣。奚待于漸以爲本末也」〔註76〕？太極本體發生萬有乃全體灌注於一端而生之，無時間先後，空間彼此之別。

五、結論

《周易》六十四卦的每一卦雖是由六位之畫所組成，實則在可見的六位背面另存在著隱而不見的六位，合「嚮者六位，背者六位」，每卦卦體都具備十二位，而且每卦之十二位，一定都是六陰六陽構成。因此，乾坤乃是六十二卦之本體，太極爲乾坤之合撰，而《周易》乃首乾坤而非首乾，並建乾坤以統六十二子。八卦以至六十四卦統由太極六陰六陽轂轉恆運，乘乎時，因乎勢，以往來摩盪，互相交涵於六位之中所顯的六十四種形式，故陰陽兩儀互相交涵之中，「六十二卦之爻象已該而存焉」。而陰陽種性雖分，其合同於太極一○之中則渾淪無別。兩間之大，古今之遙，無有陰無陽、有陽無陰，有乾無坤、有坤無乾者。《周易》本不應立一純陽無陰，純陰無陽之卦。

〔註73〕 明・王夫之：《周易外傳》，《船山全書》第一冊，頁976。
〔註74〕 明・王夫之：《周易外傳》，《船山全書》第一冊，頁1111。
〔註75〕 明・王夫之：《周易外傳》，《船山全書》第一冊，頁990。
〔註76〕 明・王夫之：《周易外傳》，《船山全書》第一冊，頁990。船山曾提出「時空」乃人類據以認識外在世界的主觀形式之論：「無先後者，天也，先後者，人之識力所據也。……東西南北者，人識之以爲嚮背也。今、昔、初、終者，人循之以次見聞。」明・王夫之：《周易外傳》，《船山全書》第一冊，頁976。

而其所以乾坤並建，乃是從人用之觀點，立乾坤二「純理」以顯天道生化之蘊，爲人所效法之資。是以太極○陰陽渾淪，不離而離，已該四象、八卦、六十四卦而同有固有於太極之中，「於其上發生」。儀象卦爻無一非太極至足乾坤之體「道用其全」，無需待、無吝留，捷綜捷錯於一幾而生，無先後始終之別。

「乾坤並建」的內容已具備了船山主要的天道論涵義。諸如：有隱顯而無有無的乾坤本體，太極本體與其所生之端體皆具足六陰六陽、純乾純坤的「陰陽之體」，無不眞實無妄，實有至善等實有形上學。太極渾淪之體具足純乾純坤，因時乘勢，摩盪以生六十二子之雜勝而不失其純，使船山以太和一氣爲萬有本體，卻不至於因氣之駁雜性而喪失本體之純一性，因而得以貫徹本體一元論的立場。更重要的是，「乾坤並建」的根源乃從太極一○測之，而得陰陽二儀或奇偶之畫一、--。乾坤爲二「純理」，「分則與太極不離而離」，太極渾一之○不因乾坤、陰陽之分而離體，這是宇宙萬有之眞正本體。這樣船山雖以「太極者乾坤之合撰」，卻得以避免陰陽分爲二體之二元論。另外，陽爻具陰，陰爻不能盡有陽，乾陽乃以太極身分，而於太極一○之上發生萬有之變化的主宰，與太極同功，又不等同於太極。船山可以以陰陽即太極之實體，避免形上、形下二分的二元論，同時也不必因爲以陰陽之氣爲太極本體，從而否定或取消本體固有主持萬化的主宰之理。最後，乾坤本體生六十二子之「於上發生」等方式，使船山的宇宙發生論取消了在時間上，宇宙乃按照生成衰亡的過程漸進、次第發生，以致陷入毀滅乾坤的結果，避免了本體論方面，本無陰陽之太極如何從無中生有的困境。

以上船山之說隱含一些問題。「乾坤並建」既是以陰陽二儀往來消長於六位之中而形成的陰陽象數結構，以解釋六十四卦的基本元素、發生原理、卦序邏輯等問題，則本質上是屬於《易》學領域的理論。而天道論則是一套說明宇宙本體、萬物根本原理及其發生過程等問題的學說，本質上是關於客觀世界的存在理論。現在船山將兩者等同一致，這如何可能？由於船山對此一問題的看法是認爲《周易》象數乃天地之法象，與天道相與爲一體，所以其陰陽象數構造當體即是天道。於是，船山極力證明陰陽二儀、《易》卦六位就是天地本體固然之大用，以建立《周易》陰陽象數結構的客觀基礎。其說將詳論於〈第三部分——陰陽象數論〉。

就「乾坤並建」的主題而言，此一理論是否具有存在界方面的客觀基礎，

也是船山能否貫徹《周易》象數與天道一致之說的關鍵。因此，船山也設法從本體方面論證「乾坤並建」的客觀實在性。而船山既以卦理與天道等同一致，則「乾坤並建」之說於《周易》之中是否有據？「乾坤並建」的根本基礎在於一卦具有嚮背各六之陰陽十二的結構，能否證明《周易》隱含此一結構？也都是船山必須回答的問題。

第六章 「乾坤並建」學說探源——《周易》中「陰陽十二，卦用其六」的啓示及其證立

一、引言

　　船山「乾坤並建」之說既是一個說明《周易》六十四卦卦序的邏輯與其形成原理的學說，[註1] 同時也是一個關於天地萬物生成變化的根本原理之天道理論。船山並以《易》卦卦理與天道原理等同一致，則除非能說明「乾坤並建」確實是《周易》中具備的理論，一卦具有嚮背各六之陰陽十二的結構，於《周易》之中有根據，否則，其觀點就不能成立。

　　「乾坤並建」學說的最顯著特徵在於認爲《周易》每一卦之中具有十二位：嚮者六位，背者也有六位。卦體雖含十二位，而見之於用則只有六位。一卦十二位的觀念是怎麼產生的？它的來源是多元的，可能受到樂律的啓發：蔡西山之言律，說「律呂之數，往而不返」。朱子不同意其說而曰「聲自屬陰以下，亦當默有十二正變半律之地，以爲中聲之前段」。船山認爲朱子樂律「默有十二」之說，「蓋與易有十二，（陰陽各六。）卦用其六之理，若合符契」。[註2] 此外，也可能受到祖沖之等數學家的影響。船山根據數學開方的原理，認爲「夫大衍之數，開方之實數也」。五十者，乃「十十之開方而用

〔註1〕　朱伯崑教授說「此說之目的在以六十二卦爲乾坤二卦自身之開展」。朱伯崑：
　　　　　《易學哲學史・第四冊》（臺北：藍燈文化事業公司，1991年），頁77。
〔註2〕　明・王夫之：《尚書引義》，《船山全書》第二冊，頁342～344。

其半也」，此即「易陰陽十二位，但用其半」之理。〔註3〕同時，又可能受惠於周子《太極圖》第二圖「陰陽互相交函之象」。〔註4〕

根據上述，可見船山「乾坤並建」之說的來源多端。但是，作爲《易》學的基本理論，其最直接的影響主要仍來自《周易》一書之中的啓示。《周易》六十四卦，卦與卦之間具有錯綜的關係，暗示著一卦之中隱含嚮背十二位的現象，啓發「乾坤並建」的觀念。〔註5〕果眞如此，《周易》爲何不直接圖寫十二畫爲一卦，而只畫六位？爲此，船山設法證明《周易》之所以必須「陰陽十二，卦用其六」的必然之故。以下分從《周易》本書之啓示與其象數構造的必然性，分析船山如何論說「乾坤並建」確爲《周易》的統宗原理。

二、《周易》中「乾坤並建」的啓示

（一）《周易》經文之啓示

《周易》經文中，爻辭對於爻象的解釋，明顯看出卦爻之中具有「卦外之象」；而且也暗示著卦外之象並非來自本卦之外的其它卦爻，乃是在卦爻本身中隱含不見的陰陽之象。

1、卦外之象

爻辭對於爻象的解釋有時必須透過本卦以外的其它卦爻才得以理解。本卦之外的其它卦爻即爲此卦的「卦外之象」。如大壯卦六五：「喪羊於易，無悔。」船山說：「此立乎卦外以說全卦之象也。四陽類進，至此忽變而陰，『喪

〔註3〕 明·王夫之：《尚書引義》，《船山全書》第二冊，頁346。

〔註4〕 明·王夫之：《周易內傳發例》，《船山全書》第一冊，頁657。邱黃海教授說：「周子太極圖大圓之兩面即是周易六畫卦，受周子圖啓示，六畫卦當亦包有幽明、隱顯、嚮背兩面。……每一卦畫所顯示的六位陰陽，皆祇是整體動態交涵的一個可能而已。」邱黃海：〈船山《易》學的原理與方法——《周易內傳發例》解析〉，《鵝湖學誌》，第28期，2002年6月，頁177。

〔註5〕 孔穎達說：「今驗六十四卦，二二相耦，非覆即變。覆者，表裡視之，遂成兩卦。屯、蒙、需、訟、師、比之類是也。變者，反覆唯成一卦，則變以對之。乾、坤、坎、離、大過、頤、中孚、小過之類是也。」孔穎達：《周易正義》（臺北：新文豐出版社影印[清]阮元校勘本），頁186。六十四卦之中，兩卦兩卦相耦成對來看，其卦象的關係有「覆」與「變」兩種。覆乃相耦的兩卦卦象上下顛倒，船山謂之「綜」。變乃相耦的兩卦卦象，其陰陽關係完全相反，船山謂之「錯」。相耦二卦的錯綜（或變覆）關係顯然讓船山聯想到一卦之中同時存在著嚮者、背者之六位，而六陰六陽具足的情形。朱伯崑：《易學哲學史·第一冊》，頁17、401。

羊』之象。……不以六五之得失爲之占者，爲陽慰，不爲陰危，君子辭也。」
〔註6〕爻辭說「無悔」，並不是指「六五之得失」，而是在說位於大壯卦六五之
爻以外的「陽」之喪「羊」於疆場來說。陽喪羊，卻無悔，故曰「爲陽慰，
不爲陰危」。因此，若不透過卦外之象，則大壯卦六五之爻辭便不得正解，其
爻之爻象也因之晦澀不明。

2、卦中有陰陽，爻外有吉凶

然而所謂「卦外之象」是指什麼？顯然乃是指本卦、本爻可見的陰陽之
象以外的其他卦爻象。也就是說經文指出對於卦爻象的理解不能單獨局限於
本卦六位彼此之間陰陽交感的關係來理解，有時必須注意到其象所指涉的，乃
是與在其本卦可見之六爻以外的其它「不可見」的卦爻間之互動關係。能掌
握「卦外之象」，那麼對於此爻本身所示的吉凶悔吝之象乃能得其正解。

而問題在於，這所謂「不可見」的卦爻究竟是誰？本卦之中的六爻都是
「可見」之象，其餘六十三卦卦爻對於本卦而言都稱得上是「不可見」之象，
那麼，所謂「卦外之象」就不必然是指本卦另含有隱而不顯的六爻之位。若
然，爻辭經文未必暗示六十四卦卦體皆有十二位。

船山則指出，經文其實暗示著，「卦外之象」所指乃是本卦之中的陰陽：

> 六陰六陽備，而天地之變乃盡；六位具，而卦之體已成。故卦中有
> 陰陽，爻外有吉凶，而卦與爻受之。蒙之上九，象爲「擊蒙」，豈俯
> 而擊下乎？方蒙而擊之，是「爲寇」，非「禦寇」也。四陰爲蒙，二
> 陽爲養蒙之主，上將何所擊哉？……如是者寇生於外。寇生於內者，
> 恤其蒙而調之，道在於養，二之以「包」爲德也。寇生於外者，搏
> 其賊蒙者而保蒙，道在於禦，上之以「擊」爲功也。〔註7〕

蒙卦上九爻辭：「擊蒙，不利爲寇，利禦寇。」上九所禦之寇是什麼？船山
說：

> 寇蒙者，卦外陰陽之變也。故上九之外有寇焉，而上禦之。以綜言
> 之，泣血之屯；以錯言之，未革面之小人；皆寇也，特隱而未見耳。
> 合十二位之陰陽，以盡卦外之占，乃不窮於義類。〔註8〕

或許會質疑：既然寇蒙者乃是屯卦上六、革卦上六。那麼，蒙卦爻象中的卦

〔註6〕 明·王夫之：《周易內傳》，《船山全書》第一冊，頁299。
〔註7〕 明·王夫之：《周易外傳》，《船山全書》第一冊，頁840～841。
〔註8〕 明·王夫之：《周易內傳》，《船山全書》第一冊，頁105。

外之象並不存在本卦之內，正好證明一卦只有六位，並非另有六位隱於卦中不可見而有十二位。在此，船山僅能根據蒙卦九二爻辭「包蒙，吉」，以印證「爻外有吉凶」，強調所包養者並不在卦外，而在卦內，從而指出經文其實已暗示一卦之中，顯者、隱者各有六位，故卦體乃十有二位之說。而在經文中比較明顯能顯示卦外之象乃本卦隱伏不見之陰陽者，乃坤卦上六爻辭：「龍戰于野，其血玄黃。」坤六爻皆陰，何來龍象？爻辭為何說「龍戰」？船山說：「陰亢已極，則陽必奮起。龍，陽物也。『于野』，卦外之象。陰陽各有六位。坤六陰畢見，則六陽皆隱而固在；此盛而已竭，彼伏而方興，戰而交傷，所必然矣。」〔註9〕戰于坤者乃隱伏於坤卦之內不可見的陽物之象（龍），故卦雖六陰，經文卻能看出其中隱藏著龍象。這證明坤卦上六之爻具有嚮背二象，故船山據之以推出「陰陽各有六位」之說。

（二）《易傳》中的啟示

1、傳文隱含的「乾坤並建」之意

《彖傳》將乾坤並稱為「元」，視為萬物資生資始之根源。船山指出這顯示「陰非陽無以始，而陽藉陰之材以生萬物」，而隱含著乾坤兩者「相配而合，方始而即方生」，也說明了「坤之『元』所以與乾同也」之故。〔註10〕《繫辭傳》「乾坤，其易之門」，船山說「乾之見於撰者六陽，居以為德者六陰；坤之見於撰者六陰，居以為德者六陽」，「撰可見，德不可見者也」。〔註11〕認為《彖傳》之文已指出乾坤二卦乃《易》卦的根源之意。又說「天尊地卑，乾坤定矣」，船山認為「此明周易乾坤並建，以統六子，而為五十六卦之父母」〔註12〕。乾坤父母之說也見於《說卦傳》，其說由來已久，春秋時即已存在。〔註13〕張子〈西銘〉始據之以發明「仁者與天地萬物為一體」之理。既然六十二卦皆乾坤所生，乾父坤母，無有父無母，則亦無有乾無坤。因此，理論上便暗示著乾坤二元同為《易》卦之本體，《周易》始乾坤而非始乾之意。

〔註 9〕 明・王夫之：《周易內傳》，《船山全書》第一冊，頁 82。

〔註 10〕 明・王夫之：《周易內傳》，《船山全書》第一冊，頁 76。

〔註 11〕 明・王夫之：《周易外傳》，《船山全書》第一冊，頁 1054。

〔註 12〕 明・王夫之：《周易內傳》，《船山全書》第一冊，頁 507。

〔註 13〕 朱伯崑教授歸納《左傳》、《國語》中，八卦所取之象，如乾有天、玉、君、父；坤有土、馬、帛、母、眾；坎有水、川、眾、夫；離有火、日、鳥、牛、公侯；震有雷、車、足、兄、男；巽有風、女；艮有山、男、庭；兌有澤、旗。朱伯崑：《易學哲學史・第一冊》，頁 29。

《坤文言》:「陰疑於陽必戰，爲其嫌於无陽也，故稱龍焉。」此明示坤卦有陽，故船山以「乾坤並建」解之:「陰陽各六，十二位而嚮背分」。〔註14〕

2、「河圖」「五位十象」的啟示

《繫辭傳》又說「河出圖，洛出書，聖人則之」。但並未明言〈河圖〉內容究竟如何。船山認爲其實即《繫辭傳》另章所說:「天一、地二；天三、地四；天五、地六；天七、地八；天九、地十。天數五、地數五，五位相得而各有合。天數二十五，地數三十，天地之數五十有五。」船山稱此爲「五位十象」。

河圖「五位十象」的圖形，天數五、地數五:「天之一、三、五、七、九，地之二、四、六、八、十，從其用而言也」〔註15〕，顯示天地定位，相合以成用。聖人既然法則〈河圖〉圖像以畫卦，則亦必然先立純陽、純陰之卦以象天地，再由兩者之交相參錯以生六十二子，乃能象徵天地之化:

> 實則一、三、五、七、九皆天之數，二、四、六、八、十皆地之數，
> 則以交相參而相錯成乎八卦，而五位之一奇一偶相配而不亂。蓋乾、
> 坤之化行於六子者莫不有定位，故文王並建乾、坤，而卦由之以生，
> 相錯者不離乎五十有五之中。〔註16〕

十數全備，交相參錯則能以生萬數。天數五、地數五，天地之數全備，交相參錯以成八卦，以至六十四象。若只有天數五，天地之數不全，則不能由之以生萬。這更證明《易》卦始於乾坤，而非始於乾卦，而〈河圖〉「五位十象」所示於聖人者，正在於此，故船山由此推出「乾坤並建」之說。

（三）「易」之名義的啟示

船山認爲「易」的名稱始於文王，其意義也到文王才顯著。當伏羲氏畫卦之時，雖已隱含「易」之道，但卻無「易」之名，「易」之意義也不顯。文王本於伏羲之畫而作〈易〉，爲何稱之爲「易」呢?

> 易者，互相推移以摩盪之謂。周易之書，乾、坤並建以爲首，易之
> 體也；六十二卦錯綜乎三十四象而交列焉，易之用也。純乾純坤，
> 未有易也，而相峙以並立，則易之道在，而立乎至足者爲易之資。
> 屯、蒙以下，或錯而幽明易其位，或綜而往復易其幾，互相易於六

〔註14〕　明・王夫之:《周易內傳》,《船山全書》第一冊，頁88。
〔註15〕　明・王夫之:《周易稗疏》,《船山全書》第一冊，頁784。
〔註16〕　明・王夫之:《周易內傳》,《船山全書》第一冊，頁624。

位之中。……陰陽者，定體也，確然隤然爲二物而不可易者也；而陰變陽合，交相感以成天下之蠢蠢者，存乎相易之大用。……故曰：「憂悔吝者存乎介。」介者，錯綜相易之幾也。此易之所以名，而義繫焉矣。後世緯書，徇黃老養生之邪說，謂有太初，有太始，有太易，其妄滋甚。易在乾坤既建之後，動以相易。若陰陽未有之先，無象無體，而何所易耶？邵子「畫前有易」之說，將無自彼而來乎！〔註17〕

以上大段之要旨如下：

1、文王作《易》的目的在於「推性命之原，極物理人事之變」〔註18〕。而變易的發生必然來自於兩個存在體的交互作用，互相影響，所謂「易者，變易也」。故曰「易者，互相推移以摩盪之謂」。文王推究性命的根源，得知一切物理人事的變化之所以發生，完全來自於兩個定體之間的相互推盪，而這兩個定體在伏羲之畫就是－和- -。從－和- -的相互變化之中體現了萬物生成發展的根本原理。於是，文王乃將其所作之書名之爲「易」，取其互相變易的意思。

2、這表示「易」或「變化」的事實已經預設著變化的「主體」之先在，而且先在的主體必爲「兩體」，而非「一體」，方有「易」之名實可言。這兩體即- -和－，也就是陰、陽。陰、陽必然是互不相同之二物，陰不是陽，陽不是陰，故曰「陰陽者，定體也，確然隤然爲二物而不可易者也」。當陰、陽二物確然不易以先立，並由彼此之間的推移摩盪，陰變陽，陽化陰，〔註19〕以致陰陽兩體本身相互改變之後，方有「變易」的事實可言。此即「而陰變陽合，交相感以成天下之蠢蠢者，存乎相易之大用」之意。這也是爲什麼船山屢次強調「故獨陰不成，孤陽不生」〔註20〕之故。

3、於是，邵子「畫前有易」之說、緯書（《乾鑿度》）「太易」之名，都不能成立。既然「易」之名義已預設陰陽兩體之先在，陰陽兩者實有其體，則實有其象，- -、－之畫即陰陽之象。所謂「易」者，即陰陽之畫、之象的交

〔註17〕 明・王夫之：《周易內傳》，《船山全書》第一冊，頁41～42。

〔註18〕 明・王夫之：《周易內傳》，《船山全書》第一冊，頁41。

〔註19〕 船山說：「老陰變少陽曰變，變則長。老陽變少陰曰化，化則消。」明・王夫之：《周易稗疏》，《船山全書》第一冊，頁783。

〔註20〕 明・王夫之：《張子正蒙注》，《船山全書》第十二冊，頁47。船山此類說法甚多，此處僅舉一例。

相變化，則從「易」之名義便能分析、得出陰陽之「畫」的存在，說「畫前有易」是自相矛盾。另外，若不存在陰陽兩體，也不能有變化可言，則不可能有一「太易」的實體本身產生「變易」，再由其中生出陰陽來。如果「太易」不能變易，那麼，「太易」之名自相矛盾，不能成立。如果「太易」能有變易，而變易必爲兩體之相易，則「太易」即陰陽之交易，如此，「太易」也不可能先於陰陽兩體而存在，然後從無陰陽兩體之情況下生出陰陽來。因此，「易」必爲兩個先在的「定體」之相易。故曰「若陰陽未有之先，無象無體，而何所易耶」？

　　4、認爲《周易》始乾之說也不能成立。因爲純乾無坤，或純坤無乾，都將造成「獨陰不成，孤陽不生」的結果，不能推移摩盪以生變化。故曰「純乾純坤，未有易也」。船山認爲，這就是文王爲何要改變〈連山〉、〈歸藏〉之書中各卦的順序，「乃易其序，以乾坤並建爲之統綜」的原因，因爲文王發現「天下之物、天下之事、天下之變，一本於太極陰陽動靜之幾，貞邪、誠妄、興衰、利害，皆剛柔六位交錯固然之理」〔註21〕。

　　總上所述，船山從《周易》經傳以及「易」的名義得到啓示，以乾坤爲本體，由乾坤互相交易於六位之中以起變化之大用，而生六十二卦，提出其乾坤並建論。

三、《周易》「陰陽十二，卦用其六」之故的證明

　　船山論及〈易〉之數位有六陰六陽，十二皆備之說甚多，然而充分加以論證者主要見於《周易外傳》發明《繫辭傳》「乾坤其易之門」章一段。在此段中，船山先立後破，從正反兩面論證。其辯說詳密，論理犀利，立說紮實。以下據之以分析其論「易有十二而位定於六」之故。

（一）從陰陽之體二，天地之撰六證明

　　《繫辭傳》說：「乾坤其易之門邪！乾，陽物也；坤，陰物也。陰陽合德而剛柔有體，以體天地之撰，以通神明之德。」船山根據此文中四個觀念——「德」、「體」、「撰」、「通」等，以之立說。明此四者之意乃能掌握船山此段之旨。

　　此段開頭說，從「道之見於數者」的觀點言之，三畫之卦八，「三」乃爲天地本體「數之自然」，並不能使天地生化之德「以其德及乎天下」。故從天

〔註21〕　明・王夫之：《周易內傳》，《船山全書》第一冊，頁505。

地本體「推德以及天下」的現象觀察,「因其自然而復爲之合」,三與三合而六,至此方見「天地之合德」,是以《易》卦必爲六畫。

> 道之見於數者,奇偶而已矣。奇一偶二,奇偶合而爲三,故八卦之畫三,而數之分合具矣。然此者,數之自然,未能以其德及乎天下也。推德以及天下,因其自然而復爲之合。三亦奇也,偶其所奇而六,故六十四卦之畫六,而天地之德合。合以成撰,撰備而體不缺,德乃流行焉。二其三,三其二,而奇偶之變具矣。……要而論之,奇偶合用以相乘,易與筮均是物也。……易者,天地固然之撰也;二其三,以偶御奇,易簡之數也,易以貢者以體陰陽之物。故筮用十八,而易盡於六。六則德以合矣,體以全矣,无有缺焉,抑豈能有缺者哉?夫陽奇陰偶,相積而六。陽合於陰,陰體乃成;陰合於陽,陽體乃成。〔註22〕

六十四卦之畫六,乃「二其三」的易簡之數,爲天地之德「合以成撰」,意即「易者,天地固然之撰也」之意。

其次,天地相合,「德乃流行焉」。今以數見道,陽奇偶陰,則數之「奇偶合用以相乘」,一方面,奇偶相乘,陰陽相合,乃使陰體、陽體各成其體,故曰六畫「以體陰陽之物」。此意乃說六畫之中才能使「陰合於陽,陽合於陰」,陰陽各成爲物以有其體。二方面,奇偶相乘,則數的變化乃能窮盡至極,《易》卦乃能體現天道生化不測之神用。三者奇數,以二偶之,相乘得六,故《易》卦盡於六,而「奇偶之變具矣」。

此即「三畫者,固然之體;六畫者,當然必然之用。人所以法天而應物者,非三百八十四爻莫盡其用」〔註23〕之意。六畫之卦乃能使人盡天地之用。

既然六畫之卦已能備天地之合德,《周易》又何必「乾坤並建」,以一卦具十二位呢?

> 有體乃有撰。陽亦六也,陰亦六也。陰陽各六,而見於撰者半,居爲德者半。合德、撰而陰陽之數十二,故易有十二;而位定於六者,撰可見,德不可見也。……陰陽各六以爲體,十二相通以合德,而可見者六以爲撰。〔註24〕

〔註22〕 明・王夫之:《周易外傳》,《船山全書》第一冊,頁 1053～1054。
〔註23〕 明・王夫之:《周易內傳》,《船山全書》第一冊,頁 573。
〔註24〕 明・王夫之:《周易外傳》,《船山全書》第一冊,頁 1054。

「體」，主要指陰陽二體。《易》「以體陰陽之物」，《易》有六位，必須在六畫之中，陰六、陽六，陰陽方能成體而爲物，而從陰陽「交相推移摩盪」於六位之中，交相「易」以成變化，人乃得以見天地「當然而必然之大用」而效法之。因此，若非六位，則陰陽不能成體，「易」之道便無以「體陰陽之物」，人也無從法象天地。

三是「數之自然」，其意是說三乃天地本體陰陽不分，天地未判，非人所能擬議之超絕本體狀態之數，故單是三畫之卦八，無法使人據之以效法天地大用。「天一地二，陽之爻函三爲一而奇，陰之爻得三之二而偶，偶則分，奇則合。在天者渾淪一氣，凝結爲地，則陰陽分矣」〔註25〕。渾淪一氣「函三爲一」，即---合爲一。陰陽絪縕於太極本體之中，未能成體，渾合不分，於此乃不能見天地之合德，是以三乃數之自然「未能以其德及乎天下」。而在六畫卦之中，「以偶御奇」，奇偶合用，陰陽相合，陰陽已成「定體」之二物，故船山說「陽合於陰，陰體乃成；陰合於陽，陽體乃成。」

「撰」，乃指卦之六畫。船山解釋傳文「天地之撰」說：「『撰』，其所作也。凡物理之不齊、人事之至賾，皆天地健順之德所變通而生。」〔註26〕六位之卦乃天地合德所構撰之成品，即其「所作」也。二其三而六，「以偶御奇」，天地合以成撰；成撰則有實而可見，六十四卦之畫六乃可見之撰，故曰「撰可見」，「俱見以爲撰」。

「德」，即變通以生天下之撰的天地健順之德。可見之撰乃天地生化已然之跡，化跡之生有其所以生化之德。撰之化跡可見，其肇生之德則不可見。

「通」，乃謂陰陽二體互相往來於卦之六位中。凡陰陽之見於撰者則爲來，其未見於撰者則爲往。陽來於此，則陰往於彼；反之，陰來於此，則陽往於彼；往來不窮謂之通。

釐清上述四者，船山認爲「故因其撰，求其通；窺其體，備其德」〔註27〕，自可知《易》有十二之數位。根據六十四卦可見之六畫──「可見者六以爲撰」，以推見往來於卦位中之陰陽二體，此見於撰位，彼即隱於不可見之居位；此隱於居位，彼必見於撰位。進而得以窺知陰六、陽六，陰陽二者必然各具六數以成體──此之謂「陰陽各六以爲體」。於是確定《易》有十二，陰六陽

〔註25〕明・王夫之：《張子正蒙注》，《船山全書》第十二冊，頁45。
〔註26〕明・王夫之：《周易內傳》，《船山全書》第一冊，頁599。
〔註27〕明・王夫之：《周易外傳》，《船山全書》第一冊，頁1055。

六相通以合德，而天地健順之德，至足全備以無缺——此之謂「十二相通以合德」。

（二）從純－雜、常－變關係論證

此段主旨以「易」之名實爲主軸，說明由至純至一之體可以生雜勝之變化；然而由雜勝之變化以至雜勝，則不能有所謂「易」之名實；亦即由雜而雜只是同一現象之重複，不需透過「變通」來完成。因此，便無所謂「易」。其論證步驟大略如下。

> 陰六陽六，陰陽十二，往來用半而不窮。其相雜者，極於既濟、未濟；其相勝者，極於復、姤、夬、剝；而其俱見於撰以爲至純者，莫盛於乾坤。故曰：「乾坤其易之門邪！」乾之見於撰者六陽，居以爲德者六陰；坤之見於撰者六陰，居以爲德者六陽。道有其六陽，乾俱見以爲撰，故可確然以其至健聽天下之化；道有其六陰，坤俱見以爲撰，故可隤然以其至順聽天下之變。盡見其純，以受變化之起，則天下之相雜相勝者生矣。借非然而已雜已勝矣，天下亦且日以雜勝爲憂，而務反之純，安能復與之爲相雜而爲相勝乎？故門立，而開闔任乎用。牖无陰，開而不能闔；牆无陽，闔而不能開。德不備而撰不能以相通矣。繇此觀之，陰陽各六，而數位必十有二，失半而无以成易。……於乾知六陰，於坤知六陽也，其雜勝也，能雜於六，而有能越於十二者哉？……既各備其六以待變化，故不必其均而雜勝起，要非可盡之於可見，而謂爻外无位，位外无數乎？爻外有陰陽，雜者豈憂其越哉？由可以來，知其未來者之必有數以儲偫；由可以往，知既往者之必有位以居停；由相勝相雜而不越於乾坤，知未見之數位與已見者而相均。爻外有陰陽，而六外有位，審矣。然可見者，所撰者也。有撰者可體，故未有撰者可通。……今夫門有開闔，則近而比鄰，遠而胡、越，皆可用吾往來也。今有人焉，行不自門，馳魄飛形而以往以來，爲怪而已矣。〔註28〕

陰、陽二者皆具足六數以成體，往來相通於天地合德所成的六位之撰；陰見於撰，則陽必隱爲德；陰隱爲德，則陽必見於撰。在六十四卦卦象可見之六位，陰體、陽體彼此之數目無論是如何的不一致，所處的爻位又是如何的錯

〔註28〕 明・王夫之：《周易外傳》，《船山全書》第一冊，頁 1054～1056。

雜相間，只要與其卦體另外不可見的六位之陰體、陽體合看，十二之數所得的結果一定都是陽六、陰六而爲乾坤。船山由此推論乾坤二純必爲道所並建，而由之變化以生六十二子之雜勝。

「相勝」，指卦中六畫之陰陽，陽多於陰或陰多於陽的現象。「其相勝者，極於復、姤、夬、剝」而達於極致：剝卦、復卦乃五陰勝一陽，姤卦、夬卦乃五陽勝一陰。「相雜」，指卦中六位之陰陽，其彼此所在位置互相穿插間雜的現象，「其相雜者，極於既濟、未濟」而達於極致：二卦皆一陰雜以一陽。俱見於撰而爲純陽、純陰者只有乾、坤，這說明道體必以乾、坤爲常體，方能生起六十二子雜勝之變化。純能生雜，常能起變；雜不能生雜，變無以起變。若道體本身不是至純無雜，而是陰陽雜勝之體，那麼，「天下亦且日以雜勝爲憂，而務反之純，安能復與之爲相雜而爲相勝乎」？

道體是以乾坤，而非以乾、亦非以坤爲常體。「乾坤其易之門」，有乾坤爲至純之常體，互相推移摩盪以交「易」，自能聽任變化之生起。如門立於此，無論如何大開大合都能任其用。若道之數位止於六而非十二，則要不就是有乾無坤，那就像窗牖有陽無陰，只能開，不能合；要不就像牆壁有陰無陽，只能合，不能開。二者都無以成開合變化之機，「失半无以成易」。乾坤之門立於此，開合之機以起，變通之情以著，健順之德相合，陰陽二物互相推移以摩盪之「易」之名實乃立。門立，此開則彼必合，此合則彼必開。若門之閉於此位者，既通達而往居於彼位；則原來於彼位爲開者，也必通達而來居於此位以闔之。反之，若門之開於此位者，儲待於此以位置夫原閉於彼位而將來通於此位以闔戶者，則在此位之開者也必同時往居於彼位而開戶。無論門戶開合之變化如何窮盡極至，都不能越過此門之一闔一闢之機。乾純六陽，坤純六陰立於此，「往來用半而不窮」，六十二子無論如何相雜相勝，都不能越過六陰六陽之十二位。從六十二子之卦象無論如何雜亂，相關聯之二卦卦象之間存在著錯綜（孔穎達所謂之「覆變」）的關係，只要結合任何錯綜之二卦，結果都必然不超越乾坤二純之外的情形來看，可以推斷可見的數位與不可見的數位必然相等。故曰「由相勝相雜而不越於乾坤，知未見之數位與已見者而相均」。

由門之可以來，可知必有未來之門儲待於彼以待來；由陰陽之來於此，可知必有未來而將來者之陰陽儲待於彼以待來。由門之往於彼，可知彼必有可居停之所以位置往者；由陰陽之往於彼，可知必有居停於彼之陽陰將來於

此以虛其所而位置此將往之陰陽。只要門已設，開合有其用，那麼無論是親如近鄰，或遠如胡越之人都得以用之以往來而不隔。道體並建乾坤十二以為門，則無論至純如乾、坤，極勝如剝、復、姤、夬，至雜如既濟、未濟，都得以任其往來以變化。如有人能夠不經由門戶，卻能通達往來而無阻，那一定是「馳魄飛形而以往以來，為怪而已矣」。如果道體不是全備六陰六陽，具足純乾純坤，卻能變化以生雜勝，那麼其雜勝也不過是因緣和合，虛妄無實的夢幻泡影而已。

船山此段辯證綿密紮實，步步為營，論理精確。

（三）由「易以稱天地之量」論證

道體乾坤並建，陰陽之數位十二，乃能使「易以稱天地之量」而不能有所增減。

> 易以稱天地之量，而不能為之增減。增者外附，而量不容；減者內餒，而量不充。乾无六陰，陰從何來？而坤為增矣。坤无六陽，陽從何來？而乾為增矣。相勝者，姤、夬一陰，而五陰何往？復、剝一陽，而五陽何歸？相雜者，陰陽之或少或多，已見者在，而未見者何亡？以為本无，則乾坤加於數外矣。以為本有，則餘卦縮於象中矣。以為一有而一无，一多而一寡，則无本之藏，離合起滅於兩間，亦妖眚之不數見，而痃瘤之時去來矣。夫由乾而知道之必有六陽也，由坤而知道之必有六陰也，乾坤必有而知數位之十二皆備，居者德而見者撰也。〔註29〕

凡因為六十四卦卦體六畫，遂認為《易》之數位定於六者，都將使道體成為在其體內量有不足，有待外在之添加捆注之有限體；同時在道體之外必另有它體增附數量於其上，而成「有外，則相與為兩」，而非「无外，則相與為一」〔註30〕的結果。

船山說，若《易》之數位盡於六，則假設道以乾為本體，那麼「乾无六陰，陰從何來？而坤為增矣」；假設道以坤為本體，那麼「坤无六陽，陽從何來？而乾為增矣」。從相勝相雜之卦來看，若六十四卦卦體所見六位是天地之量，則除了乾坤二純以外，其它卦之卦體欠缺而未見的陰陽歸往何處呢？「已見者在，未見者何往」？如果未見之陰陽根本沒有歸往他處，而是徹底消滅

〔註29〕 明・王夫之：《周易外傳》，《船山全書》第一冊，頁 1055。
〔註30〕 明・王夫之：《周易外傳》，《船山全書》第一冊，頁 1038。

無餘，那麼天地之量將是乾坤有所不全之體。如果雜勝的六十二卦本來就是陰陽有所欠缺的卦體，天地原本就是陰陽不足的本體，那麼，《易》卦不應、也必不出現六陰六陽，二純之卦；有無二純卦，對於本身就是雜勝的天地而言並沒有任何影響。於是乾坤二卦對於本體而言乃是「加於（天地之量）數外」了。若雜勝之卦不足的陰陽確實為卦體本有，然已消失無餘，所以十二數位只餘有六，那麼，這表示卦象本身之量有所萎縮；於是除了乾坤二卦相加勉強還可算是具足天地之量以外，其餘六十二卦都是「（天地之量）縮於（六十二卦）象中」了。若以為雜勝之卦體，其陰陽「一有而一无，一多而一寡」，乃是天地本體自然固有者，並非來自於乾坤二純交易以生之變化，船山認為這乃是「無本之藏，離合起滅於兩間」，是缺乏甚深之藏的本原所發生的偶然離合生滅的現象，在天地之間，其情形雖然不是不可能出現，但這樣的現象，「亦妖眚之不數見也，而疢癘之時去來矣」，不過如同妖眚一樣「不數見」，乃極為偶然才發生；或者如咳嗽時來時去，沒有絕對必然出現的理由。這等於把宇宙萬象的發生建立在一毫無實有必然根據的基礎上，在本體論方面，它必將徹底否定存在任何本體為發生萬有的本原。那對於萬象起源的解釋就不得不訴諸於一切都是夢幻泡影，盲目而不合理，偶然而無必然理由的現象，如佛家之因緣和合之說。故船山以「離合起滅於兩間」形容之。存在界乃成一虛無幻妄的世界，這不是船山所能接受的世界觀。《易》卦數位盡於六之說有可能導致這種結果，其說自然無當於理。只有陰陽數位十二之說才能充分合理解釋雜勝之卦的必然發生的理由。

最後，船山結論說：「故學易者設十二位於嚮背之間，立十二數於隱見之異，以微顯闡幽，則思過半矣。」〔註31〕只有掌握「陰陽十二，卦用其六」的原理，才能正確學《易》，而免於陷入虛無幻妄之教。

四、結論

船山從樂律、數學開方原理、〈太極圖〉等多方面，去印證《周易》「乾坤並建」之理。當然，周子本意是否含有此種觀念不無疑問；而以樂律、數學開方為證，則明顯不合文王當時的歷史事實。因此，「乾坤並建」的根據應當仍放在《易》學領域中來取得。

船山從《周易》爻辭中暗示著「卦外之象」、「卦外有陰陽」、「爻外有吉

〔註31〕明・王夫之：《周易外傳》，《船山全書》第一冊，頁1056。

凶」等;《傳》文「乾坤其易之門」、乾坤並稱爲元、坤有龍象、〈河圖〉「五位十象」天數地數相合等;「易」的名義乃實有二物互相推移摩盪等地方,確認《周易》一書之中隱含「乾坤並建」之理。其目的一方面固然是據此以闡發有關儒家天道論的義理,另一方面,船山更企圖證明以「乾坤並建」爲根本原理的《周易》陰陽象數結構,更本就是與天道爲體,《易》理即天理。因此,船山針對《周易》象數結構,充分證明其必以「陰陽十二,卦用其六」爲體用之故。

船山從「陰陽二體,撰有六位」,「乾坤二純之常體以生雜勝」、「易以稱天地之量」三方面,一層一層,井然有序地辯證《周易》結構確實「陰陽十二,卦用其六」。船山從正反兩面論證,先立後破,論說詳密,析理犀利,其辯證綿密紮實,步步爲營,極爲精確。充分證明若以《易》卦僅有六位的結果,必然在天道論方面陷入虛無幻妄的本體觀;故必以卦位十二,方能符合大《易》陰陽實有之教。

然而,就此而言,船山僅是證明了「乾坤並建」確爲《周易》的統宗原理,其說畢竟仍屬於《易》學理論。船山既然也把「乾坤並建」當作存在界萬物的生化原理,則作爲天道論,其說是否具有客觀方面的根據?這是船山必須解決的問題。

第七章 「乾坤並建」理論的客觀根據之論證

一、引言

　　「乾坤並建」可說是船山最基本、也最重要的理論（或許也是其自許為六經「別開生面」的主要學說之一）。那麼，船山究竟是把它視為一無從驗證的自明之理，而作為獨斷的信仰加以接受；或者賦予其說客觀實在的理論根據呢？船山已從《周易》一書及其象數結構證明「乾坤並建」確為《周易》的統宗原理。然而，這至多僅能夠說作為《易》學學說，「乾坤並建」可算有效的理論；而要作為解釋存在界事物生成原理的天道論，「乾坤並建」是否有其客觀有效性呢？

　　船山對於「乾坤並建」此一獨得之見，並不滿足於把它當作一未經證明即可接受的教條。他努力從客觀實在界去證明此一學說的理論基礎。船山首先從天地生化之跡證明本體「陰陽全備」之實。而由本體之全備陰陽，同時即顯示天地固有知能之大用，於是，船山繼由「知能同功而不相雜」以論證乾坤並建之理。最後，知能同功落在在人事的實踐上，顯示理事凝合一體，船山遂由人的行為乃「理事各半」以證陰陽十二，而用其六之說。

　　「乾坤並建」既然被船山視為一套說明天地萬物生化原理之說，則此說之內容即為關於「陰陽理論」的天道論義蘊之闡發。那麼，船山對於「乾坤並建」的建立過程，同時也就是其「陰陽理論」的發展經過。因此，論證「乾坤並建」的理論根據，當然對於了解船山「陰陽理論」極為重要。

二、「陰陽全備」的論證：陰陽致一之專，陰陽互交之化

從世界生生不息的現實經驗出發，船山發現，在陰陽生化之「跡」中足以證明天地乃是「陰陽皆備之全」的本體。

> 於此而見陰陽致一之專，於此而見陰陽互交之化，然皆其跡而已矣。
>
> 蓋學易者於此而見陰陽皆備之全焉。〔註1〕

由陰陽之「跡」可見陰陽「皆備」。所謂「陰陽皆備」乃是「誠」──「陰陽有實之謂誠」〔註2〕。有陰無陽，或是有陽無陰，陰陽二者若缺一無實，即不全備，則不得謂之誠。由此，船山乃藉「機」、「情」、「誠」三個概念，論證其說：「故致一者其機也，互交者其情也，皆備者其誠也」〔註3〕。

「機」乃是發展與形成事物的動力來源，「機者發動之繇，只是動於此而至於彼意」〔註4〕。若就本體而言，機乃是「太極自我蓬勃開展全過程的內在根據與動力」〔註5〕。《正蒙・太和篇》：「虛實動靜之機。」船山注：「機者，飛揚升降不容已之幾。」〔註6〕即以太和一氣內在固有之發不容已的動力為「機」。「情」本為人心之喜怒哀樂等情緒、情感。在船山，「情」源於天道方面，乃陰陽之氣上下往來、變化和合的感應之幾。「六陰六陽，才也。……陽健、陰順，性也。當位、不當位之吉、凶、悔、吝，其上下來往者情也」〔註7〕。陰陽以其固有之內在動力為發動之機，彼此感應往來，互相交易，各得其情，合同而化，這是天地生生不息之化跡所由生的根源。

從陰陽「致一之專」、「互交之化」的化「跡」，可以證明「陰陽皆備之全」。關於此點，船山比較完整的論點主要見於對損卦的解說之上。案：《繫辭傳》：「天地絪縕，萬物化醇；男女搆精，萬物化生。易曰：『三人行則損一人，一人行則得其友。』言致一也。」「致一」一詞即本於此。為使說明清楚，先將船山解文詳引於下。

> 「致」者，奉而與之之謂。天致其一於上而成艮，地致其一於三而

〔註1〕 明・王夫之：《周易外傳》，《船山全書》第一冊，頁987。
〔註2〕 明・王夫之：《張子正蒙注》，《船山全書》第十二冊，頁25。
〔註3〕 明・王夫之：《周易外傳》，《船山全書》第一冊，頁988。
〔註4〕 明・王夫之：《讀四書大全說》，《船山全書》第六冊，頁434。
〔註5〕 蕭漢明教授說，促使太和絪縕不已者為氣機，陰陽相遇相感、相摩相盪者為生機。推動萬有化生、動靜不息者為化機。蕭漢明：《船山易學研究》（北京：華夏出版社，1987年），頁119。
〔註6〕 明・王夫之：《張子正蒙注》，《船山全書》第十二冊，頁27。
〔註7〕 明・王夫之：《讀四書大全說》，《船山全書》第六冊，頁1074。

成兌，交相致以合同而化，乃以保泰而通山澤之氣。若各於損而不
致，則化不行矣。故三人同行，而損一以致之；与異己者行焉，則
得友而相益。以善體陰陽之化理。〔註8〕

下生者其本立，積之再三者其本盛，故乾坤其蔑以加矣。未至乎乾
坤者，艮，陰之盛也；兌，陽之盛也；泰，陰陽之盛也。陰盛於艮，
乾道乃致一以成之；陽盛於兌，坤道乃致一而成之；陰陽盛於泰，
損乃致一而成之。（三致一陽於上，上乃下交而爲友。）未盛者，授
之成而不能成，欲致之而未可致也。故曰：「天地絪縕，萬物化醇。」
時雨將至，炎氣隆隆；宿露欲消，寒清肅肅。炎之薄，而密雲无以
成其膏澤；寒之淺，而旭日无以成其滌清。天地且不能強致，而況
於人乎？……大哉！絪縕之爲德乎！陽翕以固，景融所涵，極碧霄，
達黃墟，而淪困不舍。陰闢以演，滋膏所沁，極碧霄，達黃墟，而
洋溢无餘。……「損」者，有餘之可損也；「致」者，致之所餘而能
受也；「得其友」者，交无所歉而後无所疑也；皆絪縕之所可給也。
致其一焉，斯醇矣。〔註9〕

「致者，奉而與之之謂」，「致者，致之所餘而能受也」。因此，「致」的
涵義包含兩方面：一方面是事物本身盛多而有餘，足以減損所有，將之奉致、
給與原來並無此物的他者。另一方面是事物具備盛大的涵受量，足以承受來
自於他者所奉致的任何之物。「致一」就是將自身之「一」分推「致」於他物
而給之，也承受他物推「致」給自身的「一」分而受之。

　　就《易》卦來說，卦體的形成由初爻而上，乃自「下生」；積至三爻而成
卦。「下生者其本立，積之再三者其本盛」。乾坤皆爲陰、陽之積達於極盛之
卦，故曰「乾坤其蔑以加矣」。艮卦☶乃一陽在二陰之上而成，爲陰盛之卦，
是「天致其一於（坤之）上而成艮」，故曰「陰盛於艮，乾道乃致一以成
之」。兌卦☱乃一陰在二陽之上而成，爲陽盛之卦，是「地致其一於（乾之）
三而成兌」，故曰「陽盛於兌，坤道乃致一而成之」。泰卦☷☰乃三陰在三陽之
上以成，陰陽具盛。爲使之持盈保泰，乃損其過盛。三居三陽之極，上居三
陰之極，是以乾道損三以致之於上而坤受之，坤道損上以致之於三而乾受
之：「三致一陽於上，上乃下交而爲友」，上艮下兌而爲損卦☶☱。艮爲少男，

〔註8〕　明・王夫之：《周易內傳》，《船山全書》第一冊，頁597～598。
〔註9〕　明・王夫之：《周易外傳》，《船山全書》第一冊，頁1050～1053。

兌爲少女，陰陽初交，各孚其情。艮爲山，兌爲澤，山上澤下，互相通氣，陰陽合同，以生變化。〔註10〕陰、陽各減損本身盛多有餘之一，推致給對方，不「吝於損而不致」；同時也承受來自對方推致給自己的一，而非「授之成而不能成」。是爲陰陽「致一之專」。由陰陽之相受彼此所致之一，故其互交之情相協相通，「陰陽之化理」乃遂行於天下，是爲陰陽「互交之化」。因此，陰陽之致一即陰陽之互交，兩者同爲一事，皆指其彼此「交相致以合同而化」。

陰陽各損其一以相致，是爲「絪縕」——「『絪縕』，二氣交相入而包孕以運動之貌」〔註11〕；互交以成化，是爲「化醇」。「天地絪縕，萬物化醇」，陰陽各損有餘以互交相致，生化之理遂行周流於天下，泰道亨通而長盛，故曰「乃以保泰而通山澤之氣」，又曰「陰陽盛於泰，損乃致一而成之」。船山由陰陽化跡而盛贊「絪縕」之德「大哉」，並據之以證明天地必爲「陰陽全備」、「乾坤本盛」的本體。

炎氣盛積乃能厚集密雲，寒氣盛凝乃能消盡宿靄。薄炎、淺寒，其本不盛，天地也無從強致之以成膏澤、滌清。即使天地勉強「致一」以與薄炎、淺寒，然而本不盛者，雖受其所致之一，也仍然不足以集時雨、消宿靄。「損者，有餘之可損也」。天地之體若非陰陽皆備，乾坤本盛蔑以復加，那麼，天無有餘之陽可致一與地，地亦無有餘之陰可致一於天。損無可損，致無可致，其情勢將「吝於損而不致，則化不行矣」，陰陽互交之情不通，合同而化之生理亦竭。即使天地之外另有本體勉強「致一」以與天地，而天地其本既不足，則雖承受所致之一，也仍然不足以成爲陰陽全備之本體。是「未盛者，授之成而不能成，欲致之而未可致也」。正因爲天地乃是乾坤至純，其本積盛，陰陽皆備之全體，所以能使陰陽致一互交，交相入以運動之而成絪縕之大德。天地絪縕，有其「陽翕以固」之德，靜專而動直，是以雖淪困（盤屈曲折至極之貌）亦無不徹入，化陰之凝以成大生之用。又有其「陰闢以演」之德，靜翕而動闢，是以能含弘化光，受陽之施而成廣生之大用。陰陽全備，互致交受，合同而化，「皆絪縕之所可給也」。有陰無陽，有陽無陰，陰陽多少不足，則不足以爲「誠」，而天地也無以爲至足無缺，繁然以給萬化之「絪縕」

〔註10〕 以上船山原文的解釋，部分參考陳玉森、陳憲猷教授之說。陳玉森、陳憲猷：
　　　　《周易外傳鏡詮》（北京：中華書局，2000年），頁871。
〔註11〕 明・王夫之：《周易內傳》，《船山全書》第一冊，頁597。

本體了。

以上由陰陽致一之機隱含的絪縕之德證明天地乃乾坤本盛之本體。然而尚未正式推出六陰六陽「乾坤並建」的結論。船山又進一步論說。

> 「鼓之以雷霆」，震也。「潤之以風雨」，巽也。「日月運行，一寒一暑」，坎、離也。離秉陽以函陰，爲日；坎秉陰以承陽，爲月。日運行乎陽中，爲晝；月運行乎陰中，爲夜。日運乎離南，（赤道之南。）月運行乎坎北，（二至月道極乎南北。）則寒；日運行乎坎北，（赤道之北。）月運行乎離南，則暑也。「乾道成男」，艮也；「坤道成女」，兌也。乾坤怒氣之生，爲艸木禽獸，其大成者爲人。天地慎重以生人，人之形開神發，亦遲久而始成。乾坤之德，至三索而乃成也。於此而見陰陽致一之專，於此而見陰陽互交之化，然皆其跡而已矣。蓋學易者於此而見陰陽皆備之全焉。雷霆、風雨，相偕以并作，則震、巽合矣。日月、寒暑，相資而流行，則坎、離合矣。男女相偶，以正位而衍其生，則艮、兌合矣。震之一陽，自巽遷者也。巽之一陰，自震遷者也。坎、艮之陽，自離、兌遷也。離、兌之陰，自坎、艮遷也。遷以相摩，則相盪而爲六子，未摩而不遷，則固爲乾坤。故震、巽一乾坤也，坎、離一乾坤也，艮、兌一乾坤也。惟其无往而非純乾純坤，故乾坤成卦，而三位各足，以全乎乾之三陽、坤之三陰而六位備；因而重之，而六位各足，以全乎乾之六陽、坤之六陰而十二位備。周易之全體，六陰六陽而已矣。其爲剛柔之相摩，盪爲八卦者，无往而不得夫乾坤二純之數也。……而十二位之陰陽亦无不備也。无不備，无不純矣。〔註12〕

從兩間的自然現象：雷霆、風雨，相偕並作之跡，顯示震卦 ䷲ 一陽乃自巽卦 ䷸ 遷來；當然在此同時，震之一陰也移往巽。日、月寒暑，相資流行之象，男女相偶、正位衍生之化，顯示坎卦 ䷜、艮卦 ䷳ 之陽乃由離卦 ䷝、兌卦 ䷹ 遷來；同時坎、艮之陰也移往離、兌。震－巽、坎－離、艮－兌等彼此卦象嚮背相錯之卦相合，無不形成純乾純坤之卦，此正足以證明陰陽皆備之全，故曰「故震、巽一乾坤也，坎、離一乾坤也，艮、兌一乾坤也。惟其无往而非純乾純坤」。陽致一與陰以潤風雨，陰致一與陽以鼓雷霆，陰陽互交之情相得，是以風雨雷霆之化並作。若天地非陰陽全備，則震致一陰於巽，風雨雖興，

〔註12〕 明・王夫之：《周易外傳》，《船山全書》第一冊，頁596～597。

而雷霆不作，陰陽之化就不可能出現雷霆風雨相偕並作的現象。雷霆風雨之變化、日月寒暑之遞嬗、男女之相偶乃是來自於陰陽二體之間彼此往來遷移，以產生互相推動摩盪的作用，而呈顯的現象，亦即「化跡」。陰陽化跡固然千變萬化，因此有陰陽多寡不齊的情形，但這是本體摩盪的過程中出現的情形。統天地全體而言，陰陽之不足於此者，固然已具備於彼，如雷霆之震所缺之陰，固備於巽；風雨之巽所缺之陽，固已備於震。因此，乃無往而非陰陽皆備，故曰「无往而不得夫乾坤二純之數」。

　　船山從陰陽致一之機、互交之情的「化跡」，來論證陰陽皆備之「誠」，其說可能遇到兩點反駁。第一，在此段引文中，船山說「乾坤之德至三索而始成」。這麼一來，三索之前，乾坤之德有不成之時，天地豈不有陰陽不全之際？

　　對此反駁的化解，宜略論船山「天地人三始」之說。

> 天、地、人，三始者也，无有天而无地，无有天地而無人，无有道而无天地。……人之所自始者，其渾沌而開闢也。而其現以爲量、體以爲性者，則唯陰陽之感。……故感者，終始之无窮，而要居其最始者也。……乾一索而震，再索而坎，三索而艮，則乾道成矣。坤一索而巽，再索而離，三索而兌，坤道成矣。……故坤立而乾斯交，乾立而坤斯交。一交而成命，基乃立焉；再交而成性，藏乃固焉；三交而成形，道乃顯焉。性、命、形三始同原而漸即於實。〔註13〕

人之形開神發，遲久而始成。此陰陽之跡所證明者乃是陰陽無往而不全備。人的生命何所自而始？乃始於「渾沌而開闢」。渾沌乃指人物未生，天地渾淪一體，其理氣純屬乎天而不屬於人的狀態。由「陰陽之感」，合而生人，在天之理氣乃凝結在人，是由「渾沌而開闢」。唯「陰陽之感」，人乃能涵藏一定量之天地理氣以爲體而成性──「現以爲量、體以爲性」，這即是「人之所自始」。「陰陽之感」，乾坤初交，人由渾沌中乍現，奠立受命的基礎，乾坤「一交而成命，基乃立焉」，是爲「一索」。基命既立，陰陽之感不息，乾坤之交不斷，命日降，而性日受，涵藏之量日以凝聚堅固，「再交而成性，藏乃固焉」，是爲「二索」。陰陽之氣致一互交，持續流盪灌注於人之基體而不止，形開而體備，形色天性，體皆含靈，道乃顯於形而下，「三交而成形，道乃顯焉」，

〔註13〕 明・王夫之：《周易外傳》，《船山全書》第一冊，頁 903～904。

是爲「三索」。

　　「三索」是用《易》學名詞形容人的生命由「渾沌」至「始成」的不同階段。「陰陽之感」乃人之所自始的根本，命、性、形的分別只是人用以劃分生命狀態由希微流盪逐漸凝實堅固——「漸即於實」的不同過程。命、性、形三者並無孰先孰後的問題，乃同源於「陰陽之感」，不論人的生命狀態在哪一階段，陰陽無不感，乾坤之德也無不備。因若陰陽有不備之時，則將無陰陽之感，天地又何從自渾沌開闢以成眼前所見繁有大備之世界。「故感者，終始之無窮，而要居其最始者也」，「陰陽之感」才是眞正的天下大始，性、命、形三者同始於此，故曰「三始同原」。「天、地、人三始」的情形亦同此理。所以人之形開神發遲久始成，不意味著天地在始，人居於後。天、地、人同原於「陰陽之感」，亦爲「三始同原」。

　　乾坤怒氣而生的化跡，雖然「三索」至人而大成，但其顯示陰陽致一互交之感「居其最始」，不但不能反駁「陰陽皆備」，反而更證明天地本體爲乾坤並立，具足無缺之理。這一點使船山在宇宙發生論方面不承認任何天地在某一時間被創造之觀點。

　　第二，即使承認天地爲陰陽皆備之全，但陰陽致一之專，可能是陰陽各致其能而相偶並立，這將造成天地析爲二體的二元論結果。

　　　　是故動之使合，散之使分也，其勢殊矣；潤之使柔，暄之使勁也，
　　　　其質殊矣；止之使息，說之使作也，其功殊矣；君之使動，藏之使
　　　　靜也，其德殊矣。則宜乎陰陽有各致之能，相與偶立而不相決，而
　　　　非然也。〔註14〕

船山解決此問題的基本說法是：「統此大鈞之中，……錯綜乘乎化，方所因乎時，則周流八方，唯其所適，而特不可以偶然所值者爲之疆域爾。……鈞之所運，軸之所轉，疾以相報，合以相成。一氣之往來，成乎二卦，而剛柔之用全」。〔註15〕大鈞一氣之運行，並無相對並立，劃分方所，侷限疆域的界線。「勢」、「質」、「功」、「德」的殊異，乃是就二卦「剛柔之用」的不同而別；效用可別，本體則一。這如同寒溫之異，同屬一水。而之所以要這樣的分別，又完全是從人與之相遇的觀點而暫分，因此，「特不可以偶然所值者爲之疆域爾」。「統此大鈞」，其體則渾然一氣之往來，無此陰彼陽，截然分析之二氣，

<hr />

〔註14〕明・王夫之：《周易外傳》，《船山全書》第一冊，頁1082。
〔註15〕明・王夫之：《周易外傳》，《船山全書》第一冊，頁1082～1083。

以各致其能。故船山說天下必無「截然分析而必相對待之物」〔註16〕。

三、從天下之大用二「知能同功」論證

陰陽各致其能，卻並不截然對待分析。是以天地本體必具有二種不同大用。船山乃進而從天地之大用乃知能不相析離而同功，以證明乾坤並建之理。在解釋《繫辭傳》「乾坤易簡」之理時，船山以天下大用，知能不可相淆的情形，說明「知能者，乾坤之所效」，來證明《周易》必以「乾坤並建」為統宗。

> 夫易，天人之合用也。天成乎天，地成乎地，人成乎人，不相易者也。天之所以為天，地之所以為地，人之所以為人，不相離者也。易之則无體，離之則无用。用此以為體，體此以為用。所以然者，徹乎天地與人，惟此而已矣。故易顯其用焉。夫天下之大用二，知、能是也；而成乎體，則德業相因而一。知者天事也，能者地事也，知能者人事也。今夫天，知之所自開，而天不可以知名也。今夫地，能之所已著，而不見其所以能也。清虛者无思，一大者无慮，自有其理，而非知他者也，而惡得以知名之！塊然者已實而不可變，委然者已靜而不可興，出於地上者功歸於天，无從見其能為也。雖然，此則天成乎天，地成乎地，人既離之以有其生而成乎人，則不相為用者矣。此之謂「不易」也。乃天則有其德，地則有其業，是之謂乾坤。知、能者，乾坤之所效也。〔註17〕

知、能二者為「天下大用」，有「此」大用，天、地、人三極乃能各成其體，「所以然者，徹乎天地與人，惟此而已矣」。三極無不用此知能大用以成體，是為「用此以為體」。三極已成體，亦無不體現知能大用以效著於事用，是為「體此以為用」。而天、地、人三極之所以各成其體之大用又不盡相同：「知者天事也，能者地事也，知能者人事也」。知、能與知能三者乃「天成乎天，地成乎地，人成乎人」之所以然，其用不同，故三才「不相為用」，是謂「不易」。「易之則無體」，無體者，無天、地、人之自體，乃歸於太和絪縕渾淪一氣而已。

天、地、人之體既各成，天事、地事、人事又各分其用。則三才豈不析

〔註16〕 明‧王夫之：《周易外傳》，《船山全書》第一冊，頁1073。
〔註17〕 明‧王夫之：《周易外傳》，《船山全書》第一冊，頁983。

離成三元，而天地乃分裂爲多體？這又不然。說三才「不相爲用」，其意乃謂不可以能歸天，以知歸地：以能歸天則天失其用，而無以爲天；以知歸地則地失其用，而無以成地。人而不合知、能載之一心，則人失其用，而無以爲人。徹乎天、地、人，惟此知能大用，是謂「不離」。用知廢能，用能廢知，或知能並廢而不用，則三才無以成其體，天地也無以成其德業。「離之則無用」——知能相離或並廢，則天、地、人無所用以成其爲天、地、人之體。

> 夫知之所廢者多矣，而莫大乎其忘之。忘之者，中有間也。萬變之理，相類續而後成乎其章，於其始統其終，於其終如其始。非天下之至健者，其孰能彌亙以通理而不忘？故以知：知者惟其健，健者知之實也。能之所窮，不窮于其不專，而莫窮乎室中而執一。執一而室其中，一事之變而不能成，而奚況其賾！至善之極，隨事隨物而分其用，虛其中，析其理，理之所至而咸至之。非天下之至順者，其孰能盡亹亹之施而不執乎一？故以知：能者惟其順，順者能之實也。……无私无慮而思慮之所自徹，塊然委然而不逆以資物之生，則不可以知名而固爲知，不見其能而能著矣。〔註18〕

根據什麼斷定天用知，地用能呢？天體清虛一大，無思無慮，「惡得以知名」？地體塊然委然，至靜至實，「無從見其能」。如何認定知能爲三極不易之大用？其根據乃在於天地至健至順、純乾純坤之德性。乾坤是天地本體的德性，知能乃乾坤之德所效著的大用。

知之大用所廢者，莫大於遺忘而使所知有間斷。然而從天德至健不息，「始末相類，條貫相續」〔註19〕，以徹盡萬變之理而無所間斷的情形來看，天無遺忘而不知之用。於此純乾至健之德性，可知天雖不可以知名，而實「知之所自開」，「故以知：知者惟其健，健者知之實也」。船山嘗從天化的現象，觀察生物界有機體的生命功能均衡協調的狀態，證明天之聰明「終始條類相貫」，無所不知。在自然界和人體，那種生物自我保存的維生之道，每個器官功能互相協調，和諧運作的完美狀態，無論如何細微，都各如其分而無不利。由天之化，有形無形皆其所徹入，可知天之聰明，理無不達，始終通貫，故曰「大明終始」。明者，無不知也。〔註20〕

〔註18〕　明・王夫之：《周易外傳》，《船山全書》第一冊，頁983～984。
〔註19〕　明・王夫之：《周易外傳》，《船山全書》第一冊，頁984。
〔註20〕　船山説：「蓋嘗即物理而察之：艸木、蟲魚、鳥獸，以至於人，靈頑動植之不

能之大用所廢者，莫大於執一而使百爲有不成。從地德至順無疆，「至善之極，隨事隨物而分其用」〔註21〕，以極成萬事之功而不專限一偏的情形看來，地無執一而不能之效。於此純坤至順之德，可知地雖不見其所能，而實「能之所已著」，「故以知：能者惟其順，順者能之實」。船山亦從地之虛受天化以使品物昌容，「無所不通」的現象，證明地之無不能。地體所含者弘，盡受天化所施而遂其生理，順承無疆，此乃地所著之能。〔註22〕

當然，說知者天事，能者地事，也不是說天地乃是截然分析，互相對待的二體，天下更非具備著有知無能，有能無知之用之物。「在天者渾淪一氣，凝結爲地，則陰陽分矣」。〔註23〕知能之別乃從人觀測天地功用之不同而暫分。天地既渾然一體，則天下必無有知無能、有能無知之用，否則，人將無以「合知、能而載之一心」〔註24〕。由知能不相淆，而見天地本體具備純乾純坤之德，至健至順之性，此即《周易》「並建乾坤」之所本。

> 是以周易並建乾坤以爲首，而顯其相錯之妙。天事因乎天，地事因乎地。因乎天而坤乃有所傚，因乎地而乾乃有所成。故易者，聖人之以治天下之繁難而善其德業者也。雖然，亡他焉，全體之而得矣。全體之，則可以合，可以分。誠積而必感，自摩之以其幾；道備而可給，自盪之以其時。〔註25〕

一：乃其爲物也，枝葉實華、柯幹根荄之微，鱗介羽毛、爪齒官竅、骨脈筋髓之細，相函相輔，相就相避，相翰相受，纖悉精勻，玲瓏通徹，以居其性，凝其命，宣其氣，藏其精，導其利，違其害，成其能，效其功，極至於目不可得而辨，手不可得而揣者，經理精微，各如其分，而無不利者無不貞焉。天之聰明，於斯昭著；人之聰明，皆秉此以效法，而終莫能及也。各如其分，則皆得其正。其明者，無非誠也，故曰『大明』也。自有生物以來，迄於終古，榮枯生死，屈伸變化之無常，而不爽其則。有物也，必有則也。利於物者，皆貞也。方生之始，形有穉壯小大、用有彊弱昏明之差，而當其萌芽，即函其體於纖細之中，有所充周，而非有所增益，則終在始之中，而明終以明始，乃誠始而誠終。」明・王夫之：《周易內傳》，《船山全書》第一冊，頁53。

〔註21〕 明・王夫之：《周易外傳》，《船山全書》第一冊，頁984。

〔註22〕 船山說：「唯其至順也，故能虛以受天之施，而所含者弘。其發生萬物，盡天氣之精英，以備動植飛潛、文章之富，其光也大矣。品物資之以昌榮，而遂其生理，無有不通。」明・王夫之：《周易內傳》，《船山全書》第一冊，頁76。

〔註23〕 明・王夫之：《張子正蒙注》，《船山全書》第十二冊，頁45。

〔註24〕 明・王夫之：《周易外傳》，《船山全書》第一冊，頁984。

〔註25〕 明・王夫之：《周易外傳》，《船山全書》第一冊，頁986。

天地「全體之」，陰陽全備，所以天事、地事可分以知能，人可以心合知能之用，「道備而自給」。《周易》據此而全體陰陽，無有乾無坤、有坤無乾之道，故「並建乾坤以爲首」。

四、從《易》乃以人事合鬼神之謀論證——「理事各半」

「知能者，乾坤之所效」，而人合知、能載之一心。知之效，其結果爲理；能之效，其結果爲事。知能大用不易不離，則人效之於行爲之上，其事體乃必爲理事凝合一體者，而理與事各居其半。船山繼從人的行爲乃理事渾成一體以證乾坤並建之理。

> 陽健陰順。……唯其純也。若夫一變而六子，再變而五十六卦，陰陽多少之數畸而不積，雜而不純，然且吉凶定而疊疊成，以分功於乾坤，則何也？曰：因此而知陰陽之數，凡卦而皆六，未有缺矣。陰陽各六而十二，其來也有位，其往也必有居。以其來知其往，亦因而知嚮背之位，凡卦皆十二位，而未有缺矣。昨日謀之，今日行之，是行者來之位，謀者往之位也。今日行之，他日改之，是行者來之位，改者往之位也。〔註26〕

人事乃在時空過程中進行的活動。人欲定吉凶、成大業，果非率性盲行，則必出於思慮之謀畫。於是昨日謀之，今日行之，可知一事之中有今昔的不同。昨往今來，故謀事者，往之位；行事者，今之位。而由於人之行事未能保證其必然一因於道，因此，事或不能與理相稱，而今日之行事，將改之於他日。則今日之行又成往之位，明日改之之行則爲來之位。由人謀定吉凶、成大業，可證人的每一個行爲同時爲往來之位，凝合事與理於一體。就人當前之事而言，今日之行乃來者、見於嚮之位；昨日已往以及明日將來之行則爲往、隱於背之位。若往來不有其位，則昨日之謀不能來於今，今日之行將不能改於他日，而人事不成。人事活動將成爲出現於時空之中，卻絲毫不相繫屬，彼此並無任何關聯之——獨幾，而無法構成完整的事件。如此，則吉凶不能定，大業不能成。由人事之謀、行可證往、來之實有，此即「其來也有位，其往也必有居」之意。由此可證嚮者、背者皆實有其位。

> 不可見而有其理，方可見而有其事。理與事稱，六位相準而必均。
> 然而盈虛多寡之不齊，則謀與行牴錯於物變，而行與改參差於事情

〔註26〕明・王夫之：《周易外傳》，《船山全書》第一册，頁1068。

也。理與事稱，吉凶非妄，而事有理。事與理稱，吉凶不虛，而理有事。事有合離，理有柔剛，理事各半。事在理之中，而居理之半；理在事之中，而居事之半。合離柔剛各分其所半，互相乘以成乎半。故陰陽之各六，與十二位迭運於往來而相若焉。數與位之相若，則與六位相若也，與一位亦相若也。故一往一來，而健順之至者，恆一成具在而无不足。往來相期，存發相需，多寡相倚，理事相符。有其至積，給其或畸，有其至純，治其或離。六子五十六卦，皆具六陰六陽於嚮背之六位，无不具者无不至，无不至者无不知，而又何疑焉？〔註27〕

船山認為人類的實踐行動產生於為了解決吉凶問題，以定大業。人類解決吉凶而採取的行動構成了「事」或「行為」。基本上，人類的行為乃是理事凝合於一之體；謀－行－改，則是人之一系列行為所經歷之過程的不同階段。「謀」乃是人在遇到吉凶關鍵之幾，而根據之以探究事態情況，設法解決此問題以達到趨吉避凶的結果，而擬定相關的可能性的處置方法，在此，所謀之理與謀定之事必然凝合一體不分。「行」則是根據探究境況所決定的解決方針，以採取相應的行動，以期解決問題。一切行動同時即是此事之理的實踐，理事也在行動中凝合一體。「改」則是因為前一階段的行動無法解決境況中的問題，實踐主體乃調整先前所謀之理，改變方針，再度付之行動，以期問題最後的解決。所改行之事即所改謀之理，理事仍然一體。直至問題完全解決，「理與事稱」，「事與理稱」，理有事而不虛，事有理而不妄，人類行為乃無往而不是天理之流行。

放在「知能大用」架構下說，理者即知之實，事者即能之著。理事一體，人乃合知、能載之一心，純健以知而不雜能，純順以能而不雜知，乃能體乾坤之撰而定吉凶，成大業。實踐行動雖經歷「謀－行－改」的過程，然事業之成，其理已含於所始謀之一心。事行雖有萬變，事理則一貫相續，始以達終，終以含始，所謂「萬變之理，相類相續而後成乎其章，於其始統其終，於其終如其始」。謀、行、改凡三變，而萬理一致，無不始終相貫，理事無往而不凝合一體。事可見而理不可見，故理事各半而居嚮背之間。

理事一體，理和事之分乃就人類實踐行動的二不同側面而別：「理」偏就其為人所不可見者來界定，「事」以其為人所可見者來界定。然而見與不見僅

〔註27〕 明・王夫之：《周易外傳》，《船山全書》第一冊，頁 1068～1069。

是自人之觀點而分，基本上，理事之分的根本原因乃出於人類的行爲不能純乎天理所致，若聖人已達化境，從心所欲，事即理、理即事，理事一如，則固一而無別。當人不能知何者爲此事當爲之理，而「謀」之；或已謀知其理而不能依理「行」之；行之不當而欲「改」之，則「謀與行舛錯於物變，而行與改參差於事情」，理乃若出於事外。然當其行爲一因於道，理有事而非妄，事有理而不虛，理事相稱則固然無二。

　　人類行爲的「謀－行－改」的歷程，就成了無窮數事幾中，理事之互相往來，迭相運行而又凝合一體的行動系列。理事各半，往來於六位之中。理見則事隱，事見則理隱。在每一事件之獨幾中，理見於位之數與事見於位之數，其多寡不齊的現象，就是乾坤二純「一變而六子，再變而六十二卦」的情形，它同時決定著人類行爲之「合理性」高低多寡的程度。而一個行爲之幾固凝合陰陽之全，而非陰陽有不足之理，亦清楚可見。若一事而有陰陽不足，則人類何從「謀」之於「行」爲之先，而「改」之於行爲之後呢？因此，人類行爲的特性也證明了「乾坤並建」之理。

五、結論

　　「乾坤並建」不僅是一套限於《易》學系統內部的學說，同時也是關於客觀世界之萬物的生成原理的理論。不止於將「乾坤並建」奉爲神聖獨斷的教條來接受，船山設法證明其客觀實在性。他分別從陰陽化跡隱含著陰陽全備之現象、天地本體固有知能兩種天下大用、人類行爲乃理事凝合一體等三個相關聯的觀點來證明，以賦予「乾坤並建」合理的理論基礎。

　　雷霆風雨相偕并作，日月寒暑相資流行等自然現象，顯示陰陽致一之專、互交之化。但是，乾坤互交，至「三索而始成」，並非表示三索之前，乾坤之德有不成之時；亦非說乾坤怒氣之生乃是在漸生漸進，以趨於備的時間歷程中進行。陰陽各致其能，並非表示天地存在著兩個截然分析，相對並列的實體，而造成陰陽二分的結果。其所證明者，乃是天地本體爲陰陽全備，乾坤之德無往不足的實體。於是，其見之於用，則天下固有知能兩種大用，不相雜也不相離，交相錯以起天下雜勝。這證明天地乃「道備而自給」的本體，全體陰陽，誠積必感而自摩盪、分合，故能以生天下之萬化。而知能大用，知之效爲理，能之效爲事。則天地大用效之於行爲之上，人類實踐所爲的事體乃必爲理事凝一者，「事在理之中而居理之半，理在事之中而居事之半」，理、事往來於人之行爲之「幾」，每一幾爲合理事之全而凝於一體者，亦證明

陰陽各六，十二全備之理。

　　船山從天人體用證明了「乾坤並建」具有客觀根據。然而，這究竟是指「乾坤並建」隱含的《易》學原理在解釋宇宙萬物的生化原理是合理的、有效的理論「之一」，或者船山認爲此一理論根本就是天道原理的「唯一」有效理論呢？

第三部分：陰陽象數論

第八章 《周易》卦理與天道原理如何一致？——船山對傳統三種說法之批評及其對此問題的基本觀點

一、引言

《周易》的符號部分乃以一、- -二畫為基本元素，將三畫組成一卦而成八卦，更重為六畫之卦，共六十四卦所組成。一、- -之畫在卦中六位的排列情形構成了不同的形狀、圖像；再者，二畫在六十四卦中所在位置的變化及其相互關係，也表現了一定的規律性——特別是具有「數量」的性質。這些圖像、規律統是由「卦」所成之「象」，是為「卦象」或「象數」，可以啟發人們思考到某些道理、法則，是為「卦理」。

《易》卦既是簡單的符號所構成，其隱含的卦理又是數量關係的數理，因此卦理具有濃厚的形式意義。然人由其中所領悟而得之法則，其性質則富有人文價值的實質意義。最早賦予《易》卦卦理以人文意義者乃是卦爻辭，其內容多為一般人類生活中，人事之進退往來所導致的行為結果之吉凶悔吝的規律。〔註1〕但是，在《易傳》中，人事吉凶的規律轉化為主體生命所體認到的道德法則與價值規範，而且《易》卦卦理之範圍不但被擴大以涵蓋人之

〔註1〕 唐君毅：《中國哲學原論‧原道篇二》（臺北：臺灣學生書局，1980 年），頁135。

外的自然世界，如天地、日月、四時等之客觀秩序；更提升至統攝宇宙萬有的形上原理──即天道的層次。天道同為人與自然「資生」、「資始」之本體，共構為一統一的整體；天理同時是道德法則與自然秩序的根源，人則以其靈知仰觀天文，俯察地理，在窮理盡性的實踐中，統合價值秩序與自然秩序，參贊化育，與天地合德。〔註2〕於是，《易》卦卦理乃與天道原理一致，「易與天地準，故能彌綸天地之道」，「範圍天地之化而不過」。

《易傳》既以卦理為總攝天人之理，此一理論如何可能，必須圓滿回答一些問題：1、符號所涵具的實質意義從何而來？符號與其涵具的意義之間的關係如何？2、卦爻象之間的變化規律根源於人智的主觀構撰，何以主觀思維的邏輯法則能成為客觀世界的存有原理？〔註3〕3、《易》卦象數之理乃是一套符號的的形式結構之理，如何與人文社會有內容的實質性義理相融相貫？其形上原理之根據何在？〔註4〕

從船山的觀點來說，對於「《周易》卦理與天道原理如何一致」這個問題，傳統《易》學主要有三大類型的說法：以王弼為代表的義理《易》學、以京房為代表的象數《易》學、以邵子為代表的圖數《易》學。他批評三者之說都不圓滿，並提出自己的解決方法。因此，本章在處理方法上，將藉由討論船山對於這三說的批評，以對顯出其基本觀點。

必須強調的是，本章所謂《易》學三大類型，乃是在探討《易》卦與天理之關聯此一問題架構下，根據船山的觀點而提出的分類，並非是在專門處理《易》學問題而做的論說。船山說法是否符合《易》學史的發展，則自有方家論斷，然非本文主題。

二、對義理派《易》學觀點之批評

第一種觀點，以《易》卦象數系統的實質涵義來自聖人之「意」。聖人窮理盡性，參贊化育，全體天理之流行。設畫制卦，乃聖人用以表出其體之於心之天理。《易》卦象數系統乃為承載聖人之意與天理的符號系統，故卦理自能與天理一致。「言」是聖人彰顯象中之「意」所繫之辭，與象之性質並無不

〔註2〕 參考曾春海教授之說。曾春海：〈易經的天人觀〉，收入《易經的哲學原理》（臺北：文津出版社，2003年），頁107〜108。

〔註3〕 朱伯崑：《易學哲學史・第一冊》（臺北：藍燈文化公司，1991年），頁122。

〔註4〕 曾春海：〈船山易學觀與朱熹易學觀之比較研究〉，收入《易經的哲學原理》，頁355、357。

同，只是作爲符號的形式與達意的功能有異而已，象數之理與人文之理本質
上乃相融通者。

　　這是以王弼爲代表的義理《易》學之觀點。它是把《周易》符號系統的
性質當作是一種比擬、象徵的工具，把卦象當作模擬器物世界的現象，藉以
「指點」形上之理；而「意」或「天理」則是其所欲表出的對象、目的。〔註
5〕然而此一觀點本身就是一具有爭議性的主題，環繞著意、象、言三者的關
係，在魏晉玄學脈絡中，主要是針對方法論「言盡意」與「言不盡意」之爭
的討論。〔註6〕針對《易》學領域，卦爻象數與天道之關係，船山除從方法論
之外，更從存有論的立場批判王弼之觀點，其主要原因有三。

　　其一、此說將使卦理與天道分析成性質截然不同之二體，也就是「象數」
或「象」與天理或道乃「有外，而相與爲兩」：

　　　天下无象外之道。何也？有外，則相與爲兩，即甚親，而亦如父之
　　　於子也；无外，則相與爲一，雖有異名，而亦若耳目之於聰明也。
　　〔註7〕

〔註5〕卦象與天道之間的比擬、象徵關係，乃《易傳》中已經隱含的觀點。〈彖〉、〈象〉、
　　　　〈說卦〉、〈序卦〉、〈文言〉都以乾坤爲天地，但並未說明乾坤卦象與天地之
　　　　關係，大體上應該是把兩者當作一種互相比擬的關係。至於〈繫辭〉「易與天
　　　　地準」一語的涵義，是把《周易》看成是「對自然現象，特別是天和地的模
　　　　寫，非聖人任意創作的。」朱伯崑：《易學哲學史・第一冊》，頁121。此一「模
　　　　寫」的關係也可能只是把《周易》當作比擬、象徵天道的符號系統，應當不
　　　　至於認爲卦爻象數具有實質存在的意義。曾春海教授說王弼「藉時空條件所
　　　　預設的象，來指點形上之『理』，其符號的象徵、表詮的功能也是有限的」，「藉
　　　　『象』以爲跳板而騰登上『意』或『理』的形上層次」。曾春海：〈船山易學
　　　　觀與朱熹易學觀之比較研究〉，收入《易經的哲學原理》，頁355、357。以象
　　　　言爲表出意、理之「工具」義，學者對此之看法頗爲一致。莊耀郎教授也說
　　　　王弼「象可忘」、「畫可忘」之言顯示名言施設對於道而言皆屬工具，只具指
　　　　點、象徵、暗示之用，言象是索解者得意之工具。莊耀郎：〈言意之辨與玄學〉，
　　　　《哲學與文化月刊》，第30卷，第4期（2003年4月），頁23。此說大體符
　　　　合王弼本旨。
〔註6〕主張「言盡意」論的是歐陽建，其觀點基本上乃主張客觀世界的四時、形狀、
　　　　顏色等自然現象、事物以及人類心理方面的意志、情感等對象，和人用來名
　　　　言、指稱這些對象的「名」、「稱」之間具有一致關係，「不得相與爲二」，所
　　　　以「言無不盡」。這是一種客觀思路的傾向。它忽略了語言表意功能的限制，
　　　　否定具有言所不能盡的義理層次。另外，荀燦「意外說」、郭象「寄言出意」
　　　　之基本精神則大體上和王弼「得意忘象」相同。莊耀郎：〈言意之辨與玄學〉，
　　　　頁20～27。
〔註7〕明・王夫之：《周易外傳》，《船山全書》第一冊，頁1038。

船山之意謂，言象若是人用以象徵、比擬聖人之「意」的「工具」，或指點形上之「理」的「跳板」，則言象雖承載天理，其本身卻不是天理。如此，卦象與天理乃是互爲外在的不同二物，而不是「雖有異名」，卻相與爲體之一物。如同魚、兔、筌、蹄各自爲獨立之一物，雖然其彼此之間又具有某種一致的關聯性。船山不願把《易》卦象數當作只是像得魚兔之筌蹄等一般，僅僅爲得天理之工具：「夫蹄非兔也，筌非魚也。魚、兔、筌、蹄，物異而象殊」〔註8〕。他認爲此觀點在存有論方面難免造成形上、形下截然分析，道器相外爲二體之二元論。〔註9〕船山主張：「天下无象外之道」，《易》卦象數並非僅是人藉以得天理的工具，乃當體即是天道：「則言、象、意、道，固合而无畛」〔註10〕。

案：王弼說：「盡意莫若象，盡象莫若言。……意以象盡，象以言著。言者所以明象，得象而忘言；象者所以存意，得意而忘象。……是故存言者，非得象者也；存象者，非得意者也。……然則忘象者，乃得意者也；忘言者，乃得象者也。得意在忘象，得象在忘言。」〔註11〕言可盡象，象可盡意，「盡」字當爲「能充分地解釋」之意。言象既能窮盡意、理的涵蘊，則某種意義下，也可說言、象、意、道「固合而無畛」。若然，則船山批評王弼乃「象外有道」之論就未必公允。但是，既然言能充分地解釋象，爲何王弼要說「得象而忘言」、〔註12〕「得意而忘象」？既然象能「存意」，又爲何說「存言者非得象」，「存象者非得意」？王弼的原意是在討論研讀、詮釋《易》的方法。戴璉璋教授說：「《易》的讀者想要了解聖人的心意，最恰當的途徑則是解讀卦爻象；想要了解卦爻象的義蘊，最恰當的途徑則是解讀卦爻辭。王

〔註8〕 明·王夫之：《周易外傳》，《船山全書》第一冊，頁1039。

〔註9〕 船山說：「統此一物，形而上則謂之道，形而下則謂之器。」明·王夫之：《思問錄·內篇》，《船山全書》第十二冊，頁427。宇宙全體乃渾淪爲一，道器凝合一體：「則群有之器，皆與道爲體者矣」。明·王夫之：《周易外傳》，《船山全書》第一冊，頁862。上、下者，乃是從人去詮釋存有的觀點而分立之名：「『上下』者，初无定界，從乎所擬議而施之謂也。然則上下无殊畛，而道器无異體，明矣。」明·王夫之：《周易外傳》，《船山全書》第一冊，頁1027。

〔註10〕 《周易外傳》，卷6，頁5。明·王夫之：《周易外傳》，《船山全書》第一冊，頁1040。

〔註11〕 魏·王弼：《周易略例》（臺北：商務印書館影印文淵閣四庫全書本第7冊），頁593。

〔註12〕 陳建華著，唐亦璋譯：〈評介《玄智、玄理與文化發展》〉，《中國文哲研究通訊》，第13卷，第3期（2003年9月），頁204。

氏注《易》，就是幫助世人妥善地解讀卦爻辭、卦爻象。……所謂妥善地解讀，包含兩方面，一是恰當地把握言、象所透露的義蘊，另一方面則是適切地擺脫言、象所導致的偏執。所以王氏一方面指引我們『尋言以觀象』，『尋象以觀意』；另一方面又警告我們『存言者非得象者也，存象者非得意者也』。所以要『得象而忘言』『得意而忘象』。忘之，乃所以不『存言』、不『存象』，即去其偏執，恢復活潑心思，由『言』而觀想『象』之豐富義蘊，由『象』而印證『意』之深邃內涵。」〔註13〕明乎此，則就船山對王弼之批評是否得當，可做一評論：

1、王弼立論的基礎在於討論解讀、詮釋經典的適當方法，並未涉及存有論方面，《易》卦象數與天理是否一體的問題。就經典詮釋方法而言，王弼一掃漢儒象數《易》學之「一以象旁搜曲引，而不要諸理」，直接從義理入門，「一以道爲斷」，其爲功於聖道，固爲船山所肯定。〔註14〕

2、王弼「言不盡意」方法論之基源問題，既是要人避免詮釋經典時有偏執，以便能掌握意、理的全蘊，則此觀點實已預設存有層次，言、象、意、道一體之論，故有「盡意莫若象，盡象莫若言」之論。否則，若在本體方面，言象不能盡意，二者並非一體，則人不論在工夫上如何去其偏執，從言象又如何能夠「盡意」呢？就此而言，王弼「言不盡意」論未必在存有論方面落入船山批判的「象外有道」，道象相與爲二的二元論。

3、此外，承認王弼觀點不是「道象相外」的二元論，是否就說須否定他以《易》卦象數作爲象徵、指點形上之理之工具的意義、性質之說（或王弼執筌蹄以得魚兔之說就一定是承認言、象、意、道乃「物異象殊」）乎？王弼之意可說是：《易》象結構，「統此一物」，就其爲落於形而下，乃有方有體的現象說，則不能盡意；而就其乃承載無方無體之理說，則當體爲形上之道。由於任何人爲之言詮都已是落於方所的形而下之器，一有存執即不能盡意，故必須「忘」之，去其偏執乃能盡道。則王弼之說可同時承認存有論「道象

〔註13〕戴璉璋：〈論玄學之所以玄——敬答陳建華教授〉，《中國文哲研究通訊》，第13卷，第3期（2003年9月），頁207～208。莊耀郎教授指出，「言者所以明象」（「明象」莊文誤引作「存象」）、「象者所以存意」之「存」字，與「存言者非得象」、「存象者非得意」之「存」字，兩者意義不同。「明象」、「存意」之存乃「表出」之意，「存言」、「存象」之「存」乃『執守』之意。莊耀郎：〈言意之辨與玄學〉，頁23。

〔註14〕明‧王夫之：《周易內傳發例》，《船山全書》第一冊，頁652。

「一體而不相外」的一元論，以及言象的工具性質。船山認爲其「忘象」之說必然導致「魚、兔、筌、蹄，物異而象殊」，言、意、道、象分而有畛的結果，對王弼並不公允。

語言與符號系統能否窮盡天道的義蘊，這本身就是很複雜的問題，王弼本人似乎並未意識到「道象是否一體」的存有論問題。本章的目的旨在藉著船山對王弼「言不盡意論」的批判以見船山之觀點，乃認爲《易》卦象數爲與道爲一之體。

其二，《易》卦爻象若非與道爲體，而只是指點天理的工具，則由於天下可得天理的象數無窮，「乃盈天下而皆象矣。詩之比興，書之政事，春秋之名分，禮之儀，樂之律，莫非象也」，如同得魚兔的「畋獵之具夥矣」，如此一來，「可執蹄筌以獲魚兔，亦可舍筌蹄而別有得魚兔之理」，能得《易》之理的工具也不限《易》象，於是，就導致「舍象而別有得易之塗」。〔註15〕

船山批評此說將使《易》的形式符號允許有「有所損益」的空間，其文字符號也無法避免出現「異說」的可能：

> 使有損益焉，則文、周當舍伏羲之畫而別爲一書，如揚雄太玄、司馬君實潛虛、蔡仲默洪範數之類臆見之作。豈文、周之才出數子之下，而必假於羲畫？使有損益焉，則孔子當舍文、周之辭而別爲一書，如焦贛、京房、邵堯夫之異說。豈孔子之知出數子之下，乃暗相叛而明相沿以惑天下哉？〔註16〕

除了使用的符號形式有隱顯之異（文字或圖畫），達意功能的程度有高下之別，作爲天理在一端之呈現的工具，《易》象不必然有與天下之象不同的特殊地位。當然《易》道之蘊無窮，《易》的詮釋自當允許有無限的可能性。王弼之意可說是：從形下之象來說，《易》象之外的確別有得《易》道之塗；然從《易》象作爲形上之道而言，《易》道見於天下之象，天下之象皆《易》道，的確「舍象而別有得易之塗」，船山之批評並不切實。問題是，《易》道既然無窮，其體何在？王弼既以《易》道全體在於聖人之「意」，而聖人之「意」不就見於其所畫之象、所繫之辭嗎？那麼《易》象當然即天理，而與道爲體，《易》理就是總攝天下之理之統宗，故船山說：

> 今夫象，……其致一也。象不勝多，而一之於易。……乃盈天下而

〔註15〕明‧王夫之：《周易外傳》，《船山全書》第一冊，頁1039。
〔註16〕明‧王夫之：《周易內傳發例》，《船山全書》第一冊，頁649～650。

　　皆象矣。……而易統會其理。〔註17〕

如果不承認《易》象「致一」天下之象，統會眾理，與天道爲體，而將《易》象下夷於天下萬象之一的行列，視其爲得天理之工具之一，那麼，這等於說聖人所作之言象不能全體天道。如此，問題就又回到原點：《易》道無窮，其體何在？其結果必將捨聖人畫像、繫辭之外別立其體，故船山批評其終以老莊之無爲體，而說：「蓋王弼者，老、莊之支子，而假易以文之者也。」〔註18〕並非毫無根據。

　　其三，從詮釋的方法來說，王弼此說將使卦理的涵義成爲任人隨意妄斷皆可的情形，喪失客觀必然的判準。王弼既承認聖人之意盡於畫象，象之義蘊又盡於繫辭，那麼，也當知對《易》理的掌握，「不揆諸象，不以象而徵辭，不會通於六爻，不合符於彖象，不上推於陰陽十二位之往來，六十四卦、三十六象之錯綜，求以見聖人之意，難矣」〔註19〕。王弼說：「觸類可爲其象，合義可爲其徵。義苟在健，何必馬乎？類苟在順，何必牛乎？爻苟合順，何必坤乃爲牛；義苟應健，何必乾乃爲馬？」〔註20〕所要象徵的義理一而已矣，用以象徵之之象或工具則允許多元的選擇，端看其合乎「義類」與否。王弼以此批評漢《易》未必對題，因爲漢《易》也知道「健不必馬，順不必牛」。〔註21〕何況，其象數也並非完全無當於理。漢《易》泥於象數而失意、理，固然是其弊病，所以必須「忘象」，不偏執而「存象」。但是，忘象既然是方法上、工夫上的去偏執，就不致妨礙本體上，象數結構的存有價值。王弼因爲要忘象，以致盡掃象數以及廢占，不免完全砍斷言、象、意、道之間的涵蘊關係與連貫性。〔註22〕那麼，判定詮釋聖人之意是否得當的標準、根據何在？是否只要「一要諸理」，即允許其爲合《易》理的一端之說？故船山就批評之：「自弼有『得言忘象』之說，而後之言易者以己意測一端之義。」〔註23〕若放任義理氾濫，其結果或將導致「易者意也，唯人之意而易在」〔註24〕的流

〔註17〕　明‧王夫之：《周易外傳》，《船山全書》第一冊，頁1038～1039。
〔註18〕　明‧王夫之：《周易外傳》，《船山全書》第一冊，頁1040。
〔註19〕　明‧王夫之：《周易內傳》，《船山全書》第一冊，頁566～567。
〔註20〕　魏‧王弼：《周易略例》，頁593。
〔註21〕　唐君毅：《中國哲學原論‧原道篇二》，頁344。
〔註22〕　曾春海：〈船山易學觀與朱熹易學觀之比較研究〉，收入《易經的哲學原理》，頁357。
〔註23〕　明‧王夫之：《周易內傳》，《船山全書》第一冊，頁566。
〔註24〕　明‧王夫之：《周易內傳發例》，《船山全書》第一冊，頁650。

弊，這也不是王弼所樂見的。

在言、象、意三者的關係中，言與意的連貫必須透過卦象，卦象之所以能盡意，必有其客觀的理由。否則，聖人要表出其意，大可略過卦象，直接以繫辭爲工具跳上形上之理，何必慎重畫卦呢？因此，根據聖人繫辭之言詮釋聖人之意，卦象本身的構造成爲判定言、意是否相符的客觀根據。雖然，卦象本身同時也是一套符號系統，因此，對其涵義之掌握，用得上、也必須借助於人心去「變通參伍」的推理作用：「『象』，陰陽奇耦之畫，道之所自出，則易之大指不踰於此也。……卦象雖具，而變通參伍之，然後所合之義顯焉。辭雖有盡，而卦象通變之切於人事者，聖人達其意於辭中。」〔註25〕但是，判定卦象「所合之義」隱顯與否的根據仍在卦體結構本身，而不全然只是人心主觀推理的邏輯性、合理性而已。所以，船山認爲批判漢儒之泥象忘理，如虞翻「約象互卦，大象變爻，曲以象物者」之不當，不但不盡然要如王弼之「反其道而概廢之」，反而必須回到聖人所畫的卦象之上，「觀象以正之而精意自顯」。〔註26〕

重視象數在解釋經文中的地位，乃是船山與王弼《易》學不同的地方。由於對象數的看重，在道器「統此一物」，「道器无異體」的理論背景之下，船山發展出「象外無道」，道象相與爲一的存有論，則更是迥異於王弼。

三、對象數派《易》學觀點之批評

第二種觀點，則認爲卦畫並不只是單純的符號，而更是一實存之物，其實乃構成萬物生成變化之基本元素的陰陽二氣。因此，陰陽二氣在《易》卦中的流行變化的規律、秩序，根本就是天地萬物的總原理。

這是以京房爲代表的象數《易》學之觀點。它是把《易》卦的基本元素，即—、- -之畫當作是天地間流行的陰陽二氣，此即所謂「卦氣」。卦體的形成是二氣凝合的結果，所以《易》卦乃爲一客觀存在體，卦體的構造有其必然性，卦中之爻在卦體中變動的條理乃是客觀世界的法則。漢《易》受到漢代氣化宇宙論的思想濃厚的影響，其特徵之一乃是漢儒發現天地萬物的變化規律顯現一種「數目」的特性，氣化宇宙論所發現的數量性規律既是人與自然生命根源的共同法則，更是人類世界政治、社會、倫理、文化……等制度之

〔註25〕 明・王夫之：《周易內傳》，《船山全書》第一冊，頁566。
〔註26〕 明・王夫之：《周易外傳》，《船山全書》第一冊，頁1039～1040。

根源。〔註27〕漢《易》的特色即是從《易》卦爻象之中，陰陽兩者互相參雜錯置所排列成的具有數目性之結構，所顯出的形容、象狀——「象數」之秩序性，來解釋世界萬物的發展與變化規律。〔註28〕

　　船山對此觀點的批判有幾方面。

〔註27〕　如董仲舒說：「使人必以其序，官人必以其能，天之數也。」又說：「天地之符，陰陽之副，常在於身。身猶天也，數與之相參，故命與之相連也。」董仲舒：《春秋繁露》（臺北：商務印書館四部叢刊本），頁61、71。班固也說：「數，一十百千萬也；所以等數事物，順性命之理也。」班固：《漢書·律曆志》（臺北：洪氏出版社，1960年），頁956。

〔註28〕　京房《易》學本於孟喜，孟喜以《易》卦系統用於律曆，如以坎、震、離、兌「四正卦」主管二十四節氣；其餘六十卦主管七十二候；以復、臨……剝、坤等「十二辟卦」主十二月。而以陰陽七八六九之數在卦象中的變化解釋陰陽二氣在卦中消長的過程，根據卦氣來說明一年氣候變化的現象。康學偉：《周易研究史》（湖南：新華書局，1991年），頁82。高懷民：《兩漢易學史》（臺北：中國學術著作獎助委員會，1983年），頁105～111。朱伯崑：《易學哲學史·第一冊》，頁137。京房先將《易》卦卦序構成一種圖式畫的序列「八宮卦」：以乾、震、坎、艮、坤、巽、離、兌爲「八宮」，每卦各統七卦；前五卦分別稱爲一世、二世、三世、四世、五世，第六卦稱遊魂，第七卦稱歸魂。除與孟喜同樣用於與律曆相配之外，京房也根據「八宮卦」而把《易》卦與甲子相配，稱爲「納甲」；與「五行」相配以納入日月星辰的天文系統；與音律相配，音律有十二律，因樂管長短不同，所受之氣也不同，故十二月之陰陽之氣與十二律相應，可配《易》卦，是爲納音。更與天地方位配合。唐君毅：〈漢代哲學思想之特徵〉，《哲學論集》（臺北：臺灣學生書局，1991年），頁178。漢《易》的基本想法是將卦爻象數與一歲節候之時間秩序和渾天運行之五星、及上下四方之空間秩序相配，企圖將天地萬物之現象一一納入此一時空秩序之系統中。並在當時氣化宇宙論的背景之下，將陰陽二氣納入《易》學中，把━、－ 卦畫視爲陰陽二氣，這樣把《易》卦變化的秩序、規律與天地萬物一一配合，自然就能解決《易》卦卦理與天道原理如何一致的問題。部分參考唐君毅先生之說。唐君毅：《中國哲學原論·原教篇（上）》（臺北：臺灣學生書局，1980年），頁30。《易》卦不是單純的符號，而是具有實質性的存在體。京房有段話頗暗示這個意思：「夫易者，象也，爻也。聖人所以仰觀俯察，象天地日月星辰草木萬物，順之則和，逆之則亂。……筮分六十四卦，配三百六（作者案：『六』當爲『八』之誤）十四爻，序一萬一千五百二十策，定天地萬物之情狀。……陽三陰四，三者東方之數。東方日之所出，又圓者徑一而開三也。四者西方之數。西方日之所入，又方者，徑一而取四也。」京房：《京氏易傳》（臺北：商務印書館四部叢刊本），頁27。《易》卦陰陽之象━、－－，其數陽三，變而爲九；陰四，變而爲六。由陰陽之象數規定天地萬物之情狀。因此，《易》卦卦畫不可能是人爲主觀構造的符號，卦爻象數乃天圓地方之特性、天地之間陰陽二氣變化所固有的本質。京房以陰陽象數爲天圓地方之本質及徑一開三的說法，其實對船山《易》學有極重要的影響，連帶地，對船山之天道論也產生了一定的作用。

其一，船山認為《周易》的原理之所以能「與天地準」，象數結構本身固然具有關鍵地位，然而，陰陽之象數所以能與天道通理，並不只是依賴象數而已，更是根本於陰陽之氣本身神妙不測的主宰大用。而正是陰陽之氣的不測神理，是京房等漢儒所不知或未嘗言者。〔註29〕

> 其所以然之故，則以天地之神无方而易之無體者，一準之也。「无方」者，無方而非其方，「无體」者，無體而非其體，不據以爲方、體也。吉凶之數，成物之功，晝夜之道，皆天地已然之跡，有方者也。而所以變化屈伸，「知大始」而「作成物」者，其神也；絪縕之和，肇有於無，而无方之不行者也。易之陰陽六位，有體者也。而錯綜參伍，消息盈虛，則無心成化，周流六虛，无體之不立者也。故周易者，準天地之神以御象數，而不但以象數測已然之跡者也。後之爲易者，如卦氣，如遊魂、歸魂、世應，如納甲、納音，如乾一兌二、方圓整齊之象，皆立體以限易，而域於其方，雖亦一隅之理所或有，而求以肖無方之神，難矣哉！〔註30〕

兩間之生化等皆爲「天地已然之跡」，化跡之所以然乃來自於天地之神主宰其變化屈伸。化跡固爲神之所行，而神則不域於化跡。化跡與神的關係乃是有限與無限之不同：化跡有方，神則「無方而非其方」。

《周易》陰陽「六位有體」（這使說《易》者誤解《易》卦之陰陽象數是純爲人智構作之跡，在本質上乃與天地神理不同之體，如王弼等之觀點），六位卦體中陰陽錯綜變化所成之象數乃「陰陽已然之跡」，陰陽則有其不測之神理主宰變化——「準天地之神以御象數」。象數是陰陽之神所爲，陰陽之神則不限於象數。卦氣、曆法、音律等乃爲「有體」的象數之跡，陰陽之神則是「無體而非其體」之理。象數之與《易》道的不同不在本質之異，而在前者乃陰陽「一隅之理」，後者乃陰陽「無方之神」。京房等人之誤不在於把象數當作本質上與天地之理相同者，而在於其把一端有限之理當作天地全體無限之神。

其二，漢《易》將導致以人爲的秩序框限天道不測之神理的結果。京房

〔註29〕 船山說：「京房八宮世應迭相爲主，獎六子以與乾坤並列。」明·王夫之：《周易內傳》，《船山全書》第一冊，頁568。即明顯指出卦氣之說與乾坤主宰六十二子變化之理的理論乃是互相衝突的。漢代《易》學家根據氣化宇宙論說《易》，而漢儒氣化論則未言及主宰之理。

〔註30〕 明·王夫之：《周易內傳》，《船山全書》第一冊，頁523～524。

等知有陰陽之象數，而不知有陰陽之神理。因此執著於《易》卦卦象的數理結構，企圖以之比配萬物之象，而將天地盡納入其殼中。但是，天地之象固然表現了數的秩序性，其秩序卻是整齊之中又有參差錯雜，混亂之中卻又顯得井然有序。而漢《易》用《易》卦象數比配天地物象的象數結構，則只是從人的觀點用以測度天地的形式架構之一；既是人爲的架構，那麼其乃只能當作一個擬議天道的參考座標，並不能執定天地變化之神妙已全盡於此。〔註31〕

> 陰陽之氣，絪縕而化醇，雖有大成之序，而實無序。……易體此以爲道，故乾、坤立而屯、蒙繼，陰陽之交也，無可循之序，十變而得泰、否，八變而得臨、觀，再變而得復、剝，其消長也無漸次之期。非如京房之乾生姤、姤生遯，以漸而上變；抑非如邵子所指爲伏羲之易，乾一兌二，以漸而下變。……天化之神妙，在天即爲理；人事之推移，唯人之所造也。〔註32〕

天以不測爲神，無心成化，實無規律、秩序可言。然而天化之神妙又不是毫無條理可循，萬物的發生也不是倏然而興，乍然而滅，完全無法掌握其法則的盲目現象，於此又可見天道之有定則。在天即爲理，天無一成不變的「可循之序」，然於渾然而化之中又有「大成之序」。《周易》體現的乃是天道不測之神理，其表現於六十四卦之次列，亦無一定之秩序，然「抑非无條理之可紀者也」：「故六十四卦之相次，其條理也，非其序也」。「京房八卦世應之術、邵子八八相乘之數所以執一以賊道」，〔註33〕都是以人造的秩序限定大化的神妙之做法。

〔註31〕唐君毅先生曾說，漢《易》將天地萬物放在《易》卦所表現的時空形式中，有一問題。即日月星辰之運行，繞天一周，所經時間各不一致，亦不成一定之倍數。如年有歲差，而有閏日，月亦有閏月。五星之金木水火土之繞天一周，其所經之年月日亦不同。今如何加對應，即成天文曆法之學一專門問題。唐君毅：《中國哲學原論・原教篇（上冊）》（臺北：臺灣學生書局，1980年），頁30。就時空問題而言，船山的時空觀特徵之一乃是把時空視爲人據以認識事物的「形式」條件，他說：「東西南北者，人識之以爲嚮背也。今、昔、初、終者，人循之以次見聞也。」明・王夫之：《周易外傳》，《船山全書》第一冊，頁976。此一時空觀放在《易》學之中，與船山認爲漢《易》以《易》卦象數一一比配天地萬物的理論，是以人爲的秩序去框限天道不測的神理之說法相通。

〔註32〕明・王夫之：《周易內傳》，《船山全書》第一冊，頁605。

〔註33〕明・王夫之：《周易外傳》，《船山全書》第一冊，頁1094。

　　《周易》卦畫不是單純的人爲符號，船山同意《易》卦象數乃是陰陽二
氣流行凝結之體。但也正因如此，船山不同於漢儒，他認爲象數不「只是」
象數而已，而謂象數即是天理，乃與道爲體，相與爲一而不相外。所以整個
六十四卦的構造不只是侷限方所、定體的死體，《易》卦卦體之爲象數乃是本
身即凝含不測之神理，無方非方，無體非體，變動不居的活體。

　　　　夫象數者，天理也，與道爲體，道之成而可見者也。道非无定則以
　　　　爲物依，非有成心以爲期於物。予物有則，象數非因其適然；授物
　　　　无心，象數亦非有其必然矣。〔註34〕

《易》卦乃固有陰陽之神之活體，故「予物有則」，象數之化跡有其所以成象
之理，而不是形成於盲目不可測、而不可知的適然機遇，「是故推之律而在，
推之曆而在，推之符火而在，推之候氣而在」。同時又「授物无心」，象數之
成象又無一成不變的必然法則：「推之律而无定，推之曆而无定，推之符火而
无定，推之候氣而无定」。〔註35〕「周易準天地之神以御象數，而不但以象數
測已然之跡者也」，漢《易》執一定之序以限天地之化，只是得象數已然之陰
陽化跡，而喪失象數凝涵之陰陽神理。

　　其三，漢《易》根據《易》卦所建立的象數體系本身也常自亂體例，自
相矛盾。天地之化雖有大成之序而實無序。而漢《易》卻企圖將《易》卦納
入一個井然有序的框架之中，以與天地萬象之數一一比配，於是當遇到天地
之間不規則的現象時，就不免要用「例外」、「變例」等「自亂體例」的方式
加以變通解釋；甚至出現根本無法解釋的情形，而無法自圓其說。

　　船山批評京房「八宮世應」之法，說：

　　　　京房卦氣……執十二卦以象十二月，外此者無所配合，則房又爲一
　　　　卦六日之說以文飾之，乃尚餘四卦，則置之無用之地；其爲道也，
　　　　致遠而泥者也。……執易以配律曆，執律曆以限象占。〔註36〕

　　　　京房分八宮爲對待，不足於象，而又設游魂、歸魂以湊合之，尤其
　　　　不足言者也。〔註37〕

　　　　乾之變窮於剝，何以反下而爲晉？又全反其所已變而爲大有？無可

〔註34〕　明・王夫之：《周易外傳》，《船山全書》第一冊，頁998。

〔註35〕　明・王夫之：《周易外傳》，《船山全書》第一冊，頁1000。

〔註36〕　明・王夫之：《周易內傳》，《船山全書》第一冊，頁193～194。

〔註37〕　明・王夫之：《周易外傳》，《船山全書》第一冊，頁1076。

奈何，而為游魂、歸魂之說以文之。何以游？何以歸也？無能言其
故也。〔註38〕

這些批評要點有：1、卦氣說無法將六十四卦與一年十二月的七十二候之數一
一相配，常多出無所配合、無從安置之卦。可見要把人為的體例和自然之大
化比配，很難做到一一對號入作。2、為了解決《易》卦象數與天地象數無法
一一相配的困難，只好增設一些變通做法。游魂、歸魂等就是應此要求而設
的「變例」。但即使如此，也仍然無法自圓其說。以「乾宮卦」簡單說明，乾
卦初九陽爻變陰爻，為一世卦姤卦。初、二皆變為陰，為二世卦遯卦。下三
爻皆變陰，為三世卦否卦；四爻變陰為四世卦觀卦；五爻變陰為五世卦剝卦。
乾卦卦象的變化至此而盡。但這一來，一宮只容六卦，仍不足二卦，又增游
魂、歸魂以容納之，船山批評說這是「不足於象」，才任意「湊合」的做法。
3、游魂、歸魂之所以為湊合之說，是因為乾宮卦的變化既然到了五世剝卦而
窮盡，「何以反下而為晉？又全反其所已變而為大有」？京房根本無法說明其
象之所以變化的根據何在。〔註39〕

　　京房對於自創的八宮體例之不可執一的現象，似乎也有自覺。他說：「陰
陽運動適當何爻？或陰或陽、或柔或剛，升降六位，非取一也。」〔註40〕此
言也反映出船山批評漢《易》限大化於一成之序的說法實為中肯，而且正可
看出船山重視《易》卦結構，不只重其象數之化跡而已，而在於強調象數之
為載道而為之體的神化功用。

四、對圖數派《易》學觀點之批評

　　第三種觀點，是根據六十四卦的基本元素陰陽卦畫--、－在卦象中的排列
所顯現的規律性，加以整理、排列成有組織的結構。而把此一結構的形式抽
象化，進而圖像化，以籠罩在天地萬物之上，而使卦理成為存在界事物之原

〔註38〕　明・王夫之：《周易內傳發例》，《船山全書》第一冊，頁680。
〔註39〕　方東美先生從邏輯觀點批評京房「八宮」之說有兩項主要缺點：第一是各卦
　　　　　推演的步驟並不一致。如乾宮裡面，五世以前都是以陰溫陽；坤宮裏面都是
　　　　　以陽溫陰。可是在震宮裡面，一世變以陰消陽，二世變以陽入陰，三世變又
　　　　　以陽通陰，四世變又以陰入陽，五世變又以陽入陰。坎、艮、巽、離、兌，
　　　　　各宮之推演且比震宮之陰陽交錯更為紊亂。第二，世變的時候，在一宮之中，
　　　　　手續便不一致。又杜撰游魂、歸魂的方法，來方便其說。方東美：〈易之邏輯
　　　　　問題〉，收入《生生之德》（臺北：黎明文化事業公司，1982年），頁7～8。
　　　　　案：方先生所論之第二點正與船山之說相同。
〔註40〕　漢・京房：《京氏易傳》，頁26。

理。這是以邵子爲代表的圖數《易》學之觀點。

宋《易》的基本特色乃是以圖說《易》。邵子發現《易》卦「一分爲二」、「加一倍法」〔註41〕的數學特性。而將《繫辭傳》太極、兩儀、四象、八卦的生成次序與《說卦傳》「八卦定位」章，結合《說卦傳》「帝出乎震」章之八卦方位說，而以乾、坤、坎、離分居四正位爲四正卦（與漢《易》坎、離、震、兌有別），以兌、震、巽、艮分居四隅，形成八卦「乾一、兌二」等之次序，此即〈八卦次序圖〉與〈八卦方位圖〉。再根據其「一分爲二」之說，設四畫之卦十六，五畫之卦三十二，至六畫之卦六十四，於是形成六十四卦之次序：從右到左，首卦爲乾，次爲夬、次爲大有……。當中兩卦：左爲姤、右爲復。最末爲坤，坤前爲剝……。此順序即〈大橫圖〉。此外，根據〈八卦方位圖〉加以推演，便得出〈六十四卦圓圖〉。〔註42〕乾、坤爲諸卦之主，乾、坤交而生復、姤，其它卦皆生於復、姤二卦，故有「復姤小父母」之說。〔註43〕邵子此一「加一倍法」的基本觀點乃是將天地萬物放在一個數學化的圖像所構成的時空形式之中，以解釋事物之生死消長，流轉變化的現象。〔註44〕而這種觀點的建立乃完全根據人類思維的數學邏輯性而成，故邵子將其說稱爲「先天之學」，說：「先天學，心法也。圖皆從中起，萬化萬事生于心也。」〔註45〕原則上，從《易》卦爻象所發現的數學規律性可以無窮放大，籠罩天地萬物之上，然後根據「數」的特性將萬物分種配類，使萬物之象得以一一安排、配置在既定的圖式結構之中，這樣，《易》卦爻象的時空、數列規律自然就是萬物象數固有的法則。〔註46〕

〔註41〕 「一分而二」是邵子本人的用語，「加一倍法」是程子對他的看法。宋・朱熹：《易學啓蒙》（臺北：皇極出版社，1980年），頁110、106。
〔註42〕 清・全祖望：《宋元學案・上冊》（臺北：廣文書局，1961年），頁194～198。
〔註43〕 朱伯崑：《易學哲學史・第二冊》，頁159～160。
〔註44〕 唐君毅：《中國哲學原論・原教篇（上冊）》（臺北：臺灣學生書局，1980年），頁30。
〔註45〕 清・全祖望：《宋元學案・上冊》，頁196。
〔註46〕 漢《易》將卦象與一歲節氣和天圓地方等時空結構相配的學說已經隱涵《易》卦的秩序具有圖式化的可能之傾向。「一分爲二」的法則怎麼運用於把天地萬物納入《易》卦卦理的系統中？邵子實際運用的方法乃是「分類法」。陰陽各自不斷畫分陰陽，形成大類與小類，或類與種之關係。類與類之間存在著涵蘊關係，大類不斷分化爲小類，類之分化的過程同時就是宇宙生成變化的過程。朱伯崑：《易學哲學史・第二冊》，頁149。而由於「一分爲二」的法則的運用基本上沒有限制，所以分類的過程原則上可以不斷進行，似乎宇宙的生

　　比起漢《易》試圖將天地之化納入《易》卦象數系統之中而發生格格不入的情形，邵子根據數理邏輯的演繹方式建構的系統顯得更爲圓滿自足，不至於自相矛盾。但是，邵子的圖數《易》學根源既然來自於人心主觀思維的推演——「圖皆從中起」，則不論其形式如何精巧細緻，（船山就認爲其說簡直如刺繡女紅的織畫一樣精緻工巧。）〔註47〕當企圖將其系統籠罩在天地萬物之上，就不免出現侷限大化於方所、定體之中的情形，而與漢《易》同樣爲「執一凝滯之法」〔註48〕。故船山往往將京房與邵子之說放在一起批判。前一節船山批判漢《易》象數以一隅之理限制無方無體之神，即認爲邵子「乾一兌二、方圓整齊之象」，也是「立體以限易，而域於其方」。而漢《易》以人爲秩序限定天地之大化的缺點也同樣適用於邵子：「抑非如邵子所指爲伏羲之易，乾一兌二，以漸而下變」。除了這兩點之外，船山對邵子理論的批評主要在於以下幾點。

　　其一，邵子的系統本身也不純然符合邏輯規律。

> 則「數往者順」，相譬之詞；「知來者逆」，正言周易。故曰「易，逆數也。」「逆」，如周禮「復逆」之逆，謂自下達上也。自上而下謂之順，自下而上謂之逆。……故易卦以下一爻爲初，筮法先得初，次得二，次三，次四，次五，以終於上，而數乃合十八變之積，以成吉凶之象，所謂逆也。……卦畫之生因乎數，數由下積；卦既成而後成乎象，則象自上垂。故但云逆數，不云逆象。如康節之言，

化無止無盡。方東美先生根據邵子的〈天地四象圖〉，闡釋此「分類法」思想的精華。大意是說，邵子把「天象」和「地體」劃分成幾種大規模的組織，再化成幾種大規模的作用的程序。天地各有四種大的體質組織，在天謂之日月星辰，在地謂之水火土石。然後根據這些體質，看出它的作用：在天者爲「天變」，在地者爲「地化」。從而解釋天地各種變化現象。從天地變化而產生各種新的型態，表現各種不同的性質內容，即所謂「性情形體」。經由參伍錯綜的作用程序，而產生各種動、植、飛禽、走獸等，一直到人類。方先生稱之爲「以宇宙爲動性發展的程序」，這是一套「心學」，是從對物理的了解，去推廣引伸，拓展了心靈的開闊境界，乃是一個「超越的唯心論」。方東美：《新儒家哲學十八講》（臺北：黎明文化事業公司，1983 年），頁 240～254。

〔註47〕船山說：「邵子之圖，如織如繪，如釘如砌，以意計揣度，域大化於規圓矩方之中。」明・王夫之：《周易內傳發例》，《船山全書》第一冊，頁 668。又曰：「或方或圓，如製衣者之尺寸有成法也。」明・王夫之：《周易稗疏》，《船山全書》第一冊，頁 791。

〔註48〕明・王夫之：《周易內傳》，《船山全書》第一冊，頁 606。

則象亦逆矣。且其以兌次乾者，陰自上升；而其自巽而坎而艮，又
自下生；兩端交湊於中，震巽交搆於內，則又半逆半順，而非但云
逆數矣。〔註49〕

《說卦傳》說：「數往者順，知來者逆。易者，逆數也。」卻未說：「易者，
逆象也。」所謂「逆數」乃「逆知」之意，聖人作《易》以逆測推知將來之
事，故《繫辭傳》說「以前民用」，又說「極數知來之謂占」。因此，《易》只
可說「逆數」，不宜說「逆象」。

而若如邵子對六十四卦發生的原理之說法，不但有「逆數」，也有「逆
象」，乃至「半順半逆」之方法。朱子《易本義》「以乾、兌、離、震爲已生
之卦，巽、坎、艮、坤爲未生之卦，兩端相迎爲次序，謂之曰逆。」船山說
此乃根據邵子所傳陳摶、呂巖「乾南左旋，坤北右轉」之說而成。根據其說
法，卦象的形成可以按照逆方向、依次序而產生，那麼，《說卦傳》不當只說
「逆數」，也當言「逆象」。〔註50〕而且，邵子之說（〈八卦方位圖〉）又有自
巽、而坎、而艮之「下生」的次序，又是一半逆生、一半順生，不純然用逆、
用順，既不合《說卦》之旨，其系統本身也不嚴謹。則以其圖數《易》學範
圍天地之化，對於說明《易》理如何與天道一致的問題也就不是建立在嚴謹
的理論基礎之上。船山認爲，逆數「如乾之策二百一十六，從下一爻三十六
起數」，《周易》乃藉著揲蓍之數的推算，「合十有八變之積以成吉凶之象，所
謂逆也」。〔註51〕「逆數」的方法顯示《周易》之能盡天道，並不在於把現成
可得的陰陽象數之化跡，直接視爲天道之所在——如邵子圖數之爲「順數」。
反之，它顯示《周易》乃是根據眼前所得之化跡逆推象數所以成的「陰陽交易
之理」〔註52〕，以盡天道。這一方面能維持天道神妙，不限於象數之跡的特
性，二方面也保留了象數作爲實在體，而不只是人爲的形式符號的特質。

其二，邵子之圖數將使《易》卦成爲徒具象數而無天理的結果。與王弼
等義理《易》學得天理而忘象數的情形相反，邵子二畫、四畫、五畫等卦徒
具象數，卻無理、無道可言，甚至無名、無義，徒爲虛設。

邵子挾其加一倍之術以求天數，做二畫之卦四、四畫之卦十六、五
畫之卦三十二，於道無合，於數無則，無名無象，無得失之理，無

〔註49〕 明・王夫之：《周易稗疏》，《船山全書》第一冊，頁795～796。
〔註50〕 明・王夫之：《周易稗疏》，《船山全書》第一冊，頁795。
〔註51〕 明・王夫之：《周易稗疏》，《船山全書》第一冊，頁795。
〔註52〕 明・王夫之：《周易內傳》，《船山全書》第一冊，頁586。

吉凶之應。……加一倍之術，無所底止之說也。可二畫，可四畫，
可五畫，則亦可遞增而七、八、九畫，然則將有七畫之卦百二十八、
八畫之卦二百五十六、九畫之卦五百一十二，漸而加之以無窮無極，
而亦奚不可哉！邵子之學如此類者，窮大失居而引人於荒忽不可知
之域，如言始終之數，自乾一而以十二、十三相乘，放坤之三十一
萬、三千四百五十六萬、六千五百六十三萬、八千四百萬，運算終
日而得之，不知將以何爲？〔註53〕

更嚴重的是，「加一倍之術，無所底止之說也」，其方式的運用在原則上可以
無窮盡，則理論上無法限制 n 畫卦的出現，而邵子之說完全不能解釋《易》
卦出現 n 畫的象數「將以何爲」，其於天道人性之理有何相關呢？〔註54〕

其三，邵子之說不但將使《周易》的義理成爲隨意解釋皆可的情形：「世
之言易者曰：易者意也，唯人之意而易在」〔註55〕。更嚴重的是將造成在說
明天地萬物的生成變化之原理方面，陷入萬象乃完全任由人心起滅變現的極
端唯心論之結果。

凡言「象兩」、「象三」、「象四時」、「象閏」、「象期」、「象萬物」，皆
仿佛其大略耳。〔註56〕

三百六十當期之日，損其氣盈，益其朔虛，而定以十二月三十日，亦
論其梗槩而已。康節執此以起無窮之數，徒爲玩具，於大化固無當
也。……且如萬一千五百二十，當萬物之數。物之數，雖聖人亦不能
知。……其能以數紀之，以萬盡之乎？易言其象，象者彷彿之詞。
春秋傳曰：「萬，盈數也。」當萬物之數，象其盈天地之間也。邵子
據加一倍之算法，限色聲香味以有定之數，豈有當哉！〔註57〕

《周易》卦理所以能當天地萬物的總原理，在於《易》卦象數乃是承載著天
理，而與道爲體。道無定在，則《易》卦象數之變化亦惟道所之而無方無體。

〔註53〕　明・王夫之：《周易內傳發例》，《船山全書》第一冊，頁679。
〔註54〕　船山說：「乃邵子立二畫之卦，以爲四象，因而於三畫之上，增四畫之卦十六、
　　　　　五畫之卦三十二，委曲繁瑣，以就其加一倍之法；乃所畫之卦，無名無義，
　　　　　無象無占，而徒爲虛設。……且使一倍屢加，則七畫而百二十八，八畫而二
　　　　　百五十六，至於無窮無極而不可止，亦奚不可！」明・王夫之：《周易內傳》，
　　　　　《船山全書》第一冊，頁564～565。
〔註55〕　明・王夫之：《周易內傳發例》，《船山全書》第一冊，頁650。
〔註56〕　明・王夫之：《周易內傳》，《船山全書》第一冊，頁548。
〔註57〕　明・王夫之：《周易稗疏》，《船山全書》第一冊，頁788。

故《易》之取象萬物,「亦論其梗槩而已」,「象者彷彿之詞」,因此,不可執「有定之數」以限無方之神。另一方面,既然象數即天理,則窮理不能離象數;《易》卦象數有其客觀獨特的結構,何以三畫而小成,重三而為六,乃有其客觀之定理;並不是任何人為主觀構畫的卦象都具有合理性,則《易》理也非「唯人之意而易在」。僅僅根據數理推算的合邏輯性,便將主觀構作的象數形式無限推演,化作萬物客觀存在的實有本質,其結局將以世界皆「唯心變現」:

> 故筮唯大衍以五十,而虛其體之五。雖曰聖人法天而德與天配,而豈能盡有其神化哉!必欲盡之,則唯道士之吐納風雷,浮屠之起滅四大,而後可充其說,非理之所可有,道之所可誣也。〔註58〕

> 邵子方圓二圖,典要也,非周流也,行而至者也,測陰陽而意其然者也。……於象無其象,於爻無其序,於大象無其理。〔註59〕

邵子以圖數說《易》,結果乃與異端唯心論無法判別。根本原因在於不知《易》卦結構也其客觀必然之理,而非人所隨意構撰者。

五、結論:船山對於「《周易》卦理如何與天道一致」的基本觀點

就「《周易》卦理如何與天道一致」此一問題而言,船山認為雖然「盈天下而皆象」,但是只有以奇偶之畫一、--為符號之陰陽二儀、卦位六畫所構撰的《周易》陰陽象數系統才足以為天地法象:「易之象數,天地之法象也」〔註60〕,它是「非其他象數之學所可與也」〔註61〕。則《周易》象數就不是詮釋天道的人為系統「之一」,其地位乃居於統攝天下萬象的最高原理,與道為體而不二者,是「唯一」等於天道的象數體系。所以說:「唯易有太極,故太極有易。」又說:「是太極有於易以有易,易一太極也,……不相為離之謂也。」〔註62〕主張《易》道與太極乃「相與為一」,而不是「有外,則相與為兩」的截然分析之二體。《周易》卦理就是天道原理,所以《周易》乃是統會天下眾理的本源之理:「象不勝多,而一之於易」,「易統會其理」。天道論的基本觀點是以天道為世界萬有同源的原理,而《易》理既然就是天道,當然

〔註58〕 明・王夫之:《周易內傳發例》,《船山全書》第一冊,頁656。
〔註59〕 明・王夫之:《周易內傳發例》,《船山全書》第一冊,頁668~669。
〔註60〕 明・王夫之:《周易內傳》,《船山全書》第一冊,頁519。
〔註61〕 明・王夫之:《張子正蒙注》,《船山全書》第十二冊,頁282。
〔註62〕 明・王夫之:《周易外傳》,《船山全書》第一冊,頁1024~1025。

就能統會眾理，致之於一，天地萬象之理都不可能違反《易》卦爻象的變化原理。〔註63〕

　　不同於王弼等義理《易》學僅僅把《周易》象數當作一套比擬、象徵天道的符號系統，船山認為卦象結構當體即是天道。有別於京房等象數《易》學之以《易》卦象數為陰陽二氣流行變化所成的卦氣說，船山雖然認為象數即天道，然而象數不「只是」象數，《易》卦爻象作為象數不同於京房之曆法、音律等純然只是陰陽所成之化跡，《易》象即《易》道，乃承載著陰陽往來不測之神理而為之體者：「蓋曆者象數已然之跡，而非陰陽往來之神也」〔註64〕。迥異於邵子等圖數《易》學之根據人類思維推演的數學形式，將《易》卦爻象組織化、圖像化所成的主觀結構去範圍客觀世界變化的法則，船山認為《易》卦爻象乃是客觀實存的結構體，當體即是天道。

　　所謂與道為體，其實義是說，作為「天地之法象」的《易》卦象數系統，它不僅是人為構作的符號，而是具有實質性的存在體，象數的規律也就不是主觀思維的法則，而是客觀世界的原理。船山說：「伏羲氏始畫卦，而天人之理盡在其中矣。」伏羲氏始畫卦，根本未加上絲毫人為詮釋，而「天人之理盡在其中」；卦畫本質就是天理，不是人將天理外加上去，如衣之加於身而後有。所以後三聖才能「即卦象而體之，乃繫之彖辭」、即「象爻之辭，贊其所以然之理，而為」之傳，而不能有所損益。是以《易》卦之為符號，其層次也必與太玄、潛虛等大不相同；繫辭之為語言，其本質自然迥別於京房、邵子之異說。〔註65〕象數就是天理，「夫象數者，天理也，與道為體，道之成而可見者也」〔註66〕；繫辭「即理數之藏也」〔註67〕，絕不只是人類用以比擬、象徵天道的工具而已。船山又說：「奇偶至純而至足於兩間，故乾坤

〔註63〕 這不等於說除了透過《周易》卦爻象的鑽研之外，其它途徑都不可能窮究天理之蘊奧。它只是意味著，其它人類研究天道的方法如果有所得的話，那麼其原理必不可能違反《易》卦爻象所隱含的陰陽象數之理：「凡聖人之制器以利民用者，蓋無不合於陰陽奇耦錯綜之理數，類如此。聖人非必因卦而制器，而自与卦象合，故可經久行遠，而人不能違。即在後世，損益古法以從服食居處修事之便，其能與陰陽象數胼合者，則行之永而與聖人同功。……無象可法者，旋興而旋散。」明‧王夫之：《周易內傳》，《船山全書》第一冊，頁586。
〔註64〕 明‧王夫之：《周易外傳》，《船山全書》第一冊，頁999。
〔註65〕 明‧王夫之：《周易內傳發例》，《船山全書》第一冊，頁649～650。
〔註66〕 明‧王夫之：《周易外傳》，《船山全書》第一冊，頁998。
〔註67〕 明‧王夫之：《周易內傳》，《船山全書》第一冊，頁505。

並建而統易，其象然，其數然，其德然，卦畫之所設，乃固然之大用也。……兩儀竝建，全易之理，吉凶得失之故，已全具其體用，……又豈聖人之故爲損益推盪以立象哉！」〔註68〕奇偶－、- -卦畫「兩」儀竝建已全具天下事物之理的全體大用，是天地本體至足之法象，於「兩」儀之外，另立三儀或三儀以上之象，則是以天地有所不足而「故爲損益」。故船山又說：「三畫者，固然之體；六畫者，當然而必然之用。人之所以法天而應物者，非三百八十四爻莫盡其用。」〔註69〕天、地、人各爲一元之體，「天無二氣，地無二形，人無二性」，三極「合以成體，故三畫而八卦成」，單卦必用三畫，而八卦乃成（若「天有二氣」等，則一開始畫卦，應當畫六畫卦才能夠盡三才之道）。而在天之氣化則有陰陽相異之性，在地之效用亦有剛柔各別之質，在人心之應感則有仁義殊用之德，是以「道有殊施」，「心有殊感」，必須兼三才而兩之，「重三爲六」，以成一卦。〔註70〕《易》乃「天人之合用也。……人合天地之用也」〔註71〕，六畫之卦乃能使人盡天地之用。因此，卦畫之數「初不可損而爲二爻，益而爲四爻五爻，此乃天地法象之自然，事物變通之定理」〔註72〕。

　　《易》卦爻象即是天道，卦理即是天理，卦爻辭乃是用以詮釋象中之理所作。所以船山不能同意王弼掃象、廢占、歧言象意道而分之，使卦理涵義成爲任意解釋都能成立的說法。象數即是天理，兩者如要做區分的話，那也只在於象數是顯於形而下之器，天理是隱於形而上之道。總之，象數天理一體而非「有外，則相與爲兩」之二體。所以，船山也反對京房將天道侷限於象數定體之中，以致喪失《易》卦爻象與道爲體的變化無方之神。以陰陽－、- -二體所構成的三畫小成、六畫大成的六十四卦卦象系統，當體即是變化無方的活體，全備天地萬物之理。因此，船山更不能同意邵子以人智主觀構作的圖數系統當作客觀世界實有的法則之說。對於漢儒之泥象忘理，船山雖不同意王弼之「反其道而槪廢之」，而主張「觀象以正之而精義自顯」，但對於王弼等人能掌握《易》卦象中之理則頗爲稱許。對於京房等人拘泥於象數化跡而喪失陰陽不測之神，船山雖然極力批判之，然而船山將陰陽－、- -卦畫的根

〔註68〕明・王夫之：《周易内傳》，《船山全書》第一冊，頁507～508。
〔註69〕明・王夫之：《周易内傳》，《船山全書》第一冊，頁573。
〔註70〕明・王夫之：《周易内傳》，《船山全書》第一冊，頁622。
〔註71〕明・王夫之：《周易外傳》，《船山全書》第一冊，頁983～984。
〔註72〕明・王夫之：《周易稗疏》，《船山全書》第一冊，頁589。

源建立在陰陽本體之上，以說明爲什麼聖人畫卦而「天人之理盡在其中」的緣故，爲「易之象數」取得了客觀實在的根源，則顯然受到京房等漢儒「天圓地方」之說的影響。〔註73〕唯獨對於邵子圖數《易》學濃厚的唯心論色彩則深表不滿。

　　船山如何證立其《易》卦象數與道爲體之論。粗略地說，在船山的眼中，奇偶之畫一、- -並不是單純的符號，而是實體及其德性，也是其生化之用。宇宙本體爲「一氣」，或稱太極，陰陽乃其固涵之兩種相異之體性，故太極在其自體即能相感以動，和合生成，發生生化大用。太極體象爲○或「大圓」：以數測其象得一（函三）：- - -合爲一，函三於一，即天或陽氣之體象；虛其中之-爲- -，爲二，爲地或陰氣之體象。陰陽之氣的德性、其生化功用亦然（見以下〈第九章〉詳論）。太極即以一（- - -）陽氣、- -陰氣之交感和合，聚散屈伸，以行變化之妙。陰陽本體當體乃是「象數一體」之實體，其聚散變化以生萬有之體，同時也展現了數量的規律性。

> 以陰陽之本體言之，一二而已矣。……「成變化而行鬼神」者，其用也，用則散矣。陽即散，而必專直以行乎陰之中，故陰散而爲四、六、八、十，而陽恆彌縫其中虛，以爲三、五、七、九。一非少也，十非多也，聚之甚則一、二，散之甚則九、十也。「成變化而行鬼神」者，以不測而神，人固不能測也。故其聚而一、二，散而九、十者，非人智力之所及知，而陰陽之聚散實有之。一、二數少，而所包者厚，漸散以至於九、十，而氣亦殺矣。……其或一以至於或十，以時爲聚散而可見，其數之多寡，有不可得而見者焉；莫測其何以一而九、何以二而十也。天垂象於河圖，人乃見其數之有五十有五：陽二十五而陰三十，各以類聚而分五位。聖人乃以知陰陽聚散之用，雖無心於斟酌，而分合之妙，必定於五位之類聚。……則八卦之畫興焉。〔註74〕

〔註73〕案：班固說：「太極元氣，涵二（引者案：「二」當爲「三」之誤）爲一。」
　　　　孟康註「一而三之，三三積之」之文，引班固此二句爲釋，即曰「涵三於一」。
　　　　漢・班固：《漢書・律曆志》（臺北：洪氏出版社，1960年），頁964、957。
　　　　船山根據天圓地方「徑一圍三，而一函三」之理證明陰陽本體之象數，陽之象- - -，涵三爲一，其象奇一；陰虛中一而爲二，其象偶- -。其說顯然即受到漢儒影響。明・王夫之：《周易內傳》，《船山全書》第一冊，頁622。
〔註74〕明・王夫之：《周易內傳》，《船山全書》第一冊，頁544～545。

陰陽聚散之用無心於斟酌，以不測爲神，人智本不能知其妙。然由氣之「以時聚散」所生之變化，則顯現了數量關係的規律性，人乃可見「其數之多寡」，而以數測太極，得一、二以至九、十。「由是而從五合十以得十有五者」，「故積之以二十有五，積之以三十」，人智乃得以用此天地之數，加以「分劑而哀益之，則易興焉。……裁而成之，稱量而程之，而大衍之數登焉」，〔註75〕來掌握陰陽聚散變化之理。陰陽本體之象數凝結於一、--之畫與三畫更重爲六畫之卦體，卦象之體凝含著行於其中的鬼神之理而載之爲體，變化之無心而有恆則具現於四營十八變之數，推其根原，則本於一陰一陽之道。船山乃說：「夫一陰一陽，易之全體大用也。乃泝善與性之所從出，統宗於道者，固即此理。是則人物之有道，易之有象數，同原而不容歧視，明矣。」〔註76〕陰陽本體之象數共撰《易》之象數與人物之道，《易》象之數理與人道之性命同源，故人文之理與形式數理自始即相融貫。

　　船山上述之說乃是有關「陰陽象數」之論，其說能否成功，必須圓滿解決三個相關聯的問題。第一，船山既以《易》之象數即天地之法象，而和天道「相與爲一」的實在體，則他必須證明《周易》陰陽象數的結構如何具有客觀的實在性；而且也要說明以如此的形式存在的《周易》又是如何「統會眾理」？第二，就算證明《易》之陰陽象數系統具有客觀的實在性，但是《周易》的結構仍然只是卦畫一、--構造的符號系統；而客觀世界的事物則是實質的存在體，卦象與物象能否一致？如何一致？成卦的原理與成物的原理是否完全相同？依然是一大問題。船山必須能合理說明其一致性。第三，即使證明卦象與物象一致，天道成物之理是否能、爲何能以及如何能由《周易》占卜撰著的演算方式來窮究？占《易》之理與天道原理如何一致？這三個問題能否有效解決，決定了船山對於《周易》之性質所持觀點之效度如何，連帶地，也影響了他以「陰陽」之說融通《易》理與天理的理論是否成功的問題。

〔註75〕明・王夫之：《周易外傳》，《船山全書》第一冊，頁 1016～1018。
〔註76〕明・王夫之：《周易內傳》，《船山全書》第一冊，頁 525～526。

第九章　陰陽、象數與《易》卦——《周易》象數客觀實在性基礎的證立及《易》道「統會眾理」的方法

一、引言

　　《周易》是以奇偶之畫－、--或陰陽二體為基本元素，六畫組成一卦，而成六十四卦的象數系統。現在船山把《周易》卦象或象數視為和天道「相與為一」的實在體，並以卦爻象的變化規律為客觀世界生成變化的根本原理，而以《易》理「統會眾理」。則船山必須說明幾個問題。

　　首先，他必須證明《周易》之陰陽象數結構具有客觀的實在性。這一點包含他必須證明構成《周易》卦體的元素在數量上只有「二」體（或「兩」儀），且此二體之象數就是奇偶之畫－（一涵三）、--（二）。而這兩項在客觀的天地間都有其實在的根源。

　　其次，他必須證明，陰陽兩體組合成卦，每卦卦畫之數必然只有六位，不可能存在六位以外的卦體；即使存在六位以外之卦，其象數也必然不足以成為天道原理。

　　第三，確立《周易》卦象必然是以陰陽二體，卦畫六位為其基本結構之後，船山必須說明，如此形式的《周易》究竟是用什麼方法來統攝眾理的？

　　本章要設法說明船山如何從天地之本體推出天道生化乃根源於陰陽二體之感應，而且奇耦之畫－、--乃本體生化固然之大用，以為《周易》卦畫之來

源取得客觀的基礎。進而分析船山如何從本體證明陰陽二體必然凝結爲「六位一卦」之《易》卦卦體，而使《周易》六十四卦的象數結構獲得實在的根據。最後則討論船山如何說明以如此陰陽象數構造形式的《周易》，是用什麼方法來統會天下眾理，而爲《易》理能成爲天道原理之觀點建立初步的理論基礎。本章基本上乃扣緊「陰陽」、「象數」與《易》卦的關聯來立論。

二、《周易》卦畫的基本元素「陰陽二體」的客觀實在性之證明

構成《周易》卦體的元素爲何只有「兩」儀或「兩」體？兩者之象爲何是奇偶之畫―與--呢？是否允許「三」體，如揚雄《太玄》立一、--、---等三個符號？〔註1〕或其它數量之體呢？船山要證明《易》卦結構及其變化法則即是天道原理，第一、只要能證明天地生化之妙乃根源於兩儀之大用，第二、而且天地本體的生化大用就是奇耦之畫―、--，那麼，自然也就回答了《易》卦象數爲何是由兩體，而且是--、―之畫所構成的問題了。

（一）天道的不可思議性與陰陽二體之象數的關聯

承認存在著人之思慮所不能擬議，名言所不能詮釋的不可言說境界，乃是中國哲學共法之一。船山說：

> 可言皆化也。天地之體，象無不備，數無有量。不可擬議者。〔註2〕
>
> 天地之理氣，不可以象象。〔註3〕
>
> 陰陽未分，二氣合一，絪縕太和之眞體，非目力所及，不可得而見也。〔註4〕

既然本體不可象象，人又如何能窺測天道？船山認爲人可以藉由「逆推」的途徑以擬議天道。此一途徑是根據天地之間生化的現象，來上推化跡所以生的根本原理。本體不可見，其生化之跡則可見、可說，「可言皆化也」。當人採用「逆推」的方式擬議天道，便可得出本體固有的「陰陽」二種體性、功

〔註1〕 徐復觀先生說：「易之兩基本符號，乃象徵固定之物，―象徵陽，--象徵陰，通六十四卦而其義不變。但玄的三基本符號，僅是爲了便於錯綜變化，並不固定象徵一物。……這是太玄因要以他的符號含宏萬有，反而在使用時一無著落的最大弱點。」徐復觀：《兩漢思想史・卷二》（臺北：臺灣學生書局，1979年），頁491。

〔註2〕 明・王夫之：《思問錄・外篇》，《船山全書》第十二冊，頁433。

〔註3〕 明・王夫之：《周易內傳》，《船山全書》第一冊，頁620。

〔註4〕 明・王夫之：《張子正蒙注》，《船山全書》第十二冊，頁35。

用，然後便能從陰陽聚散變化的現象掌握了天道生化的原理。

以陰陽這兩種不同的體性功效分析天道，固然是人爲所構作的名言，但它卻是最能體現天道實然的方法。因爲從生化之跡觀之，天地本體無處不彰著陰陽兩端對立迭用的事實。若非兩端迭用之象，則「其合一而爲太和者，當其未成乎法象，陰陽之用固息也」〔註5〕。而人也將因陰陽生化大用之不可見，「則可疑太虛之本無有，而何者爲一」〔註6〕。因此，由化跡上推天道生化之用而得陰陽之理，乃是人掌握天道之最妥當的途徑。於是原來太和渾一，生化之用不著的本體，從人擬議天道的觀點，便暫時分爲陰陽二體。而從化跡所見之殊形別質的萬象，也可說無不出自於陰陽二體之無窮感應而生：「無數者，不出陰陽之二端；陰陽之合於太和者，一也」。「象未著，形未成，人但見太虛之同於一色，而不知其有陰陽自有無窮之應」。〔註7〕天道生化既不出陰陽兩端，「易與天地準」，自以「兩儀位建」爲卦體構成之元素，《易》卦由陰陽二體構成，乃本於天道之固然，「又豈聖人之故爲損益推盪以立象哉」〔註8〕！

（二）從天地本體之象、數、德推出陰陽二體－、－－之畫的客觀實在性

證明天道生化不出陰陽「兩」端之後，船山同時指出，天地本體之生化大用就是奇偶之畫－、－－的聚散變化，以證實《周易》六十四卦象數結構乃是與道爲體者。「奇偶至純而至足於兩間，故乾坤並建而統易，其象然，其數然，其德然，卦畫之所設，乃固然之大用也」〔註9〕。船山從天地本體之象、數、德證實奇偶卦畫－與－－就是天地之大用，以賦予《周易》象數客觀實在性的基礎。

1、從天地或陰陽本體之象數證明

船山從三方面指出天地本體之象數即《周易》卦畫元素－與－－之客觀根源。（1）從天（陽）、地（陰）之「體」（形體）來說：「天包地外，地在天中，有形有涯，無形無涯，體之大小也」〔註10〕。「以形言之，天包地外，天大而

〔註5〕　明・王夫之：《張子正蒙注》，《船山全書》第十二冊，頁36。
〔註6〕　明・王夫之：《張子正蒙注》，《船山全書》第十二冊，頁36。
〔註7〕　明・王夫之：《張子正蒙注》，《船山全書》第十二冊，頁378。
〔註8〕　明・王夫之：《周易內傳》，《船山全書》第一冊，頁508。
〔註9〕　明・王夫之：《周易內傳》，《船山全書》第一冊，頁507。
〔註10〕　明・王夫之：《周易內傳》，《船山全書》第一冊，頁129。

地小」〔註11〕。天地形體，其象大小不同，其數也各相異。不過天地之數如何呢？（2）從天圓地方來看：「六合之全體，皆天也，所謂大圓也。故以數數之，則徑一圍三，而一函三。地有形有氣，在天之中，與相淪洽，而有所不至，則缺其一而爲二」〔註12〕。天體乃所謂「大圓」，圓的直徑與圓周比（即圓週率）爲3.1416，大約「徑一圍三」，故天體之象，其數乃一函三。地體小於天，乃「缺其一而二」。（3）從天地之氣的盈虛（或得境）來看：「以氣言之，陽盈而陰虛，地得天三分之二，故謂之二，緣地之二而見天之三。此聖人所以以三數天，以二數地」〔註13〕。「陽盈而陰虛，陽一函三，而陰得其二。虛者清而得境全，濁者凝而得境約」〔註14〕。天體涵蓋的範圍（得境）大於地，天氣盈實，地氣虛歉，地體只得到天體的三分之二，所以，以地之數爲二，天體之數便爲三，函三而爲一。

2、從天地本體的德性證明

船山從本體的德性及其生化功用推出陰- -、陽－（- - -）之象。（1）從陰陽本體的德性來看：「以陰陽之本體言之，一、二而已矣。專而直者，可命爲一；翕而闢者，可命爲二」〔註15〕。天陽之德專直健動，致一不屈，故得數一；地體翕闢委順，與物有容，故得數二。（2）從太極生元氣之功用來看：「夫太極之生元氣，（陰陽者，元氣之闔闢也。）直而展之，極乎數之盛而爲九。（九者數之極，十則仍歸乎一矣。）因坤之二而一盈其中爲三，統九三而貫之爲一，其象奇－。……元氣以斂而成形，形則有所不逮矣。（地體小於天。）均而置之，三分九而虛其一爲六，三分三而虛其一爲二，其象偶- -」〔註16〕。天陽之氣，其生於太極之方式乃「直而展之」，於數則「統九三而貫之爲一」，故爲一（函三）。地陰之氣則爲「元氣以斂而成形」，這使得地體小於天，僅得其三之二，故爲二。

從形體、方圓、盈虛（得境）等，從健順之德性，從太極生兩儀之功用等不同途徑觀看天地本體之法象，所得的結果都是天陽一（函三）、地陰二，此即奇畫- - -函三於一而爲－與偶畫- -。這證明奇偶卦畫乃天地「固然之大用

〔註11〕 明・王夫之：《周易稗疏》，《船山全書》第一冊，頁794。

〔註12〕 明・王夫之：《周易內傳》，《船山全書》第一冊，頁620。

〔註13〕 明・王夫之：《周易稗疏》，《船山全書》第一冊，頁794。

〔註14〕 明・王夫之：《周易內傳》，《船山全書》第一冊，頁544。

〔註15〕 明・王夫之：《周易內傳》，《船山全書》第一冊，頁544。

〔註16〕 明・王夫之：《周易外傳》，《船山全書》第一冊，頁984。

也」，而《周易》卦體的基本元素也獲得客觀實在性的保證。

　　天地以其陰陽二體無窮之應而生生不息。「易與天地準」，用奇偶之畫─、
- -體現天道生化之理，必須使奇偶之畫凝結成體，以便從其凝結所成之體象中
逆推其陰陽交易之理。現在的問題在於，奇偶之畫究竟要凝結成多少畫之體，
才能盡天人之理？聖人畫卦而成之《周易》既以三畫八卦，重三為六而成六
十四卦為定體。則船山必須進一步證明陰陽二體乃流行於「六位」之中，以
錯綜變化而成六十四卦，亦即證明《易》卦必然「位定於六」，才能證實《周
易》的象數結構具有客觀實在性，而且乃是唯一能與道為體者。

三、「《易》卦六位」的證明

　　《易》卦為何六位？《易》學史上有人嘗試設立三畫、四畫……等與六
畫卦有別之卦，這些嘗試是否皆無當於理？船山認為，《說卦傳》「立天之道
曰陰與陽」等「兼三才而兩之」與「參天兩地而倚數」二章已經明示《易》
卦必為六位之故。然而，《傳》文可視為對於《易》卦何以六畫所作的詮釋，
不宜反用來證明卦位必六的原因，否則為循環論證。然而，船山則據此二段
發展出他對「易卦六位」的證明。

（一）從本體一元論證明《易》卦必為六位

　　船山說「在天者渾淪一氣，凝結為地，則陰陽分矣」〔註17〕，「天地渾淪
之體，合言之則一，分言之則二」〔註18〕。在本體論方面，主張一元論。根
據這個觀點，他說明《易》卦何以六位之故。

> 「立天之道」者，氣之化也。「立地之道」者，形之用也。「立人之
> 道」者，性之德也。此以陰陽並屬之天者，自其命之或溫或肅、一
> 生一殺者言也。以柔剛並屬之地者，自其或翕或闢、以育以載者言
> 也。天無二氣，地無二形，人無二性，合以成體，故三畫而八卦成。
> 而其命之降，性之發，各因乎動幾，而隨時相應以起，則道有殊施，
> 心有殊感，陰陽、柔剛、仁義各成其理而不紊，故必重三為六，道
> 乃備焉。〔註19〕

在天者渾淪一氣，氣凝結成體，有形有質則為地；而那無形無質，與地體相

〔註17〕明・王夫之：《張子正蒙注》，《船山全書》第十二冊，頁45。

〔註18〕明・王夫之：《周易內傳》，《船山全書》第一冊，頁620。

〔註19〕明・王夫之：《周易內傳》，《船山全書》第一冊，頁622。

對之氣，則亦別名之天（傳統上，天之名乃統天地而言）。天之體爲氣，地之體爲形，人生其中，與天地參而有仁義之性。是以渾淪一氣之本體，當其化生萬物，則天、地、人各有其成體，不可相易，此之謂「天成乎天，地成乎地，人成乎人，不相易者也。……易之則无體」〔註20〕。天、地、人各自成其爲不可相易的、獨立單一的一元實體，故曰「天無二氣，地無二形，人無二性」。

　　但是，船山說「天無二氣」等，豈不將與《說卦傳》「立天之道曰陰與陽」等之說不同？這又不可誤解。船山說：

　　　　蓋陰陽者氣之二體，動靜者氣之二幾，體同而用異則相感而動。
〔註21〕

渾淪一氣體同用異，陰陽乃因其性情功效之用不同而分。其在天者之氣，則無形無象，流行舒發，有形有體者皆其所徹入，亦仍謂之氣，其體性仍謂之陰陽。故可「以陰陽並屬之天」，此乃就天之溫肅之氣與寒暑之性，以成萬物或生或殺之命的功用等之不同而分陰陽。

　　就渾淪一氣凝結爲地而言，因其氣已凝結而有形成體，乃別謂之質，其陰陽之體性則別謂之剛柔。故可「以剛柔並屬之地」，此乃就地氣之翕合、開闢以育載萬物而分。

　　　　象傳之言陰陽，皆曰剛柔，何也？……易不言陰陽而言剛柔，自其質成而用著者言之也。〔註22〕

凝結成地體之渾淪一氣，乃「質成而用著」之陰陽，是以《象傳》（船山原文誤作《象傳》）稱之爲「剛柔」。

　　人物之體與渾淪一氣亦無別，只是有在天、在人（物）之異：

　　　　氣生形，形還生氣，初無二也。男女者，陰陽之成形、天地之具體，亦非二也，從其神理形質而別言之耳。〔註23〕

在天地的陰陽之實爲「氣」，在人物男女者則爲「形」。在人物之體「成形」、「具體」的「天地陰陽之實」乃形色即天性，其體性則謂之仁義。天、地、人各自爲「體同用異」之體，故一方面可說「天無二氣」等，天、地、人各爲一元的獨立體。二方面又可說天、地、人各有其陰陽相異之體性、功效，

〔註20〕　明·王夫之：《周易外傳》，《船山全書》第一冊，頁983。
〔註21〕　明·王夫之：《張子正蒙注》，《船山全書》第十二冊，頁23。
〔註22〕　明·王夫之：《周易內傳發例》，《船山全書》第一冊，頁659～660。
〔註23〕　明·王夫之：《周易內傳》，《船山全書》第一冊，頁597。

只是隨其所在之對象不同而異其名，其實無別。〔註24〕

　　總之，天地人物都是渾淪一氣之本體「於上發生」〔註25〕之「兼體陰陽」
的一元實體：「要其受氣之游，合兩端於一體，則無有不兼體者也」〔註26〕。
根據「體同用異」之本體一元論觀念，船山說明「易卦六位」之故。《易》之
單卦之所以必為三畫卦的原因，乃是因為天、地、人各為一元實體，三極「合
以成體」，單卦必用三畫，而八卦乃成。而在天之氣化則有陰陽相異之性，在
地之效用亦有剛柔各別之質，在人心之應感則有仁義殊用之德，是以必須「兼
三才而兩之」，重三畫為六畫，以成一卦。《易》乃「天人之合用也。……人
合天地之用也」〔註27〕，六畫之卦乃能使人盡天地之用。〔註28〕

　　本體則一元，效用則分二：「以本體言，雖不可竟析之為二心，以效用言，
則亦不可縶之為一心也」〔註29〕。船山此說雖針對心體而言，其理路則與本
體一氣之有陰陽二體性──「體同用異」之觀念無異。執船山本體有陰陽二
元之說者，無法合理解釋他論證單卦何以三畫、重卦何以六畫之故的學說；
執船山本體一元卻忽略其體中有功效分殊之二用者，亦不能合理解釋船山論
證單卦為何非重為六畫不可的《易》學理論。

（二）從天地合德之「道之見於數」的觀點論證卦畫之數必六

　　船山又從「道之見於數」──「數」的觀點論「天地之合德」，以證明卦
畫必六之故。

> 道之見於數者，奇偶而已矣。奇一偶二，奇偶合而為三，故八卦之
> 畫三，而數之分合具矣。然此者，數之自然，未能以其德及乎天下
> 也。推德以及天下，因其自然而復為之合。三亦奇也，偶其所奇而
> 六，故六十四卦之畫六，而天地之德合。合以成撰，撰備而體不
> 缺，德乃流行焉。二其三，三其二，而奇偶之變具矣。……要而論

〔註24〕故船山解《繫辭傳》「剛柔者，立本者也」之文說：「言『剛柔』者，以爻有
　　　　成形，依地道而言之，天之陰陽、人之仁義皆在其中。」明・王夫之：《周易
　　　　內傳》，《船山全書》第一冊，頁577。
〔註25〕明・王夫之：《周易稗疏》，《船山全書》第一冊，頁789。
〔註26〕明・王夫之：《張子正蒙注》，《船山全書》第十二冊，頁37。
〔註27〕明・王夫之：《周易外傳》，《船山全書》第一冊，頁983～984。
〔註28〕船山說：「三畫者，固然之體也，六畫者，當然必然之用，人所以法天而應物
　　　　者，非三百八十四爻莫盡其用。」明・王夫之：《周易內傳》，《船山全書》第
　　　　一冊，頁573。
〔註29〕明・王夫之：《讀四書大全說》，《船山全書》第六冊，頁1084。

之，奇偶合用以相乘。……易者，天地固然之撰也：二其三，以偶御奇，易簡之數也，易以貢者以體陰陽之物。故筮用十八，而易盡於六。六則德以合矣，體以全矣，无有缺焉，抑豈有能缺者哉？夫陽奇陰偶，相積而六。陽合於陰，陰體乃成；陰合於陽，陽體乃成。〔註30〕

以上引文要點有二，分述於下。

其一，從天地分合之用來說，天地分用則奇一、偶二，天地合用則奇偶合而三，此乃天地渾然一體本具之自然之數。既然如此，從「天地合德」來說，三畫八卦當足以備天下大用，《周易》何必重三爲六？船山認爲，此乃因「三」爲天地本體「數之自然，未能以其德及乎天下」之故。從天地本體「推德以及天下」的生化流行之跡觀察，「因其自然而復爲之合」，三與三合而六，至此方見「天地之合德」，是以《易》卦必爲六畫。六十四卦之畫六，乃天地之德「合以成撰」，此即「易者，天地固然之撰也」之意。「『撰』，其所作也」〔註31〕，則其意乃謂，《易》卦六位乃天地相合所構作撰成之成品。在所撰作之六位中，天地之德已凝合於其上，天陽地陰，陰陽二體也全備於其中而無所缺，六位盡變，生化之理之德乃得以流行於天下，故曰「合以成撰，撰備而體不缺，德乃流行焉」。

其次，從「奇偶合用以相乘」來說，一方面，奇偶相乘，陰陽相合，乃使陰體、陽體能各成其體，故曰六畫「以體陰陽之物」。此意乃說六畫之中才能使陰合於陽，陽合於陰，陰陽各成爲物以有其體。二方面，奇偶相乘，則數的變化乃能窮盡至極，《易》卦乃能體現天道生化不測之神用。三者奇數，以二偶之，相乘得六，故《易》卦盡於六，而「奇偶之變具矣」。

船山此段中從天數、地數的分合「二其三，三其二」證明《易》卦必六畫，論說甚爲簡略。再者，其說「奇一偶二，奇偶合而三」乃用「加法」，「偶其所奇而六」則用「乘法」，體例似不相類。隱含在這些說法背後的基本觀念乃是《說卦傳》「兼三才而兩之」，「參天兩地而倚數」之言。爲使其涵義更清楚，並釐清其體例是否相亂的問題，宜稍微討論船山關於「參兩」的說法。

三、二者，本數也。參、兩者，參之、兩之，從而分析以數之也。

〔註30〕 明・王夫之：《周易外傳》，《船山全書》第一冊，頁1053～1054。
〔註31〕 明・王夫之：《周易內傳》，《船山全書》第一冊，頁599。

> 天本無三，地亦非二。以形言之，天包地外，天大而地小；以氣言
> 之，陽盈而陰虛，地得天三分之二，故謂之二，緣地之二而見天之
> 三。此聖人所以以三數天，以二數地，而爲九，爲六，爲三十六，
> 爲二十四，爲二百一十六，爲百四十四，皆倚此以立也。〔註32〕

天地之爲本數三、二的本體，乃是人從「道之見於數」的觀點，「參之、兩之，
從而分析之」而得的。由天數函三於一，而《易》卦之陽體以立；由地數
二，而《易》卦之陰體以立。陰陽二體既立，以時而通變，「陰陽之絪縕，時
有聚散，故其象不一，而數之可數者以殊焉」〔註33〕。「天地合德」，乃以其
三、二之本數乘時變通聚散，生化之德乃流行於天下。是以聖人畫卦「三其
二，二其三」，也就是「一以參兩之法行之，數可任而象可立，道因以著」
〔註34〕，以盡天地相合之德，此即「易盡於六。六則德以合矣，體以全矣，
无有缺焉」之意。

可以看出，「乘法」才是天地合德，奇偶合用的根本原理。那麼，「奇一
偶二而三」不應是基於「加法」。它應當是指天地渾淪之體當體既一又二，函
三於一之象：

> 天一地二，陽之爻函三爲一而奇，陰之爻得三之二而偶，偶則分，
> 奇則合。……絪縕渾合，太極之本體，中函陰陽自然必有之實，則
> 於太極之中，不昧陰陽之象，而陰陽未判，固即太極之象，合而言
> 之則一，擬而議之則三，象之固然也。〔註35〕

天之一氣或太極本體「不昧陰陽之象，而陰陽未判固即太極之象」，故本體之
象合言之則一，分言之則三。在此說奇偶合而三，乃既非用乘法，也非用加
法，而是就「在天者渾然一氣」而言。既然陰陽未判，函三於一，則可說天
地之德並未流行於天下。是以三畫乃本體之數之自然，非天地合德所構作之
「撰」。當在天一氣凝結爲地而陰陽分，陰陽感應，天地合德，乃能「推德以
及天下」。而道之見於數者，乃爲三二相乘而六，故《易》卦必六位而天地變
化之理乃盡。因此船山批評邵子「加一倍法」之不當：「教童稚知相乘之法則
可，而於天人之理數毫無所取」，而謂六畫卦乃「天地法象之自然」：「不知易
但言四象生八卦，定吉凶，生大業，初不可損而爲二爻，益而爲四爻五爻，

〔註32〕明・王夫之：《周易稗疏》，《船山全書》第一冊，頁794。
〔註33〕明・王夫之：《周易內傳》，《船山全書》第一冊，頁544。
〔註34〕明・王夫之：《周易內傳》，《船山全書》第一冊，頁620。
〔註35〕明・王夫之：《張子正蒙注》，《船山全書》第十二冊，頁45～46。

此乃天地法象之自然，事物變通之定理」〔註36〕，所以，《周易》之陰陽象數構造乃有其客觀必然的理由，非人所能故爲損益。

以上兩點論證，第一點根據本體論觀點，從人合天地之用，三才皆「體一用二」的角度證明「兼三才而兩之」之故，而推出《易》卦六位的結論。第二點根據數理的觀點，從「天地合德」的角度證明「參天兩地而倚數」之故，同樣導出《易》卦六位的結果。然而兩者除了都是本於《說卦》之言，以及結論相同之外，「本體論」和「數理論」觀點之間有何理論上的必然關聯，使它們同時能達致相同的結論，則不易看出來。船山也沒有相關的說明，這對於他要由此證明《易》卦六位的實在性而言，理論似乎並不夠嚴密。

四、《周易》統會衆理的方法

整個《周易》的象數結構乃是陰陽二體以其神妙不測之大用，交相迭運以往來於天地合撰所定之六位之中，凝結爲六十四卦所構成。六十四卦已成之定體乃陰陽象數已然之跡，而陰陽往來不測之神則凝涵於《易》卦之中，相與爲一而不離。故《周易》六十四卦之象數其實不「只是」象數而已，卦體乃是載道而爲之體，而爲不限於方所、定體，凝涵變化不測之神理的活體。如此結構之《周易》，其所以能統攝天下萬理，當然不是憑其象數已然之跡，如漢儒企圖從事者，而乃是以運化於象數中的陰陽不測之神統攝之。

那麼，《周易》之神理在實際上是如何統攝天下之理？船山根據《繫辭傳》，指出其方式在於「參伍」、「錯綜」。

> 今夫象。……其致一也。象不勝多，而一之於易。易聚象於奇偶，而散之於參伍錯綜之往來，相與開合，相與源流。開合有情，源流有理。故吉凶悔吝，舍象而无所徵。……天下有象，而聖人有易，故神物興而民用前矣。……乃盈天下而皆象矣。……而易統會其理。〔註37〕

此一說法甚爲簡略，必須參考其他地方的說明。

船山說：「陰陽者，二物未體之名也。盈兩間皆此二物，凡位皆其位，無入而不自得，不可云當位不當位，應不應。」〔註38〕天下無數之物其來源不出陰陽兩端無窮之應。「二物未體」乃是指陰陽二者尚未凝結爲特定之成體，

〔註36〕 明・王夫之：《周易稗疏》，《船山全書》第一冊，頁789。
〔註37〕 明・王夫之：《周易外傳》，《船山全書》第一冊，頁1038～1039。
〔註38〕 明・王夫之：《周易內傳發例》，《船山全書》第一冊，頁659。

仍為無形質、無定體，絪縕於太虛之狀態。所以，凡天下之位皆此二物之位。
當陰陽凝結於六位之中，則二物便和合成定體，也就是六十四卦。在卦體中
的陰陽乃是以奇偶之畫－、- -的身分出現。

　　當陰陽以－、- -之畫結聚於卦體之上，便稱之為爻。爻位中的陰陽與「二
物未體」的陰陽同是一物，然而有所區別：未體之陰陽無方無所，爻位之陰
陽則限於方所、定位。由未體而居於爻位，陰陽即由凝合不分的狀態，成為
彼此分散而互相「參伍」的情形：「參者，異而相入，陰入陽中、陽入陰中之
謂也。伍者，同而相偶，陰陽自為行列之謂也」〔註39〕。「參」是卦中六位的
奇偶之畫的所在位置，相異的陰陽互相參雜，「伍」是陰和陰、陽和陽同類互
相連接（「伍」又稱為「偶」；「偶」是「並列」之意）。「二物未體」的陰陽無
形無象，當其以奇偶之畫凝合於六位之上，就結聚成體象互不相同的卦。「聚
散」乃《周易》成象第一種方式：「聚象於奇偶，而散之於參伍錯綜之往來」。
陰陽以其不測之神用，互相往來於六位之中。卦各有六陰六陽，居於六位的
奇偶之畫，「陰見則陽隱於中，陽見則陰隱於中」，謂之「錯」；「就所見之爻，
上下交易」，「迭相升降」，謂之「綜」。〔註40〕「錯綜」是《周易》聚象的第
二種方式：「錯綜之往來」。「往來」既指陰陽上下升降之「綜」，也指陰陽嚮
背隱見之「錯」。陰陽錯綜之往來同時就決定奇偶之畫參伍而成之象；奇偶之
畫參伍所成之象的情形同時即隱含陰陽錯綜往來之道。「錯綜」的方式比較帶
有動態性的意味，特別顯示陰陽聚散變化不測之神。「參伍」的方式稍微帶有
靜態性的意味，傾向顯示陰陽凝結所成的定體之形象。

　　「開合有情」：「開合」之意不明，「情」在《易》學中乃指陰陽「當位、
不當位之吉、凶、悔、吝，其上下往來者情也」〔註41〕。「源流有理」：「則明
魄同輪，而源流一水也」〔註42〕，乃意指陰陽雖有二物，其實一體。盈兩間
皆陰陽，凡位皆其位，所以就「未體」的陰陽而言，並無「當位、不當位」
的問題；當然不至於發生上下往來之「情」；也就沒有孰為源、孰為流，而發
生吉凶變化之理的問題。當陰陽參伍錯綜於六位之上，則兩者「相與開合」、
「相與源流」，乃發生往來之情，吉凶之理。而其情、其理已然畢具於奇偶之
畫所聚之「象」中，故曰「故吉凶悔吝，舍象而无所徵」。

〔註39〕明・王夫之：《周易內傳》，《船山全書》第一冊，頁553。
〔註40〕明・王夫之：《周易稗疏》，《船山全書》第一冊，頁788。
〔註41〕明・王夫之：《讀四書大全說》，《船山全書》第六冊，頁1074。
〔註42〕明・王夫之：《周易外傳》，《船山全書》第一冊，頁1024。

　　總括而言，《周易》乃是以「參伍」、「錯綜」的方法，使「奇偶之畫」凝結於六位之定體，而將天下之物「聚象」於六十四卦之象中，來統會眾理。陰陽二氣以其變通之神，「聚象」於六位，使得整個《周易》象數結構成為無方無所，變動不居的活體。

五、結論

　　為了證明《周易》象數乃是與道為體，相與為一，以及卦理即是天理之說，船山必須確立《易》之陰陽象數具有天道論方面的客觀實在性基礎。《周易》象數乃以陰陽兩儀、奇偶之畫－、--為基本元素，合六畫成一卦所構成的六十四卦系統。船山從天道生化之跡逆推其所自生，根據天下無數萬物之根源不出陰陽兩端，確定「兩儀」並建乃是天道固然之體。同時它又從天地本體之象數及其德性、功用推出陰陽兩儀之象數就是奇偶之畫－、--，這樣，《周易》象數的基本元素就獲得了天地方面的客觀根據。

　　其次，船山繼續從本體論的觀點證明《周易》必須「兼三才而兩之」，設制六畫之卦為定體，乃能使人法天應物，盡其當然必然之大用。另一方面，船山也從數理論的觀點，論述「道之見於數」，說明《周易》之所以必須「參天兩地而倚數」之故，證明「易盡於六」，方能使天地合德，而遂行生化之事。這樣，六十四卦的結構也得到了本體方面的實在基礎。只是，本體論的觀點和數理變化的觀點為什麼同樣能達到「易卦六位」的結果？兩者之間有無理論上的關聯性？或者只是出於巧合？由於船山並無明顯的論說，使其在建立《周易》象數之客觀基礎的理論方面顯得不夠嚴密。

　　當船山能從天道方面證實《周易》象數有其客觀根源之後，他便以此為基礎說明《周易》如何來統會天下眾理？陰陽二體以其不測之神，往來於六位之中，結聚成卦體。《周易》便是以「參伍」、「錯綜」的方法，體現陰陽往來不測之神，將天下之物「聚象」於六十四卦之象。整個《周易》象數因其為陰陽之神用所結聚，而成為變化無方的靈妙活體結構，是以卦象之理已將天下萬物「聚象」於其中而統會之。

　　但是，《周易》「聚象於奇偶」所成者乃是卦畫之象，而天下眾理乃是具有實質存在性的物象，為什麼奇偶之畫聚象之理能夠作為萬物之象的成物之理？這必須能確定三件事，才有可能。第一、《周易》卦象和天下物象同一，或至少有相當程度的一致性。第二，而且，《易》卦成卦的原理與事物成物的

原理相同——亦即都是「陰陽交易之理」。第三，同時，這個原理完全與《周
易》象數結構的神化之理無別。證明這些問題，構成船山建立《易》理與天
理一致理論的第二步工作。

第十章　陰陽、象數與世界——卦象與物象如何一致？

一、引言

　　爲了證明《周易》象數變化的規律即是天道生化的原理，船山從生化之跡逆推萬物所自生之根源不出陰陽兩儀，且天地本體之象數即《易》卦奇偶之畫－、--之本原；其次，他也從本體論與數理論觀點證明《易》卦六位才能盡三才之大用、顯天地生化之德。由此，確立了《周易》象數結構的客觀基礎。在二體、六位的基礎上，他進而說明《周易》如何以「參伍」、「錯綜」的方式將天下之象「聚象於奇偶」，以統會天下眾理。至此，船山爲其理論的完成奠定初步的基礎。

　　但是，說《周易》象數有其來自天地本體方面的客觀根據，頂多只能證明《易》理有其實在基礎，並非虛理。然而，《周易》以奇偶之畫結聚而成之象，帶有濃厚的符號特性，和客觀世界的事物具有的實質性，不免有很大的一段距離。爲什麼奇偶之畫聚象之理能就是萬物之象的成物之理呢？船山必須確定卦象成卦的原理與事物成物的原理相同，都是「陰陽交易之理」。但是，若《周易》象數與天地物象不是相同之物，則他們生成的原理怎麼可能相同呢？於是，證明卦象與物象的一致，就成爲船山建立《易》理即天理的理論之第二步。

　　船山論證卦象即物象的方法，首先是把天地萬物當作是一「象數」的世界。其次，他說明卦象成象之理和事物成物之理都本於一源，即一陰一陽之道。《周易》象數的符號結構與天地萬物的實質結構之間的鴻溝，就以「陰陽

交易之理」為橋樑而融通一致。

二、全體存在作爲陰陽構撰的「象數」世界之意義

「象數」是《易》學中的專門術語，用以指稱客觀世界的事物是否恰當？案：《左傳・僖公十五年》：「物生而後有象，象而後有滋，滋而後有數。」意指晉獻公敗德的行爲（物）既顯爲形象（象），又具有滋多（滋）之數的性質（數）。船山據此而說：「道，體乎物之中以生天下之用者也。物生而有象，象成而有數。」〔註1〕又說：「繇理之固然者而言，則陰陽交易之理而成象，象成而數之以得數。」〔註2〕以天下萬物爲道體主持陰陽之分劑而成的「象數」世界，其說不爲無本。

（一）象和數的基本意義

船山所謂的「象」，其最廣泛的意義乃是統稱天地之間所有存在的事物：「乃盈天下而皆象矣」〔註3〕。凡是存在的事物即爲「有」，既是「有」，便具備著一定的形容象狀，可爲人所認識（除非絕對空虛無物，否則就算存在無形無象之物，只要「有」此物，則無形無象也是人對此物的認識）。就事物被人所認識的形狀來說，船山或稱之爲「像」：「像者，因其已然之形狀而寫之。象以成乎可像，故因而想像其道之如此」〔註4〕。「象」主要指天地間實際存在的萬事萬物，乃是被人認識、模寫其形容的對象、客體。「像」則偏重於作爲認識主體的人對於客體的「象」之「想像」思維，以及想像所得的結果——模寫之形狀。但是船山在兩者之間也未嚴格區別，「象」的意義有時也涵蓋了「像」，如：「天地之理氣，不可以象象」〔註5〕。〈太極圖〉乃「以象著天地之化也」，故「繪太極圖，無已而繪一圓圈爾」，〔註6〕即繪一個○之象。這些所說的「象」，其實都是指人認識對象物的形容，並模寫之的「像」。世界上存在著萬事萬物，每一事物都有其「已成之形狀」，是以必有其「象」；此象乃個別事物所有，可稱爲「物象」，所以才說「物生而有象」。由於船山認爲天地乃是一實有的世界，充滿兩間的無非形形色色的物，「盈天地之間皆器

〔註1〕明・王夫之：《周易外傳》，《船山全書》第一冊，頁821。

〔註2〕明・王夫之：《周易內傳》，《船山全書》第一冊，頁586。

〔註3〕明・王夫之：《周易外傳》，《船山全書》第一冊，頁1039。

〔註4〕明・王夫之：《周易內傳》，《船山全書》第一冊，頁586～587。

〔註5〕明・王夫之：《周易內傳》，《船山全書》第一冊，頁620。

〔註6〕明・王夫之：《思問錄・外篇》，《船山全書》第十二冊，頁433、430。

矣」〔註7〕，「天下惟器而已矣」〔註8〕，這些說法和「乃盈天下而皆象矣」其實無異。「象」統稱天地萬物，兩間爲「象」的世界，在其外不可能另有實體，故船山進而提出「象外無道」之說：

> 天下无象外之道。何也？有外，則相與爲兩，即甚親，而亦如父之
> 於子也；无外，則相與爲一，雖有異名，而亦若耳目之於聰明也。
> 〔註9〕

象與道「雖有異名」，其實則一，這樣，「象」也具有道體的涵義。但就一般的用法來說，「象」的意義主要是指「物象」。至於在《易》學領域裡的卦象、爻象、卦畫之象，或〈河圖〉圖像，就其爲天地實有之物而言，也屬於「物象」的範圍。

「象」若是指萬事萬物，「數」就是個別事物成物的規律、條理。

> 道者，物所眾著而共繇者也。物之所著，惟其有可見之實也；物之
> 所繇，惟其有可循之恆也。既盈兩間而无不可見，盈兩間而无不可
> 循，故盈兩間皆道也。可見者其象也，可循者其形也。出乎象，入
> 乎形；出乎形，入乎象。……是故有象可見，而眾皆可著也；有數
> 可循，而无不共由也。〔註10〕

> 自掛一象三以後，及於萬壹千五百二十之象，萬物皆有成則之可
> 法。……道顯於有則，故恆而可由。〔註11〕

萬物生於道，道生物，物既生，則物「眾著」，有「可見之實」，此乃物所具有之「象」。而物之所由以生與其所以成爲具有如此之象的物，則是道「顯於有則」，使「萬物皆有成則之可法」而然。物之法則乃是物所「共由」，故物有「可循之恆」，此乃物所具有之「數」，或稱爲「形」。「象」乃物之顯著可見的象狀、性徵，「數」乃物之所由成的規律、法則。〔註12〕此外，做爲物之已成之形狀的物象中，包含了事物所具有的數性的形容，這樣的「數」乃是

〔註7〕　明・王夫之：《周易外傳》，《船山全書》第一冊，頁1026。
〔註8〕　明・王夫之：《周易外傳》，《船山全書》第一冊，頁1027。
〔註9〕　明・王夫之：《周易外傳》，《船山全書》第一冊，頁1038。
〔註10〕　明・王夫之：《周易外傳》，《船山全書》第一冊，頁1003～1005。
〔註11〕　明・王夫之：《周易外傳》，《船山全書》第一冊，頁1019。
〔註12〕　蕭漢明教授把形解釋爲「氣化成形的規律性」。蕭漢明：《船山易學研究》（北京：華夏出版社，1987年），頁72。其說甚確。朱伯崑教授說爲「形跡與度數」。朱伯崑：《易學哲學史・第四卷》，頁174。大致無誤。

一種物象，基本上其身分是屬於「象」。如陰陽之本體的「象」，乃「一、二而已矣。專而直者，可命爲一；翕而闢者，可命爲二」〔註13〕。天下萬物，無不是具有數的性徵之象：「象生數者，天使之有是體，而人得紀之也。（如目固有兩以成象，而人得數之以二；指固有五以成象，而人得數之以五。）」〔註14〕。此可說是物象之數。《易》學領域的「大衍之數」、「揲蓍之數」等，當然也是一種物象之數，只不過此類數具有複雜變化的原理，人可用之以掌握事物生成變化的規律。於是，象數就在《易》學原理與存在界萬物之成物的法則之間的溝通上，扮演了關鍵性的地位。

天下萬物都是具備「可循之恆」之「數」爲成物之規律而成其爲有「可見之實」之「象」的存在；而且其爲物之「象」又是具有「數」的形容之象的定體；故基本上，萬物乃是「象數一體」者。

（二）陰陽與「象數一體」的世界

萬事萬物都是由陰陽所構成，作爲構成萬有的根本原素，陰陽在船山乃是「材質」之意：「材則其陰陽也，情則其往來也」〔註15〕，「六陰六陽，才也。……陽健、陰順，性也。當位、不當位之吉、凶、悔、吝，其上下來往者情也」〔註16〕，並且被比喻爲「一大料藥」：

> 以至於一物之細、一事之微，論其所自來與其所自成，莫非一陰一陽、和劑均平之構撰；論其所體備，莫不有健順五常，咸在其中而無所偏遺。……健順五常，和成一大料藥，隨㧒一丸，味味具足。
> 〔註17〕

陰陽合劑均平的這一大料藥「隨㧒一丸」所成的萬事萬物，也都是陰陽五常，味味具足。其差別在於前者是「全體」，後者是「個體」。做爲個體的陰陽，船山或稱爲「形器」。個別形器必有其「已成之形狀」之「象」，充滿兩間者乃是繁複盛多的事物，也就是無窮的「象」或「陰陽形器」：「象至常而无窮。……无窮者，何也？陰陽形器之盛」〔註18〕。

船山認爲，充滿兩間的「陰陽形器」都是「象數一體」的事物：「夫象數

〔註13〕 明・王夫之：《周易內傳》，《船山全書》第一冊，頁544。
〔註14〕 明・王夫之：《尚書引義》，《船山全書》第二冊，頁338。
〔註15〕 明・王夫之：《周易外傳》，《船山全書》第一冊，頁1029。
〔註16〕 明・王夫之：《讀四書大全說》，《船山全書》第六冊，頁1074。
〔註17〕 明・王夫之：《讀四書大全說》，《船山全書》第六冊，頁496～497。
〔註18〕 明・王夫之：《周易外傳》，《船山全書》第一冊，頁994。

一成，咸備於兩間」〔註19〕。因此，天地萬物可說是由陰陽所構撰而成的「象數」世界。

> 陰陽與道爲體，道建陰陽以居。相融相結而象生，相參相耦而數立。
> 〔註20〕

所謂「融結」、「參耦」乃是陰陽二氣聚散變化以生天下形器的情形。「參耦」即「參伍」：「參者，異而相入，陰入陽中、陽入陰中之謂也。伍者，同而相偶，陰陽自爲行列之謂也」〔註21〕。「融結」指陰陽二氣凝合結聚而成個別事物。「陰陽者，二物未體之名也」〔註22〕，是說陰陽乃是並未凝聚成個別形器之定體的本體。陰陽本體無形無象，然而當其交相感應，融結而成個別形器，形器各有其形容，是爲「相融相結而象生」。融結於形器之定體中的陰陽二氣，其凝合的情形或者一陰一陽，異類相參；或者五（四）陰一（二）陽、五（四）陽一（二）陰……等等，同類相偶，於是陰陽兩者在形器中各有一定份量之「數」，是爲「相參相耦而數立」。如：「乾非六陽，无以爲龍；坤非六陰，无以爲馬」〔註23〕。乾之六畫相耦並列，純陽而無陰以參雜錯置於其間，則自然成龍之象；坤之六陰無陽間雜，自成馬象亦然。反過來說，體象融結之象如何的形器，同時顯示著其身上陰陽之「數」彼此參耦的情形如何。如：「中實外虛，頤无以養；足敧鉉斷，鼎无以烹」〔註24〕。以頤之卦象爲例來說：頤卦乃「上下二陽，上齶下頷之象也。四陰居中，齒象也」〔註25〕。此是「中虛而未有物」之象，乃所以食，而生人之養賴之以利。而頤之得象正因積數成畫，陰之「四」畫耦列，參雜於陽之「二」畫之間，自然融結爲養之象。

陰陽之氣如何互相融結，爲何如此參耦，以結聚成形器呢？其所以然之理則是道體爲之主持分劑。

> 其一之一之者，即與爲體，挾與流行，而持之以不過者也。无與主持，而何以情異數畸之陰陽，和以不爭而隨器皆備乎？……一之一

〔註19〕　明・王夫之：《周易外傳》，《船山全書》第一冊，頁1079。
〔註20〕　明・王夫之：《周易外傳》，《船山全書》第一冊，頁992。
〔註21〕　明・王夫之：《周易內傳》，《船山全書》第一冊，頁553。
〔註22〕　明・王夫之：《周易內傳發例》，《船山全書》第一冊，頁659。
〔註23〕　明・王夫之：《周易外傳》，《船山全書》第一冊，頁1039。
〔註24〕　明・王夫之：《周易外傳》，《船山全書》第一冊，頁1039。
〔註25〕　明・王夫之：《周易內傳》，《船山全書》第一冊，頁248。

> 之而與共焉，即行其中而即爲之主。道不行而陰陽廢，陰陽不具而
> 道亦亡。〔註26〕

道即太極之理，「道者，天地人物之通理，即所謂太極也」〔註27〕，乃與陰陽
爲體，在陰陽之中「挾與流行」以主持調配陰陽融結參絪之分劑的主宰大
用，亦即主宰「陰陽交易之理」者。道體或太極與陰陽雖有異名，然而所指
之實則同一，並非「有外，則相與爲兩」的相對二體。陰陽偏指氣之本體構
成萬有存在的材質體撰說，道體偏指其調劑陰陽數量多寡比例的主宰之理而
說。〔註28〕故曰：「陰陽與道爲體，道建陰陽以居。」又曰：「道不行而陰陽
廢，陰陽不行而道亦亡。」

天下之物都是由陰陽參絪、融結所構撰之形器，而陰陽參絪則數立，融
結則象生，故「天下無數外之象，無象外之數」〔註29〕之物。

三、一陰一陽之道── 人物之有道與《周易》有象數爲同原一體

天地既是陰陽構撰的「象數」世界，而《周易》象數也是來自一陰一陽
之道。船山乃提出「人物之有道，易之有象數，同原而不容歧視」的觀點，
這樣，卦象與物象同原一體，兩者之間的一致性就有了客觀的基礎。

> 而盈天地之間唯陰陽而已矣。「一一」云者，相合以成，主持而分劑
> 之謂也。……此太極之所以出生萬物，成萬理而起萬事者也，資始
> 資生之本體也，故謂之「道」，亙古今，統天人，攝人物，皆受成於
> 此。其在人也，自此而善，自此而性矣。夫一陰一陽，易之全體大
> 用也。乃泝善與性之所從出，統宗於道者，固即此理。是則人物之
> 有道，易之有象數，同原而不容歧視，明矣。〔註30〕

〔註26〕 明・王夫之：《周易外傳》，《船山全書》第一冊，頁1005。
〔註27〕 明・王夫之：《張子正蒙注》，《船山全書》第十二冊，頁15。
〔註28〕 「道」固然偏指本體之氣的主宰大用，然而若進一步以「道」來指稱本體而
　　　　爲道體，則「道」乃具有氣之本體的意義。船山有段話最能表示這個意思：「此
　　　　太極之所以出生萬物，成萬理而起萬事者也，資生資始之本體也，故謂之
　　　　『道』。」明・王夫之：《周易內傳》，《船山全書》第一冊，頁525。黃懿梅教
　　　　授認爲「道不是一個超越器而存在的實體。而僅是形器生生成成的一種過程、
　　　　方式，所以說道是器之道。」黃懿梅：〈船山「道大善小，善大性小」說之評
　　　　析〉，《臺大哲學評論》，第7期（1984年1月），頁226。其說並未完全符合
　　　　船山論「道」之全部內涵。
〔註29〕 明・王夫之：《尚書引義》，《船山全書》第二冊，頁338。
〔註30〕 明・王夫之：《周易內傳》，《船山全書》第一冊，頁525。

道乃「資始資生之本體」。古今天地，一切人物都繼善於此，成性於此，「受成於此」，所以人物有道。此「一陰一陽」之道體，乃是《周易》陰陽象數結構的全體大用之所在，然而竟能統宗人物之善與性之所從出，可見人物之道和《易》之象數乃是同原而一體，「固即此理」所授之而成。

　　一陰一陽既是《周易》象數之全體大用，而人物又受成於此，那麼，可說陰陽往來之神在卦爻象數的變化法則同時就是萬物發生的根本原理：

　　　　「爲」云者，推本萬事萬物之所自出，莫非一陰一陽之道所往來消
　　　　長之幾所造也。見乃謂之象，形乃謂之器。八卦之仁於此而顯；其
　　　　用也，皆八卦之所藏也。〔註31〕

　　　　「生」，以化理言之，則萬物之發生；以爻象言之，則六十二卦、
　　　　三百八十四爻，皆一陰一陽之所生；以德言之，則健於知而「大
　　　　明終始」，順於作而「行地無疆」也。乾坤之生，廣大如此，故周
　　　　易竝建乾坤以爲首，而六十二卦之錯綜以備物化，而天道盡於此
　　　　也。〔註32〕

《雜卦傳》說「乾爲馬，坤爲牛」等，「爲」的意思並不是把八卦當作一套比擬、象徵世界事物的「符號」。八卦結構體乃是承載道體，凝涵陰陽往來不測之神理、變動不居的靈妙活體；由此神理所造之物，見則爲象，形則爲器，卦象與物象同原一致，根本一體。故乾坤之德發生六十二卦、三百八十四爻之道，同時也就是天地化理之發生萬物之理。

　　道體主持陰陽之分劑而成《周易》之象數的情形，船山說：

　　　　故建一純陽於此，建一純陰於此，建一陰老而陽穉者於此，建一陽
　　　　老而陰穉者於此，建一陰陽相均者於此，建一陰陽相差者於此，見
　　　　一陰陽畸倍者於此，建一陰少而化陽者於此，建一陽少而主陰者於
　　　　此，建一相雜以統同者於此，建一相聚以析異者於此。……是故有
　　　　象可見，而眾皆可著也；有數可循，而无不共由也。〔註33〕

這十二種型態乃是概括六十四卦陰陽組合的各種特殊情形：純陰、純陽即乾坤並建；陰老陽穉、陽老陰穉乃陰陽老少不齊；陰陽相均、陰陽相差乃陰陽爻數之均與不均；陰陽畸倍有陰倍陽、陽倍陰二種型態；陰少化陽、陽少主

〔註31〕明・王夫之：《周易內傳》，《船山全書》第一冊，頁 629。
〔註32〕明・王夫之：《周易內傳》，《船山全書》第一冊，頁 533。
〔註33〕明・王夫之：《周易外傳》，《船山全書》第一冊，頁 1004～1005。

陰乃就一卦之中，六爻之間主輔的關係而言；相雜統同、相聚析異乃一卦之中，陰陽之純雜關係。〔註 34〕陰陽至純至雜、純雜類聚與相間，老少之齊與不齊、多少之均與不均等等，都是道體分劑著陰陽，使其「共由」、「可循」參耦之「數」，同時也使其「眾著」、「可見」融結之「象」，凝合而生卦體之方式。

客觀世界的事物也是有道主持其陰陽分劑而成之「象數一體」的形器：

> 此象也，而謂之數者，象之陰陽，因乎數之七、八、六、九也。……「極其數」，謂因數以得象也。其錯也，一嚮一背，而贏於此者詘於彼；其綜也，一升一降，而往以順者來以逆。天下之器，其象各異，而用亦異，要其形質之宜，或仰而承，或俯而覆，或微而至，或大而容，或進而利，或退而安，要唯酌數之多寡以善剛柔之用，合異以為同，分同以為異，皆此一往一來、一贏一詘以成之象，象成體定，而用以利矣。〔註35〕

「仰承」、「俯覆」；「微至」、「大容」；「進利」、「退安」等天下之器的「形質之宜」，也就是器物「已成之象」。不同形質之器都是道主持「陰陽交易」之分劑，「酌數之多寡」，使之凝結成能「善剛柔之用」之象，而生成的定體。

以「仰承」之器，如碗為例簡言之。一塊形狀渾沌之陶土，乃陰陽渾合未分、不成形器之材質。將之搏造為碗：去其中，使凹而虛，即陰；其周邊，凸而實，為陽。挖去陶土中實者，陽往則陰來；反之，陽仍來居於此，則陰往在彼而不能來。一嚮一背，陰陽交相錯。取陶土以補中虛，陽來而陰往；反之，則陰來而陽往。一往一來，陰陽交相綜。來者其數贏，往者其數詘。同一陶土，而分中虛與邊實之異，乃「分同以為異」；合中邊、虛實之異以成同一體而成器，是「合異以為同」。一陰一陽，錯綜往來，無非道體酌數之多寡即成象之形容，而使器物之形體具備，其形質之效用乃各有其宜。「數酌」、「象成」、「體定」而「用利」。

顯然，《周易》象數之所以能統會萬理，將天下之象致之於一，乃是憑藉卦象承載之一陰一陽之道、往來不測之神。天下之象無窮，以六十四卦、三百八十四爻統會之，不可能在卦象與物象之間一一求其相肖。船山乃在卦象

〔註34〕 此乃蕭漢明教授根據日本學者小川晴九之言整理所成之說。蕭漢明：《船山易學研究》（北京：華夏出版社，1987年），頁110～111。

〔註35〕 明・王夫之：《周易內傳》，《船山全書》第一冊，頁554。

與物象之一致性的關係方面，明確界定其性質，以確定《易》卦卦理之爲天道原理的實際涵義。

四、卦象與物象的一致之涵義

船山承認《周易》象數無法窮盡天下物象：

> 凡言「象兩」、「象三」、「象四時」、「象閏」、「象期」、「象萬物」，皆仿彿其大略耳。人之合天，肖其大者，非可察察以求毫忽之不差。
> 〔註36〕

> 三百六十當期之日，……亦論其梗槩而已。康節執此以起無窮之數，徒爲玩具，於大化固無當也。……易言其象，象者彷彿之詞。〔註37〕

說《周易》象數和物象一致，乃是指其大略彷彿而已。作爲聖人所畫之作，《周易》的確帶有人爲符號的色彩，聖人用之以人合天，就不可能在卦象與物象之間一一求其「毫忽之不差」。凡是任何將《易》象與物象一一比配而企圖窮盡之的理論，船山對其帶有濃厚決定論與極端唯心論的色彩，都加以嚴厲批評。〔註38〕

卦象與物象的關聯建立在兩者之間的「彷彿」、「大略」之上，這種說法仍然籠統，畢竟，王弼等義理《易》學「得言忘象」之論也是持此觀點（故只要大略相似，何必坤乃爲牛，乾乃爲馬？坤爲馬、乾爲牛也無不可）。而邵子、京房等也可說其象數與物象之間的一一比配也僅在於求其大概相肖（陰陽又分陰陽的「加一倍法」與半象、互體等就是設法要從卦象中找出和物象

〔註36〕明・王夫之：《周易內傳》，《船山全書》第一冊，頁548。

〔註37〕明・王夫之：《周易稗疏》，《船山全書》第一冊，頁787～788。

〔註38〕邵子「一分爲二」之說，船山既批評他是「執此以起無窮之數」，企圖以人爲的數學法則彌天蓋地，範圍萬物。而漢代《易》學以「五行」說易，欲一一比配四時之氣、天地之化，船山也批評其「乃戰國技術之士私智穿鑿之所爲，而以加諸成變化、行鬼神之大用」。明・王夫之：《周易內傳》，《船山全書》第一冊，頁547。二者都有唯心論傾向：「故筮唯大衍以五十，而虛其體之五。雖曰聖人法天而德與天配，而豈能盡有其神化哉！必欲盡之，則唯道士之吐納風雷，浮屠之起滅四大，而後可充其說。」明・王夫之：《周易內傳發例》，《船山全書》第一冊，頁656。另一方面，邵子先天數與京房八宮之說也都陷入決定論的結果：「或方或圓，如製衣者之尺寸有成法也。使必有度以出入，則因任自然，可先事而料其一定之吉凶」。明・王夫之：《周易稗疏》，《船山全書》第一冊，頁791。如邵子觀梅之術，京房世應讖緯之說，「不過曰：天地萬物生殺興廢，有一定之象數。」明・王夫之：《周易內傳發例》，《船山全書》第一冊，頁651。

相類似之處的做法)。船山憑什麼否定其理論呢？

船山對於卦象、物象之間的關聯，其一致性的性質之看法大概有幾方面。

第一、卦象之能與物象具有一致的關聯，乃是因爲卦象承載著天道流行變化之理而與之爲體：

> 天道之流行於事物者，卦象備著，而其當然之理皆顯於所畫之象。〔註39〕

> 實則盡天下之物、天下之事、天下之情僞，皆卦象之所固有。〔註40〕

《周易》象數統會眾理，致一天下之象的根據不在於「只是」象數而已，而是憑藉其所承載的天道流行於事物的「當然之理」。象數結構當然不必放大無窮，一一比配天地萬物，就能與天下物象關聯相通。因爲卦象當體是一陰一陽之道，變化不測的神妙活體結構。《周易》陰陽二體、卦畫六位的構造，已然全備陰陽往來變通於萬物之理的達道，故天下物象莫不爲其所統會。

第二、凡是《周易》「乾爲馬」等，說卦象「爲」某物之象，其涵意是在說，根據卦象「已成之形狀」，可推斷陰陽往來於卦體中的交易之理數；從這樣的陰陽交易之理便能通達萬物「變化之象」：「凡言爲者，皆謂變化之象也。……萬物之形體才性，萬事之變遷，皆陰陽、屈伸、消長之所成，故說卦略言之以通物理，……然可以通理而不可以象測。」〔註41〕此說不同於漢《易》之處，在於彼等執著於《周易》象數的已然之跡，誤以爲卦象本身就是現成的物象，可以使人由之以通達天下物象，乃不知「易無達象，不可執一以限不測之神化」〔註42〕。於是，漢儒從卦象「旁搜曲引」、找尋和物象的相通點，無視於卦象所凝涵的陰陽消長屈伸之理，是「以象測」、而不知「以理通」天地之化。《周易》象數是活體結構，故全備萬物的「變化之象」，通其理即能通天下之理。

第三，能「以理通」與否是卦象、物象一致的關鍵所在。這包含兩方面涵義：一方面是說從《周易》卦象通理的任何「變化之象」，一定都可以在天地間的事物找到事實的根據：「易之取象，必兩間實有此象」、「莫非自然之

〔註39〕 明・王夫之：《周易內傳》，《船山全書》第一冊，頁551。

〔註40〕 明・王夫之：《周易內傳》，《船山全書》第一冊，頁635。

〔註41〕 明・王夫之：《張子正蒙注》，《船山全書》第十二冊，頁300。

〔註42〕 明・王夫之：《周易稗疏》，《船山全書》第一冊，頁781～782。

象」。但是如大畜卦卦象「天在山中」，這豈是實象？船山解釋說「山中之
空即天也」。〔註43〕卦象、物象一致的合理性必須建立在客觀世界的實在基礎
之上。

第四，以理通卦象與物象的另一涵義，是說判定是否「通理」的根據仍
然在於《周易》象數的結構本身。凡是從卦象變化通理之物象，縱然在客
觀世界實有其物，然而所通物象卻不符合卦體構造所宜有之理，那麼，卦
象與物象之間就不具有一致性。船山說：「擬物者必當其物，以乾爲金，以
艮爲土，則非其物也。……位乾於南，位坤於北，則非其位也。」〔註44〕卦
象構造自有其變通以達天下物象之理，故對於漢《易》象數不通之處，船
山不同意王弼之「反其道而概廢之」，而是認爲必須「觀象以正之而精意自
顯」。〔註45〕

以上四方面之義：一、卦象固有天下之理，這是原則性的總說。二、卦
體是以其凝含的陰陽不測之神妙性通達萬物之象。三、卦象所通之物必有客
觀實在性。四、所擬之物象必須符合卦象的結構形式。船山之說隱含了一些
問題。

問題的根源是船山要說明卦象與物象具有密切關聯的一致性，這一致性
又不可能要求卦象具有與物象絲毫不差的形容、象狀，而只是兩者之間的
「大略」、「彷彿」，才能使卦象全備天下萬物之理。但是，說卦體凝涵陰陽往
來之神妙變通性，因此具備通達萬物之理，然而從卦象通理以得的物象又不
可能無所不通（否則就流於船山所批判之「易者，意也」〔註46〕的結果）。於

〔註43〕明・王夫之：《周易稗疏》，《船山全書》第一冊，頁753。船山還提到的例子，
　　　　像需卦卦象「雲上於天」，訟卦《大象傳》「天與水違行」，乃「以經星之天而
　　　　言。經星之天左旋，而水右行以歸於海，故曰『違行』」。故船山認爲易所取
　　　　象「莫非自然之象。苟非自然，則俗盲卜人軌革卦影，獸頭人聲，男冠婦袂
　　　　以惑世誣民者，豈聖人立誠之辭也哉」！明・王夫之：《周易稗疏》，《船山全
　　　　書》第一冊，頁753。
〔註44〕明・王夫之：《周易外傳》，《船山全書》第一冊，頁1085。〈文王八卦方位圖〉
　　　　乃震東、兌西、離南、坎北，爲四正之位；乾處西北，與東南之巽相對；坤處
　　　　西南，與東北之艮相對，爲四隅之位。邵子〈伏羲八卦方位圖〉則以乾南、坤
　　　　北、坎西、離東，分居四正位；而以震東北、兌東南、巽西南、艮西北，分
　　　　居四隅。船山認爲兩者之說並不合卦象。乾坤爲天地，「天无乎不覆，地无乎
　　　　不載，健順之德業无乎不行，且无有於西北、西南之二隅，又何乾南坤北之
　　　　足言乎？」明・王夫之：《周易外傳》，《船山全書》第一冊，頁1083～1086。
〔註45〕明・王夫之：《周易外傳》，《船山全書》第一冊，頁1039～1040。
〔註46〕明・王夫之：《周易內傳發例》，《船山全書》第一冊，頁650。

是，就衍伸了一個問題：是否有一判定取象通理與否的客觀標準？其判準乃在於卦象必須是自然之象，亦即強調取象必符合兩間實有其物的客觀實在性。然而，這又衍伸了另一問題：客觀世界之物無窮數，是否任何符合實物的取象都能通理呢？更嚴重的是，以人的認識而言，人又不可能盡知天下所有事物，則又將如何斷定什麼是「實象」？什麼是「虛象」？卦體本身的構造既然與道爲體，那麼，卦象的結構就成爲決定其變通取象在天地間是否具有實在性的依據。如大畜卦卦體結構既然明白顯示「天在山中」之象，那麼，在天地間一定就能找到與其符合相通的實象。可是，這仍然無法令問題圓滿解決。卦體既是神妙不測的活體，則卦象並無「達象」明示於人，使人得以逕自卦象來得知物象。如何判定什麼物象才符合卦體結構？問題可能往兩個相關的方面解決：其一是根據卦體凝藏的陰陽交易之理，或所取之象的合理性來判定。另一是訴諸聖人的權威，以聖人所定之象數爲準。

案：《說卦傳》「乾爲天」一章保留眾多古代筮人所取的「八卦之象」，船山的註解說：

> 本義云：「此章廣八卦之象，其間多不可曉者，求之於經，亦不盡合。」蓋古筮人因象推求以待問，與後世射覆之術略同，爲類甚繁，故荀爽集九家解，更有多占，而夫子取其理之可通者存之。實則盡天下之物、天下之事、天下之情僞，皆卦象之所固有，則占者以意求之，無不可驗，而初不必拘於一定之說。故文王、周公所取象者，如坤言馬、言冰之類，又與此別。君子之筮，以審於義，而利自在焉，則篤信文、周之象數，冒天下而已足。若專爲筮人而占細事小物之得失利害，則當於理者，亦時相符合，是以聖人亦存而不廢焉。〔註47〕

傳文與荀爽所集九家解，其中所取的物象「爲類甚繁」，船山認爲孔子將之取入《說卦傳》與否的標準乃在於「理之可通者」，「當於理者，亦時相符合」。但如前所述，由於「合理性」的判準何在本身就是問題，於是這等於把問題帶回原點，而陷於循環論證。因此，決定卦象所取的物象合理與否之標準何在，船山不得不建立在「篤信文、周之象數」之上。在解決卦象與物象之一致性、《易》理與天理之一體性的問題時，船山最後訴諸於聖人的權威，其理由似乎不夠充分。

〔註47〕 明・王夫之：《周易內傳》，《船山全書》第一冊，頁635。

五、結論

　　以奇偶之畫所構撰的《周易》象數結構，本質上是一種形式符號，而天地萬物則是具有實質性的存在。爲說明畫象的變化規律就是客觀世界事物的成物之理，船山本於春秋時代「物生而有象」、而「有數」之言，將天地萬物視爲「象數」的世界。一陰一陽之道原本就是《周易》的全體大用，天下人物既然也是陰陽所構撰，故「人物之有道與易之有象數，同原而不容歧視」，乃是一體，卦象與物象就具備了一致性。

　　《周易》象數統會眾理的基礎在於卦象與物象的一致，而其一致性又是根據卦象承載一陰一陽之道而相與爲一，陰陽交易之理即是事物成物之理，故卦象全備天下萬物當然之理。然而這只是原則性的說法，船山可以如此說，王弼更能持此論點，邵子「圖皆從中起，萬化萬事生於心」〔註48〕也可如此說，乃至漢《易》將《周易》象數一一與天地萬物比配，未嘗也不是認爲象數全備天下物象。爲了與他們有所區別，船山在卦象與物象的一致性方面，提出三個判準：一爲象數體含神妙的變通性，只能以理通而不可以象測。二是從象數通理之物象必須在天地間具有客觀實在性的實象。三是通理的實象仍然必須符合卦體形式構造方面的合理性。

　　但是，船山的論說也隱含了一些問題。判定卦象與物象通理與否的客觀標準在於所取物象必須是天地實有之象；而能符合卦象的實象無數，再加上人的認識有限，無法完全斷定某一取象究竟是實？是虛？只好另尋一致性的標準，結果標準又回到卦體本身之上。而卦體結構本身又無法明示於人，何者才是符合其結構的物象，結果要不又是回到卦體結構的「合理性」這個判準之上（而與王弼等義理《易》學無法清楚區隔），就是將標準訴諸於作卦爻辭與《易傳》的聖人繫辭上。而聖人繫辭所言乃是人文世界的義理，具有實質內容，而卦畫象數的結構之爲符號形式的構造依舊。一陰一陽之道統會眾理的實質意義仍然不得不取決於人文活動的詮釋。〔註49〕追溯問題的癥結，

〔註48〕　清・全祖望：《宋元學案・上冊》，頁196。
〔註49〕　曾春海教授指出：「象數的形式結構之理乃一套符號的自然數理，如何與人文社會內容的實質性義理相融相貫，亦即占學一理，尚需以統貫象數與人文社會義理之形上學之預設。東漢易學家企圖以象數之形式原理註解具有實質內容的人文社會之理而走入繁亂的迷宮，已見《易》的卦爻符號系統與文字義理並非相容相貫的成一嚴密的整全系統。船山並未對循數術成卦象而行占的易與人事義理的易學之銜接貫通作一令人滿意的論證。換言之，占學何以一

從一開始，船山把自然、人文世界的事物一律當作陰陽「象數」之器〔註50〕，其與《周易》卦體之爲象數的實質意義能完全等同嗎？如不能證成此點，連帶的，「人物之有道，易之有象數」同原於一陰一陽之道，兩者之爲同原就不必然爲先天的、先驗的一體，而是後天的、人爲詮釋之後的一體。

理？在形上的基礎上仍未奠基，仍有欠缺，而有待拓深了。」曾春海：〈船山易學與朱熹易學觀之比較研究〉，《哲學與文化月刊》，第20卷，第9期（1993年9月），頁875。此說可謂點出了船山《易》學象數論中最關鍵的問題。

〔註50〕 船山說：「今夫象，玄黃純雜，因以得文；長短縱橫，因以得度；堅脆動止，因以得質；大小異同，因以得情；日月星辰，因以得明；墳埴壚壞，因以得產；艸木華實，因以得材；風雨散潤，因以得節。其於耳啓竅以得聰，目含珠以得明，其致一也。……乃盈天下而皆象矣。詩之比興，書之政事，春秋之名分，禮之儀，樂之律，莫非象也，而易統會其理。」明・王夫之：《周易外傳》，《船山全書》第一冊，頁1038～1039。

第十一章 《周易》占《易》之理與天道原理如何一致？──占筮活動之陰陽象數的客觀根據之論證

一、引言

船山將《周易》象數結構視爲與道爲一之體，人物之性與《易》之象數同源於一陰一陽之道，卦象全備天下事物之理，《易》理統會眾理。撇開其中問題不論，即使承認這些觀點都能成立，船山仍需回答：如何透過《易》道窮究天道原理。在《易》學系統中，《易》理是經由占卜逆推而知。占筮的原理構成《易》道內容的一部分，無法分離。把占《易》之理移除，《周易》就不成其爲《周易》。而作爲卜筮之用，占《易》中的陰陽交易之理乃是揲著演算的數學推理規律，本質上乃是人類主觀思維的法則。天地間的事物之成物的法則，本質上則是具有客觀實在性的原理。兩者如何一致呢？[註1] 船山既將包括占《易》之理於其中而構成其一部分內容的《周易》象數結構當作與道爲體，占《易》之理與天道原理一致的問題能夠有效解決與否，乃決定其觀點能否成立的關鍵之一。

〔註 1〕 杜保瑞教授說：「船山在易學之卦理中所談的陰陽概念，基本上是一種數的進路。而他的形上學思想……是氣化形上學的架構，兩者是否能融通一致？」
杜保瑞：《王船山易學與氣論並進的形上學之研究》（臺北：臺大哲研所博士論文，1993 年），頁 20。

而占筮的情形，根據《繫辭傳》之說乃是「大衍」：「大衍之數五十。其用四十有九。分而爲二以象兩，掛一以象三，揲之以四以象四時，歸奇於扐以象閏。五歲再閏，故再扐而後掛。乾之策二百一十有六，坤之策百四十四，凡三百有六十，當期之日。二篇之策，萬有一千五百二十，當萬物之數也。是故四營而成易，十有八變而成卦。」演算的基本元素爲「五十」，實際用於演算者爲「四十九」。演算程序分四步驟，即「四營」：分二、掛一、揲四、歸奇，過程共十八變。每四營爲一變，每三變得一數，十八變共得六數，陽數之畫一、陰數之畫- -，合六畫成一卦。此演算過程所得之卦體，爲何能據以窮究萬物生成原理呢？

如同在說明《周易》陰陽象數的結構何以能統會天下眾理之時，船山從天地方面，推出本體固有陰陽兩儀、奇偶之畫一、- -，以及卦畫六位的當然必然之大用，證明六十四卦具有實在性，確實與道爲體。船山爲證明占《易》之理能窮究天理，也採取同一進路的方式。他認爲只要能證明天道蘊含占筮演算之數，而占筮之數的推算規律同於陰陽交易之理，那麼占《易》之理與天理之間具有一致性之說就具有合理的基礎。此一證明必須處理三個問題：「大衍五十」以及「掛一不用」的客觀基礎何在？由於船山以「大衍五十」出於天地之數五十五，所以他又必須先說明「天地之數」（陰陽之數）具有天道方面的根源。最後揲蓍過程「四營十八變」的方式是否具有實證基礎，足以合理證明據之得以窮究陰陽交易之理？這也是船山必須回答的問題。

二、天地（陰陽）之數五十五爲太極本體固有

船山據《繫辭傳》之說，認爲筮法「大衍五十」之數乃本於「河圖五十有五之數」〔註2〕。《繫辭傳》說：「天一、地二；天三、地四；天五、地六；天七、地八；天九、地十。天數五，地數五。……天數二十五，地數三十，凡天地之數五十有五。」又，《繫辭傳》文也說河圖是天生神物，如果把筮法的根源建立在神秘色彩的傳說之上，將大大降低《易》學原理的合理性。因此，船山從天地本體方面證明天一地二等十數乃太極之○固有之數。

（一）太極之○實有恆動提供了用「數」觀測本體的根據

天道本不可擬議，太極原不可以象象，那麼，人又如何可能以數測太極

〔註2〕 明・王夫之：《周易內傳發例》，《船山全書》第一冊，頁656。

而得五十有五之數呢？船山說，天道雖不可見，其生化之跡則可見，所以人
可以根據生化「既有」之跡來逆測太極。而太極之所以有其化跡，則因太極
乃是「從有益有」、「本動恆動」的實體：

> 夫惟從无至有者，先靜後動而靜非其靜；從有益有，則无有先後而
> 動要爲先。若夫以數測者，人繇既有以後測之而見者也。……太極
> 之一，○也，所以冒天下之數也，而惡乎測之？測之者因其所生。

〔註3〕

先靜後動、先無後有，則太極成「廢然之靜，則是息矣」〔註4〕的死體，動既
不可能，靜也不能成立，是爲「靜非其靜」；且將成爲永終於無而不能復有的
絕對「空無」，必不能有其生化之跡。太極爲實有之體，萬物之有都是其隨处
而成之一丸，而在太極之體「於上發生」〔註5〕者。故太極之生萬有而其體也
益有，所謂「乾、坤有體則必生用，用而還成其體」〔註6〕。有而益有，故太
極本動恆動，「動要爲先」。

　　從太極本動，有而益有的化跡，提供了人以「數」測之的根據。人由「既
有以後」，「因其所生」，以「數」測太極，其觀測的面向有二：一是從太極本
動發生「陰陽相感之用」觀測，一是從「天圓地方之體」觀測；兩者所得結
果相同，太極之○固有一至十等十數。

（二）從「陰陽相感之用」觀測太極固有十數

　　太極之○從有益有，生而日生，其體遍函萬有：「太極之在兩間，……自
大至細而象皆其象，自一至萬而數皆其數」〔註7〕。那麼，可說太極爲萬。然
而萬象萬數又統函於太極之○，合同爲一全體。因此，太極之○又是一。惟
太極之○之爲一，乃是就宇宙萬有總體，說其本體之「數量」只有「一」個
而說。此「一」個太極又「冒天下之數」，所以萬有之「數目」都屬於太極所
有。萬是此「一」之萬，大衍五十、四九、十也是此「一」所冒，二是此「一」
之數，一也是此「一」之數；一爲天數，二爲地數，故曰：「大衍五十，而一
不用。一者，天之始數也，亦地之始數也」〔註8〕。

〔註3〕 明・王夫之：《周易外傳》，《船山全書》第一冊，頁1016。
〔註4〕 明・王夫之：《思問錄・內篇》，《船山全書》第十二冊，頁402。
〔註5〕 明・王夫之：《周易稗疏》，《船山全書》第一冊，頁789。
〔註6〕 明・王夫之：《張子正蒙注》，《船山全書》第十二冊，頁16。
〔註7〕 明・王夫之：《周易外傳》，《船山全書》第一冊，頁1016。
〔註8〕 明・王夫之：《周易外傳》，《船山全書》第一冊，頁1018。

　　太極之「一」實有本動，以生萬有，萬有之數皆生於此「一」。所以當人以「數」觀測太極，必以一為始，但這個一既然是人以數觀測於太極「動要為先」以生「既有之後」而得，那麼此一就不是太極○渾淪周徧之體的「一」；這個一是天數，始於太極○之「一」，此即「一者，天之始數也」的意義。太極之「一」既然冒天下之數，所以其○之中已函備萬數，其「一」不與萬、也不與四十九、更不與二相對。天數之一才是與地數之二、更與四十九相對之數。船山說：

> 太極混淪周徧之體，而非動而倚數，於五十之中立一以為一矣。立
> 一以為一，而謂之太極，韓康伯之臆說也；立一於數外，與四十有
> 九參立，乃自外來而為之君，此老氏之所謂一也。〔註9〕

與二相對、與四十九參立、居於萬數之外的一，是「數目」，不論其為天、為陽、為無、為老氏之一，都不是船山此處所指天一地二之始的渾淪周徧的太極○之「一」，而是太極○之「一」於上發生之萬數中的數目之一，是與其他萬數參立、並列、析處的其中一數而已，非「冒天下之數者」。

　　從本動之太極測得數目之一，則一以下之數目相隨可得：「動者必先，靜者必隨，故一先二，二隨一，相先相隨，以臻於十。……一一而二，二固始於一也。繇是而十，繇是而五十，皆以一為始。太極之有數生於動」。〔註10〕一而十既得，奇數一、三以至九，即天數或陽數，偶數二、四以至十，即地數或陰數，自然固有於其中。

　　那麼，人根據什麼途徑才能以數測太極而得以上數目？船山指出其道在於「陰陽感應之用」發生的體象不同，故其象之數自異。其說不易明白，僅概括其大旨於下。1、一至十等十數發生於「陰陽相對」：「一而二，二而三，三而四，由是而之於十，皆加一者，相對之數也」。陽數之象‐‐‐（函三於一），陰則虛陽之中－而成‐‐。陰有闢戶以受陽施之象，故陰數、陽數可相配對。2、陽數（奇數）發生於「陽感陰化」：陰數分而為‐‐，其象闢‐‐，陽數中實，其象闔－（‐‐‐），陽彌縫於陰之中以感之而陰受陽化，「因其所闢而往充其虛也」。一入於二之中而三，入於四而五，皆增其二。3、陰數（偶數）發生於「陰承陽一」：陰數‐‐承受陽數‐‐‐虛中之一而生；陽虛其中之一而成二，二乃承陽之一而生。二又是二個一，二個一又各虛其中而成四，陰數之象宜闢以

〔註 9〕　明‧王夫之：《周易外傳》，《船山全書》第一冊，頁 1019。
〔註10〕　明‧王夫之：《周易外傳》，《船山全書》第一冊，頁 1016～1018。

容納陽之施，「因其增益之性以爲習，使可闢而有容也」。〔註11〕

　　以數測太極既得天數五、地數五；天數積二十五、地數積三十，天地之
數五十五乃有本體上的客觀根據。十數散於五位，就成爲〈河圖〉生數、成
數的根源，由之聚散變化互相配合，而天地之數盡具：「從一合六以得七，由
是而從五合十以得十有五者，則生數之終，加其所進以爲成，成不能成，功
因乎生也。生數止五，成數盡十者，從太極測之而固有之也」〔註12〕。

（三）從「天圓地方之體」觀測太極固有十數

　　太極之○，即「大圓」，又即是「天」：「六合之全體，皆天也，所謂大圓
也」〔註13〕。太極或天，其體渾一，然而從其本動，有而益有觀之，其體可
暫分爲二：天圓、地方或天陽、地陰：「在天者渾淪一氣，凝結爲地，則陰陽
分矣。……太極之本體，中函陰陽自然必有之實，則於太極之中，不昧陰陽
之象，而陰陽未判，固即太極之象。……故太極有兩儀，兩儀合而爲太極，
而分陰分陽」〔註14〕。「自其神而言之則一，自其化而言之則兩。神中有化，
化不離乎神，則天一而已，而可謂之參。故陽爻奇，一合三於一；陰爻偶，
一分一得二。……分則與太極不離而離矣」〔註15〕。太極或天之大圓○，其
圓周「徑一圍三」，函三於一而爲一（---）；地體小於天，分天之一而得其二，
爲--。然而天地之分既是從太極之動而既有所生之「化」觀之，則雖暫分二體，
而其體仍是一，其生化之「神」也無不兼體兩者。故船山又曰：「天地渾淪之
體，合言之則一，分言之則二。」〔註16〕天一而已，又可分天、地，天地同
函於大圓之天，故可謂之三；太極一而已，分陰分陽，陰陽固函於太極，亦
爲三。陰陽雖分，亦同函於太極，「則於太極之中，不昧陰陽之象」，而陰陽

〔註11〕　本段內容總括船山之言而成。明・王夫之：《周易外傳》，《船山全書》第一冊，
　　　　　頁1016。另參考陳玉森、陳憲猷兩位教授之説。陳玉森、陳憲猷：《周易外傳
　　　　　鏡銓》（北京：中華書局，2000年），頁752。

〔註12〕　明・王夫之：《周易外傳》，《船山全書》第一冊，頁1016～1017。陳玉森、陳
　　　　　憲猷兩位教授説河圖十數散於五位，「故天地生物之數，其數止於五。然後，
　　　　　五之數散於五位以成萬物，五散於一而成六，散於二而成七，三而成八，四
　　　　　而成九，五而成十，故曰成數盡於十。數聚則爲一以至於五，散則爲六以至
　　　　　於十，天地生成萬物，一聚一散，互相配合，天地之數盡具。」陳玉森、陳
　　　　　憲猷：《周易外傳鏡銓》，頁753。

〔註13〕　明・王夫之：《周易內傳》，《船山全書》第一冊，頁620。

〔註14〕　明・王夫之：《張子正蒙注》，《船山全書》第十二冊，頁45～46。

〔註15〕　明・王夫之：《張子正蒙注》，《船山全書》第十二冊，頁47。

〔註16〕　明・王夫之：《周易內傳》，《船山全書》第一冊，頁620。

未分,太極固一。因此,從陰陽既分而觀,太極可說「不離而離」。〔註17〕

由太極、大圓之天本動益有而分為天地(或陰陽)。船山提出一套根據天圓地方,從太極固有之徑、交、圓、方的幾何形狀,動、靜、施、納的功效作用等之象,以觀測太極之數的方法。船山這部分說法更是深奧晦澀,又充滿矛盾而為學者所批評。以下也僅是隨其文大略說明。

1、徑、交、圓、方、弦之象的發生

徑、交、圓、方、弦等乃根據太極之動靜而分。太極本動,其生化之神無所不至,「動者橫以互,无不至也」,在幾何形狀為徑 ▬。由動而動為動,由動而靜則靜,靜以無所不容,「靜者張以受,无不持也」,其象為交✕。動者其生化之神「流而不滯」,故為圓○。靜者含弘化光「止而必齊」,故為方□。太極一動一靜互為其根,方者之「外齊」者與為圓者之半相合而為圓之中徑,故為弦 ⌒ 。〔註18〕

2、從天圓地方等幾何形狀之象測得一至五等生數

太極生數必始於動,其生數,數必始於一。動者徑 ▬ 故為一,交為二徑,故二;圓之周長約徑之三倍而得三;方周長則為徑之四倍,得四;弦為徑之長又加圓之半,即二又二分之一。上弦下弦合計為徑之五。

3、從天地(陰陽)動靜施納之用之象測得六至十等數

地為陰,地體方,故地體定於方;地數始於二,二為交,故「以方函交」▨,得數六。動為圓,其數三;靜為方,其數四。動中有靜,「以圓納方」 ▢,得數七。天之用乃施,地之用乃納;地受天施,天圓地方,故「以方納圓」。天施用乃「橫以互」,以徑貫通方圓而成天施地受之用 ⊖,得數八(徑一、圓三、方四之和)。天施其化於地「以圓納方」,而地之方有其交 ▨,故得數九(交二、圓三、方四之和)。數始於一,一為陽數,數成於陰,陰陽相合而生化之功乃得遂成。故「合徑一、交二、圓三、方四」▨ 而得數十。〔註19〕

〔註17〕 天地、陰陽等之分別,既是人從「既有之後」觀測太極而立,則太極之○為渾一之體,並不待將兩體合之而後一。這樣,太極○之一也,並不是分、合之同一;太極本就是一,不待分合之統一的過程而後一。曾榮晉教授說船山把「太極規定為分與合的統一過程」,就船山此處之言來說,並不妥當。曾榮晉:《中國哲學範疇導論》(臺北:臺灣學生書局,1993年),頁76。

〔註18〕 明・王夫之:《周易外傳》,《船山全書》第一冊,頁1017。

〔註19〕 明・王夫之:《周易外傳》,《船山全書》第一冊,頁1017。

　　船山此說根據其「象數一體」之說，用以詮釋天圓地方之象而成，陳玉森、陳憲猷兩位教授指出其中問題甚多，主要有五項。二氏之說甚為精當，詳引於此，以見船山之說問題所在。1、方之距與圓之徑、方之邊長與其對角線，長度不必一定相等，不可視為等量而相加減。2、且徑乃圓之徑，方不能說有徑，更不能把圓之徑等同於方之徑。3、如老陽乃圓納方，方有交，則是陽中有陰。而老陰乃方函交，是陰中無陽。據此，則老陰為陰之純備，而老陽不得為陽之純備，且老陰無陽，又失乾坤並建之旨。4、又如少陽乃以圓納方，其數七，然則以方納圓，其數亦為七，卻不能為少陽，則象、數又可相離。5、以圓納方、以方納圓，均為天地之交，依船山之說理應密合無間，但方圓之際，其四角卻空虛而有間。〔註20〕

　　以上種種疑問，令人不能深解其旨。整個太極數理建立在某些簡單的前提，即天圓地方之上，加上直觀的想像推演而出，不易看出其中有何必然性，難怪漏洞百出。案：天圓地方、徑一圍三之說本於漢儒，京房說：「陽三陰四，……又圓者徑一而開三也。四者，……又方者，徑一而取四也。」〔註21〕班固說：「太極元氣，涵二（引者案：「二」當為「三」之誤）為一。」〔註22〕船山既批評漢儒但知「以象數測已然之跡」，不知「周易者，準天地之神以御象數」，〔註23〕卻執著於天圓地方之象以測太極之數，不正是重蹈漢儒後步？何況，太極本不可擬議，不可象象；以「大圓」○模寫太極之象乃是不得已的做法：「繪太極圖，無已而繪一圓圈爾，非有匡郭也。……無已而以圓寫之者，取其不滯而已」〔註24〕。既然○乃人觀測太極之後，不得已而用以模寫太極之形容所得之象，則這正顯示大圓○不是太極本體固然。根據一個已經是從人的觀點來寫太極之形容而得的象去觀測太極之數，何嘗不是「象數測已然之跡」的做法？

三、大衍五十的客觀根據

　　若天地（陰陽）之數五十五乃是太極渾然固有，則占筮據之以逆推陰陽

〔註20〕陳玉森、陳憲猷：《周易外傳鏡銓》，頁757。

〔註21〕漢・京房：《京氏易傳》（臺北：商務印書館四部叢刊本），頁27。

〔註22〕孟康註「一而三之，三三積之」之文，引班固此二句為釋，即曰「涵三於一」。班固：《漢書・律曆志》（臺北：洪氏出版社，1960年），頁964、957。

〔註23〕明・王夫之：《周易內傳》，《船山全書》第一冊，頁523。

〔註24〕明・王夫之：《思問錄・外篇》，《船山全書》第十二冊，頁430。

交易之理，用數又爲何只有五十？又爲何卦一不用，而用四十九？其客觀根據何在？船山認爲，這是因爲從「人之爲功於道」的觀點所必要的緣故：「雖然，人之所以爲功於道者，則斷然因其已然，而益測之以盡其无窮；而神而明之，分而劑之，裒而益之，則惟聖人爲能顯而神之」〔註25〕。占筮乃從「人用」的觀點而立，這是其所以不能用五十五之數的根本原因。

（一）大衍五十之故

天地之德不息於生，然而若非經由人之參贊化育，其生化之德不顯。聖人乃「因其已然」之化跡觀測太極固有之數，而分劑之、裒益之，以神明天地大德而興神物以前民用。既然占筮產生於「人用」，乃爲聖人分劑、裒益天地之數而成，則其用必已經過人爲選擇，而非能全用五十五之數：「聖人能合天地以爲德，然不能全肖天地無擇之大用。……天道有餘，而人用不足，行法以俟命者，非可窮造化之藏也」〔註26〕。人的有限性，使得占筮用數不能全用天地之數。「天地之廣大，……固有人所不可知而所不與謀者」〔註27〕。企圖盡用天地全數，便是過度膨脹人的地位與神通，對於不可知、不能與謀的天地之事，認爲人也可以無所不能，其弊將陷入極端唯心論的結果：「雖曰聖人法天而德與天配，而豈能盡有其神化哉！必欲盡之，則唯道士之吐納風雷，浮屠之起滅四大，而後可充其說也」〔註28〕。

既從「人用」以分劑天地之數，由於《易》乃「天人之合用也。……人合天地之用也」〔註29〕，則占筮用數的原則必以「天地合用」爲準。而天數之積二十五，地數之積則三十，地數多於天數者有五。天數、地數不相稱，則天地不能合德。聖人合天地之德，乃不能不有所裒益、裁損。大衍之數根據天地合德來制定，乃裁減地數多於天數之五：「其差以五者，以積計之，裁地之有餘，同天之不足。健行者速而得廉，順行者遲而得奢，亦勉地而使配天行也。……裁而成之，稱量而程之，而大衍之數登焉」〔註30〕。裁減地數，勉地以使與天行相配，生化之德乃流行於天下。於是天數二十五、地數二十五，此即大衍之數五十的客觀基礎。

〔註25〕 明・王夫之：《周易外傳》，《船山全書》第一冊，頁1016。
〔註26〕 明・王夫之：《周易內傳》，《船山全書》第一冊，頁547～548。
〔註27〕 明・王夫之：《周易內傳發例》，《船山全書》第一冊，頁656。
〔註28〕 明・王夫之：《周易內傳發例》，《船山全書》第一冊，頁656。
〔註29〕 明・王夫之：《周易外傳》，《船山全書》第一冊，頁983～984。
〔註30〕 明・王夫之：《周易外傳》，《船山全書》第一冊，頁1018。

（二）掛一不用之故

太極本動，從有益有而生萬化，化跡雖出於陰陽不測之神，無心成化。然而萬物的發生也不是倏然而興，乍然而滅，完全無法掌握其原因的盲目現象；乃是有「巧無以逾」〔註 31〕的法則主持分劑之，此因太極為生化之君，乃萬化主宰之理：「道者，天地人物之通理，即所謂太極也」〔註 32〕。大衍五十而掛一不用，其根據在於太極主宰萬化之變動，乃有理以為常主之故。

> 大衍五十，而一不用。一者，天之始數也，亦地之始數也。一一而二，二固始於一也。緣是而十，緣是而五十，皆以一為始。太極之有數生於動，易之變化，亦動也。動，君動，則一可不用，以君四十有九。故自此而七八九六，合符而不爽，豈非其固然者哉！不用之一，以君動而不以君靜，故大衍之數，常者五十，而乘乎變者四十有九。一因動以為君，未動則合五十而為一。合而為一者，太極混淪周徧之體，而非動而倚數，於五十之中立一以為一矣。立一以為一，而謂之太極，韓康伯之臆說也；立一於數外，與四十有九參立，乃自外來而為之君，此老氏之所謂一也。易固不曰「掛一以象太極」，太極不可與陰陽析處而並列也。〔註 33〕

太極非廢然而靜之體，其體本動而「於上發生」萬化。由太極本動，是以其主宰萬化之變，乃無往而不隨萬化之變而具在以君之。太極既主宰萬變，是以萬變雖有始終瞬息之異，彼此萬方之殊，而太極則無在而無不在：「太極之在兩間，无初无終而不可間也，无彼无此而不可破也」〔註 34〕。其體恆常徧在，渾一無別。

太極之○恆一、恆動。由其動以生動，有而益有，是以太極當體於上可發生萬變。由其恆一，則天地之變化雖繁，象數雖萬，亦統函於太極渾淪周徧之體○之一而無異。萬變相乘之機無不得貞一之理以主宰之，貞定之。萬化之生極乎至變，是為「動」；太極之有萬數，也是生於動。因此，太極從有益有、主宰萬變，乃是「動，君動」。太極既以「動，君動」，則一可不用。何故？此因變有常主，萬變不離其常。若太極之一也隨變之動以俱逝，則天下唯變而已，將無常主以貞其變。而以情異數畸之陰陽相感相變，無主以宰

〔註 31〕明・王夫之：《周易內傳》，《船山全書》第一冊，頁 525。

〔註 32〕明・王夫之：《張子正蒙注》，《船山全書》第十二冊，頁 15。

〔註 33〕明・王夫之：《周易外傳》，《船山全書》第一冊，頁 1018～1019。

〔註 34〕明・王夫之：《周易外傳》，《船山全書》第一冊，頁 1016。

之，將不能保證其不至於互相毀、交相滅，而天地難保必無毀滅之一日，「藉有毀天地之一日，豈復望其亥閉而子開，如邵子之說也哉」〔註35〕！

　　因此，太極○之為渾淪周徧之體，其體「一」。有恆「一」之體為主宰，故太極於其體上有而益有、生而日生，乘乎變者之萬數，而一乃無往而不主之，「一因動以為君」，雖天下日動，而變不失常。從太極○之一恆常徧在，「象皆其象，數皆其數」，函萬於一，則太極之體○雖恆動而可說動而不動。於是，一方面從其體而觀之，○之全體覆冒函括萬數，「未動則合五十而為一」，其一涵萬，並非是那參與於萬數或大衍五十之數中，而與其他數目相對並立，分離析處的一。另一方面太極既本動而非廢靜，其體「一」乃無不動以生萬化。以動君動，則太極不能停留於「未動則合五十而為一」之狀態，而必然為「動而倚數，於五十之中」而為「一」。

　　「未動則合五十而為一」與「動而倚數，於五十之中立一以為一矣」，兩者之「一」是同？是異？前者為冒天下之數的渾淪周徧之太極○之一，後者為天數或陽數之一，兩者當然不同。然而，兩者又並非完全異質而無關。可以說，天數或陽數之一也是太極，不過它不是指稱渾淪周徧之○的太極之一本身，而是立於萬數外，參與於萬數之中而為其中一數，與其它之數分離析處，以主宰萬數之變化的太極。太極之○本不可擬議，無象無數，人從其本動既有之後以數測之而得一。一者天數，一一而二，二者地數。由是相先相隨而十，由十而五十，以至於萬數皆可得。故萬數同函於太極渾淪之一○，一也始於此，此即「一者，天之始數」的緣故。天數之一也是萬數所自始，而有主宰之用，故其身分也是太極，此乃陽之「與太極同而无所歉」〔註36〕之所在。天數之一在老子與王、韓謂之無，在宋明大儒之中，即乾陽、理或天道等形上本體。船山反對無，然盛贊乾陽與太極同功。〔註37〕然而不論無或乾陽或形上道體之一，畢竟不是渾淪周徧之太極之一，乃是萬數之中立一以為一，為太極○覆冒的萬數中之一數而已。〔註38〕

〔註35〕 明‧王夫之：《周易外傳》，《船山全書》第一冊，頁975。

〔註36〕 明‧王夫之：《周易外傳》，《船山全書》第一冊，頁1018。

〔註37〕 船山盛贊乾陽之功用：「陽，清虛浩大，有形無形皆徹焉，故極乎函三之全體而九。陰，聚而各於用，則雖重濁，而中固虛以受陽之施，故象數皆有所歉而儉於六」。「天陽之數，無所不用，於此而見天之為天，大極無外，小入無間。……一皆陽氣之充周普徧，為至極而無越之則焉。」明‧王夫之：《周易內傳》，《船山全書》第一冊，頁45、68。

〔註38〕 陳玉森、陳憲猷教授說：「就陰陽分而言之，天地各有其數，各有其始。然天

太極以動君動，常以貞變，是以物變之生皆具巧不可踰之則。《易》之占筮掛一不用，其客觀根據就是「太極之有數生於動」。因為「易之變化，亦動也」，故占筮也是「動，君動，則一可不用，以君四十有九」。有一主之，四十九之數乃「極變而有定」〔註39〕，結果乃皆不出七、八、九、六。此主宰四十九之變化的常主，在用數占《易》之時，就是人所卜問之「一事」：「其一，體也，所占之事之體也。……事雖一而變無窮，故四十有九動而不已，以應靜俟之一」〔註40〕。

船山從太極主宰之理「常以貞變」建立占筮掛一的實在基礎，此與其從人合天地之德以「用數」，不能盡用天地之數而定「大衍五十」之數，兩者同樣是根據天地本體之常賦予占筮之理以客觀根據。船山之言自有其哲學上的理由，可備一說。然船山又曾據祖沖之之說，從數學「開方原理」推論說：「大衍之數五十者，十十之開方而用其半也。（易陰陽十二位，但用其半。）其一不用者，開方之母也。」〔註41〕文王當時豈有開方之說？此說未免推論過當，不合歷史事實。

四、四營、十八變的客觀基礎

占筮窮理的具體方式為四營、十八變，此一方式扮演著「程式」的角色，根據其演算所得結果積成卦象，可窮究天道、物理。然其實證基礎何在呢？

（一）四營的根源

四營一變，其四個步驟乃占筮演算的基礎，這些步驟是怎麼產生的？《繫辭傳》象兩、象三、象四時、象閏之說恐怕取其「象徵」的意味較濃厚，若然，四營的方式帶有明顯的主觀色彩，其客觀基礎恐怕比較薄弱。船山對於四營的根據何在，也缺乏詳細的論說；只見到其一個簡單的說法：「亦取四時

地、陰陽本為一體，其生成之本始乃太極，乃一，二亦由一所生。於是王夫之從其本原申明一亦地之始數，在太極生生的本原上，堅持一元論。」陳玉森、陳憲猷：《周易外傳鏡銓》，頁760。其說甚是。與地數並列之天數一，乃立於數之外。若以之為太極，則一方面，太極必不能冒天下之數。二方面，一無四九，萬數如何從本無其數之一中被「無中生有」呢？其說都無法真正維持本體一元論的主張，從而必遭致無中生有的批判。

〔註39〕 明・王夫之：《周易外傳》，《船山全書》第一冊，頁994。

〔註40〕 明・王夫之：《周易內傳》，《船山全書》第一冊，頁548。

〔註41〕 明・王夫之：《尚書引義》，《船山全書》第二冊，頁346。

運行之意」〔註42〕。這和《繫辭傳》文的觀點並無分別。至於四營四個各別
步驟的客觀根據，船山各有或詳、或略的論說，以下整理其說略言之。

1、分二之故

分二的根本在於陰陽兩儀，即奇偶之畫－、－－乃天地固然大用，爲萬有變
化的根本元素：「太極之動，奇－偶－－而已。……萬物之取以爲實而隨化皆始
者也」〔註43〕。而陰陽變化雖有成則可法，然又根源於天道無心成化，占筮
分二出於無心，乃根據陰陽象數適然的變化：「分而爲二，用其偶然而非有多
寡之成數也」〔註44〕。

2、掛一之故

「掛一以象三」，乃本於天、地、人三極之道，「三，三極也」。〔註45〕這
基本上乃是以《易》道爲以人合天地之用，故占筮本之以象三才。

3、揲四之故

揲四乃根據天地生生之德流行於四方、四時而成水、火、木、金、土等
五行之化：「其揲四之數，六揲而二十四，七揲而二十八，八揲而三十二，九
揲而三十六。六七八九，河圖之成數，水火木金之化也」〔註46〕。案：根據
《河圖》，北方爲水，其數爲六；南方爲火，其數爲七；西方爲金，其數爲八；
東方爲木，其數爲九。土居中主之，其數五，本天地以行四時、四方之化。
故揲數除以四。

4、歸奇之故

天地大化雖有大成之序而實無序，陰陽以不測爲神，人之用數不能一一
而求其肖似，故必有畸零之餘：「『歸奇』，歸之無用之地，反諸靜存也。『奇』，
畸零也。……『扐』，餘也」〔註47〕。太極主宰萬化，必有成則可法。而太極
之主宰之，乃乘乎萬變而無不在。故占筮之「歸奇」，無不餘一以爲「一爻之
君」：「歸奇之十三、十七、二十一、二十五，三四五六以乘四而加一，其一
爲餘，餘者奇之歸，皆掛一不用以爲一爻之君也」〔註48〕。若無歸奇，則揲

〔註42〕 明・王夫之：《周易內傳》，《船山全書》第一冊，頁 550。
〔註43〕 明・王夫之：《周易外傳》，《船山全書》第一冊，頁 1021。
〔註44〕 明・王夫之：《周易外傳》，《船山全書》第一冊，頁 1000。
〔註45〕 明・王夫之：《周易內傳》，《船山全書》第一冊，頁 548。
〔註46〕 明・王夫之：《周易外傳》，《船山全書》第一冊，頁 1020。
〔註47〕 明・王夫之：《周易內傳》，《船山全書》第一冊，頁 548。
〔註48〕 明・王夫之：《周易外傳》，《船山全書》第一冊，頁 1020。

策活動平淡無變化；如無餘一，則「歸奇」不成，卦爻亦不能成立。可見一
無往而不在，一乃無所不用。歸奇餘一乃太極無往而不主之之道。〔註49〕

以上四營之本，船山之說分散而缺乏系統。大略是說太極主宰萬變乃無
往而不主之，然又是無心成化之大用。四營象兩儀、三極、四時、閏期而成
之占筮方式，固然在太極方面有其客觀根源，但是，這是否等於說捨此方式
之外，其他途徑（如《太玄》、「先天數」）的推算方法就不合於太極之理呢？
船山恐怕也很難證明其必然之故。

（二）十八變之客觀根據

船山曾從「道之見於數」的角度，根據「天地合德」的觀點證明「易卦
六位」為「天地之德固然」。參考〈第九章‧第三節〉。據此，他進一步說，
六畫卦雖全備天下物理人事，為當然固然之大用，然而這是天地之德固然。
《易》道乃以人合天地之用，要將六畫之德流行於天下，從數之奇偶之變的
立場來看，占筮必須「奇其所偶而十八」：

> 道之見於數者，奇偶而已矣。……二其三，三其二，而奇偶之變具
> 矣。然此者，天地之德固然，人未有以與之也。迓天地之德，以人
> 謀參之，因其固然而復為之合。六亦偶也，奇其所偶而十八，故四
> 營之變十有八，則三極之往來盡矣，而奇偶之分合止矣，過此者皆
> 統於此矣。要而論之，奇偶合用以相乘，易與筮均是物也。筮者，
> 人之迓天者也：三其六，以奇御偶，圓數也，圓而神者以通神明之
> 德。〔註50〕

此說的基本觀點在以十八變方能以人合天地之用，「通神明之德」，大致與四
營之本於太極無心成化之主宰大用的說法相同，不再詳述。

船山既以四營十八變本於太極固有之陰陽二體或奇偶之畫－、－－聚散變化
以生萬數之理，故乃以占筮原理為陰陽交易之理，說：

> 繇理之固然者而言，則陰陽交易之理而成象，象成而數之以得數。
> 繇人之占易者而言，則積數以成象，象成而陰陽交易之理在
> 焉。……非象則無以見易。則舍六畫奇耦往來應違之象以言易，其
> 失明矣。〔註51〕

〔註49〕陳玉森、陳憲猷：《周易外傳鏡銓》，頁765。
〔註50〕明‧王夫之：《周易外傳》，《船山全書》第一冊，頁1054。
〔註51〕明‧王夫之：《周易內傳》，《船山全書》第一冊，頁586。

案：「陰陽交易」當指陰陽迭相錯綜升降往來於「六畫」之位。陰陽是「二物未體之名也。盈兩間皆此二物，凡位皆其位，……不可云當位不當位，應不應，故於吉凶悔吝無取焉」〔註52〕。而結聚於個體中的陰陽則「質成而用著」，乃別謂之剛柔。〔註53〕剛柔在《易》卦中的身分爲爻，即「奇耦」之畫。在卦中之陰陽或剛柔就有當位不當位、應不應之「象」。所以由理之固然者言之，陰陽交易往來於六畫之中，就自然形成「吉凶應違之象」。爻或奇耦之畫有其象，則有其數；卦中之爻，其數非其六九，則其七八，亦即揲數。根據揲數，上推成爻之策數，則可逆測陰陽交易之理數。

結聚於六畫卦體中的奇耦之畫，源自於陰陽交易之理，船山認爲由人之占《易》「積數成象」，而陰陽之理即凝涵於象中。問題是，由占筮的「陰陽交易之理」所成之象畢竟是六十四卦之卦爻象。能否逕自以此「陰陽交易之理」等同於事物成物的存在原理？其說之能成立與否，必須能完全證明卦象與物象的「陰陽交易之理」完全一致。船山雖以「一陰一陽之道」，乃「人物之有道，易之有象數，同原而不容歧視」，然並無充分論說，即以卦象與物象輕易等同無別。參考〈第十章〉。並逕自把《周易》象數視爲「與道爲體」，居於統會天下眾理的地位。參考〈第九章〉。故乃以占《易》之理凝涵陰陽交易之理於其中，占筮能通天下萬物之理，其推論不無異質跳躍之嫌。何況，從卦爻象可逆數奇耦之畫成象之數，而知其陰陽交易之理。然而由物象而數其象之數逆推事物之成物之理，其與占《易》之陰陽交易之理能等同一致乎？船山說：

> 是故象數相倚，象生數，數亦生象。……象生數者，天使之有是體，而人得紀之也。（如目固有兩以成象，而人得數之以二：指固有五以成象，而人得數之以五。）數生象者，人備乎其數，而體乃以成也。（如天子諸侯降殺以兩，而尊卑之象成；族序以九，而親疏等殺之象成。）……象生數，則即象固可爲數矣；數生象，則反數固可以擬象矣。〔註54〕

目、指等物象之數二、五，此象之數和目、手指成物之所以然的陰陽交易之理有何必然關係？占筮揲著的推算數理是否能窮得目、指等物之成物原理？這

〔註52〕 明・王夫之：《周易內傳發例》，《船山全書》第一冊，頁659。

〔註53〕 明・王夫之：《周易內傳發例》，《船山全書》第一冊，頁660。

〔註54〕 明・王夫之：《尚書引義》，《船山全書》第二冊，頁338。

兩種數的性質並不全同。船山對於「數」的內涵與性質的界定不夠嚴謹，嚴重
地影響他對《易》理或占《易》之理與天理之間的關聯之論說的嚴整性。

五、結論

　　占筮基本元素乃大衍之數五十，它是本於《河圖》「五位十數」之象的天
地之數五十五而來。船山為了證明天地之數五十五根源於天地本體，乃從「象
數一體」的觀點，提出一套從「太極之一，○也」發生象數的理論。但因整
個太極數理建立在某些簡單的前提之上，加上直觀的想像推演而出，並無實
證的可靠性，以致漏洞百出。其次，大衍五十以及何以掛一不用的客觀根
據，本於太極之○主宰之理之上，雖具有理性根據，實則基於人之「用數」
有其有限性的觀點。這種人之有限性的理性基礎同樣表現在「四營十八變」
的演算方法的客觀性證明方面。太極主宰萬變，其陰陽不測之神自具巧不可
踰之成則，占筮四營為一變之步驟，出於無心之分合，而結果不出七、八、
六、九的規律性，在太極無心有則之大用方面取得了其客觀根源。而太極既
函陰陽不測之神，四營十八變能做為太極之神所體現的方式「之一」，但是否
是「唯一」的方式呢？其他途徑的推算方法完全不合於太極之理乎？船山並
無法證明其故。

　　此中問題癥結在於：《周易》陰陽象數的結構載道而為之體，是和天道「相
與為一」的「唯一」或「之一」之體呢？船山以為「乃盈天下而皆象矣。詩
之比興，書之政事，春秋之名分，禮之儀，樂之律，莫非象也，而易統會其
理」〔註55〕。五經函藏天理，未嘗不可說其亦是「載道而為之體」，但何以其
理卻為《易》理所統會呢？此因，船山執意把《周易》乾坤並建所構撰的象
數系統視為「統會眾理」的最高原理，以「易之象數，天地之法象也」〔註56〕，
而五經等天下之象則僅是天地法象的一端之象，故《周易》象數乃「非其他
象數之學所可與也」〔註57〕。則《周易》象數之地位等於統攝天下萬象的最
高原理，與道為體而不二者，是「唯一」等於天道的象數體系。然船山並未
能充分證成其說。船山也說：「大衍五十，而用四十有九，分二掛一，歸奇過
揲，審七、八、九、六之變，以求肖於理，人謀也。」〔註58〕又說：「爻之六

〔註55〕　明・王夫之：《周易外傳》，《船山全書》第一冊，頁1039。
〔註56〕　明・王夫之：《周易內傳》，《船山全書》第一冊，頁519。
〔註57〕　明・王夫之：《張子正蒙注》，《船山全書》第十二冊，頁282。
〔註58〕　明・王夫之：《周易內傳》，《船山全書》第一冊，頁615。

陰六陽而爲十二。……十二者，象天十二次之位，爲大圓之體。……易以綜
爲用，所以象人事往復之報，而略其錯，故嚮背之理未彰。」〔註59〕四營十
八變既是出於「人謀」以求「肖」似乎理，乾坤並建所立之象數之體既是「象」
徵天地本體的系統，這不就表示《周易》象數和天道、天理之間的一致性也
是建立在「相似」、「象徵」、「比擬」之義涵上，和其他眾多天下之象除了在
象徵的「形式」上有所區別之外，作爲用以比擬天道的「符號」系統之性質
能有何不同呢？又何以竟能統會眾理呢？如此，《易》之爲象與其它五經之爲
象，並不必然具有統攝者與被統攝者的層次之異，只能是眾多比擬天道的系
統「之一」，而非「唯一」等同天道者。〔註60〕

　　即使如此。值得一提的是，船山此一陰陽象數理論表現在天道論，具有
幾方面重要意義：

　　1、「太極之一，○也」的實際涵義既顯示天地本體在「數量」（而非數目）
上只有「一」個，而與萬數參立之一或天數一不過是其中所含之一個「數目」，
則船山之說乃爲徹底圓滿的「本體一元論」的表詮方法。

　　2、太極○之有十數，雖若依照動靜先後、相隨漸進的次序而生，但這種
「漸生」、「次序」乃是從人以數測太極的觀點才有的現象。從太極本體而言，
十之有於太極，乃是太極「固有」之，並無先後之序、漸生之象，故船山曰：
「太極之有十，渾成者也。非積而聚之，剖而析之也。」〔註61〕此一觀點體
現在天道論方面，說明宇宙發生的問題時，船山反對萬物「漸次以嚮於備」
的漸進發生論，而提出太極「同有」、「固有」萬物之生的「於上發生」論（參
考〈第四章〉）。

　　3、太極不可擬議，其一乃渾淪周徧之○，但其體恆動，以動君動，乘乎
萬變而無不在以主宰之。當太極動於萬變之中以君動，其身分則爲「動而倚
數，於四九之中立一以爲一」，乃與其它萬數析處並立的一，亦即天數一。太
極之一爲天數之始，亦爲地數之始。太極一○，爲大圓、爲天，其一乃「在

〔註59〕 明・王夫之：《周易內傳發例》，《船山全書》第一冊，頁 658。

〔註60〕 曾春海教授根據船山「易有太極，不謂太極有易也」之言說：「六十四卦係擬
　　　　配宇宙最高實體之太極而作，不足以全肖宇宙之全，僅能作象徵義。」曾春
　　　　海：〈闡船山易學之宇宙論〉，收入《儒家哲學論集》（臺北：文津出版社，1989
　　　　年），頁 372。其說於船山之言有根據，然而船山卻不願如此主張。因爲這樣
　　　　一來，船山對《周易》的看法和王弼等義理《易》學的基本觀點就很難有所
　　　　區分了。

〔註61〕 明・王夫之：《周易外傳》，《船山全書》第一冊，頁 1018。

天者渾淪一氣」，「天地渾淪之體，合言之則一」之一。天數一則爲與地相對，乃在天之氣「凝結爲地，則陰陽分」，天地之體「分言之則二」的天。從前者，船山之本體一元論與其他各家有所判別；從後者，其一元本體乃凝合乾陽或天之主宰之理與坤陰或地之材質之氣等兩端於一體者。船山此一理論型態既保留了乾陽或太極道體之爲生化之主宰之理的意義，同時又不至於因此造成形上、形下截然打成兩片之二元論架構。〔註62〕

〔註62〕 杜保瑞教授說：「易經哲學中卦理的研究可以只是占筮之學，然而儒學理論家藉易經哲學的符號與術語系統討論形上學思想的作法也是事實。……船山已把易學視爲儒家天道論的表達系統，所以他對卦理的研究等於他對形上義理的研究，他藉卦理發生發展的原理來說明儒家的天道理論，也就在這裏發展了儒家哲學中易學進路的形上思想之理論型態。」杜保瑞：《王船山易學與氣論並進的形上學之研究》（臺北：臺大哲研所博士論文，1993年），頁23。如果船山將其《易》學理論當作「藉」卦理發生發展的原理說明儒家的天道理論，則其理論中的問題就比較沒有那麼多。

總結論：從「陰陽」觀念的用法論船山哲學方法的理論涵義與船山「陰陽理論」的天道論特色

在天道論方面，當船山以「氣」爲宇宙本體時，他這是不得已的說法：

> 太虛即氣，絪縕之本體，陰陽合於太和，雖其實氣也，而未可名之爲氣：其升降飛揚，莫之爲而爲萬物之資始者，於此言之則謂之天。[註1]

有那麼一物，流動於天地之間，充滿任何虛空之處，無所不在，恆存不失。洋溢於所有人物體內，也周流於其體外，一切有形成質或無形無狀的事物都由之而生，乃爲宇宙最眞實之實體。那原本就不是人能夠去形容、指稱的對象，現在爲了言說的方便，不得不暫時用個名稱代替之。傳統中，此物習慣上被稱之爲「氣」，船山也暫時用「氣」代替之，但又擔心人會誤解他是以人在思維活動中使用的概念或「名言」之一的「氣」來詮釋本體，所以馬上就強調此物「不可名之爲氣」。

此一本體乃是一切思慮、名言所指涉之共同對象，卻又非任何言說所能盡，乃眞是非可道之常道、非可名之常名者。船山又說：

> 「太」者極其大而無尚之辭。「極」，至也，語道至此而盡也；其實陰陽之渾合者而已，而不可名之爲陰陽，則但贊其極至而無以加，曰太極。太極者，無有不極也，無有一極也。唯無有一極，則無所

〔註 1〕 明・王夫之：《張子正蒙注》，《船山全書》第十二冊，頁32。

不極。故周子又從而贊之曰：「無極而太極」。〔註2〕

「陰陽」、「太極」同樣是「語道者」不得已而用的概念，船山又恐有人誤解他乃以「名」言來詮釋本體之「實」，所以馬上就強調此物「其實」乃「陰陽之渾合」，但「不可名之爲陰陽」。

故當船山說本體是「氣」，其目的乃是基於「明道」的方便而使用它，並不是在詮釋本體、對本體作內涵地規定。事實上，「言語」在彰顯本體時，其功能受到極大的限制。因此，「說」絪縕本體「其實氣也」、「其實陰陽也」，是虛說而非實說。船山在論證「性善」之旨時，曾指出言語的功能之限制，謂言語「足以明道，不足以顯性」。「孟子之言性善」，這是因爲孟子確然有以「知性」。人能「知其性方解性善」，「其實性之善也，則非可從言語上比擬度量底。除孟子胸中自然了得如此，更不可尋影響推測」。能「知」性，那麼，對於「性善」自能信然無疑，「則苟非知性者而輕言性，縱然撞合，畢竟不親」。〔註3〕同樣的，絪縕本體就是那麼一物，人而實能「知」之，自能「知」其實蘊是氣，更能「知」其內涵除了氣，亦是天、道、太極、誠、理、性、心、中、善……等等，那原本不是「可從言語上比擬度量底」。現在，爲了「明道」，不得不用「言語」比擬之，而說「其實氣也」、「其實陰陽也」。這時，氣或陰陽就是絕對無限的本體自身，不能把氣或陰陽當成是人根據特定、有限觀點以彰顯本體實蘊之一端內涵時，所使用的「名言」。

氣或陰陽之爲絪縕本體之「實」，由於是絕對的無限體，原本爲超乎人類理性所能思辯、概念所能詮釋、智慮所能擬議的超絕實體：

陰陽未分，二氣合一，絪縕太和之眞體，非目力所及，不可得而見也。〔註4〕

天地之體，象無不備，數無有量。不可擬議者。〔註5〕

天地之理氣，不可以象象。〔註6〕

相對於本體之無限性，由於人是有限的存在，因此，凡欲對之有所言、所思、所議時，都不得不從某特定觀點以討論之。如：「天」乃是強調其爲「莫之爲而爲萬物之資始者」的一面之涵義。有「資始」，必有「終成」者與之相對（蓋

〔註2〕 明・王夫之：《周易內傳》，《船山全書》第一冊，頁561。
〔註3〕 明・王夫之：《讀四書大全說》，《船山全書》第六冊，頁960。
〔註4〕 明・王夫之：《張子正蒙注》，《船山全書》第十二冊，頁35。
〔註5〕 明・王夫之：《思問錄・外篇》，《船山全書》第十二冊，頁433。
〔註6〕 明・王夫之：《周易內傳》，《船山全書》第一冊，頁620。

非終成之，則生之事不遂），「地」即彰顯本體終成生化之義者。

任何詮釋本體之說，既只是根據一特定的觀點而立論，則一者，由此觀點所彰顯者，雖亦是本體無限實蘊所固有的義理之一，然卻不能「等於」本體之全蘊。二者，觀點既是基於特定的立場而設，則在「此」端觀點之外，必定存在另一與之相反、對立的「彼」端觀點，而天道的實蘊既可是「此」，更可是「彼」（否則，天道非無限），綜合「此」與「彼」之二端方能爲「全」或「一」。三者，綜合此與彼之兩端而成的「一」，原就是從某一特定之「端」出發而立者，它的內涵雖已含攝著被其所綜合之此與彼兩端之義，但其本身仍非無限。內在於其爲「一」而說，它也只是從特定的、有限的立場，以綜合「二」相反對立之端以成之「一」；外在於其「一」而說，因其有限性，在它本身之外也必存在與之相反、對立的「另一」端。同樣的，綜合其「一」與「另一」兩端，又成更高層次之「一」。從天道義蘊之無限地開展言之，這樣的「合兩端於一體」〔註7〕的綜合過程乃將無止盡地進行下去。

茲舉船山之說略明此義。人之一身，心爲主宰。心一依於理，是爲道心。心能如理，然不必一依於理，乃成人心。是道心此端之外，另有與之相反、對立之人心彼端。而人唯一心，心唯一體，必須合人心與道心兩端於一體，方得「心體」之全。故船山說：「以本體言，雖不可竟析之爲二心，以效用言，則亦不可槩之爲一心也。」〔註8〕心體合人心與道心兩端於一體，然心體又只是人性實體中之一端，蓋人性乃是合心官大體與形色小體之兩端於一之一元實體。船山化解孟子心官大體一耳目小體的說法，可能產生「是一人而有二體」的矛盾時，他便說：「從其合而言之，則異者小大也，同者體也。從其分而言之，則本大而末小，合大而分小之謂也。」〔註9〕而人之性體又只是在人之天道，人性實體之外，別有在天之天道；合天與人兩端於一體，則爲天道之全。

據上所述，是凡對於「其實氣也」之本體的內涵之闡發而有當於理者，皆可謂能彰顯其體之蘊奧。唯「氣之實」的內涵無限豐富，而任何對其義蘊之論說，又是基於某一特定之端而發。這樣，人所論說者雖未嘗不是「氣之

〔註7〕明・王夫之：《張子正蒙注》，《船山全書》第十二冊，頁37。
〔註8〕明・王夫之：《讀四書大全說》，《船山全書》第六冊，頁1084。
〔註9〕明・王夫之：《尚書引義》，《船山全書》第二冊，頁355。

實」固有的內涵之一，然而卻不能謂其全體義蘊已窮盡於人之言說中。根據特定觀點以詮釋本體，使人獲得了關於本體義蘊的天道論義理之後，當以「言語」明道，而使用一「名言」來指稱本體時，則此一「名言」具有的義理內涵所彰顯的實蘊，乃是「屬於」氣之「實」之一，而不「等於」氣之「實」之全。理論上，允許從無限觀點來論述之，則「氣之實」的內涵當然可由無限多面向開展，分析本體實蘊而立之「名」也就有無限多端：

> 理一而所指殊，故言各有端。〔註10〕

> 名者，言道者分析而名，言之各有所指，故一理而多爲之名，其實一也。〔註11〕

「言道者」從特定之端以分析「其實氣也」、「其實陰陽也」之絪縕本體，而指出其義蘊如何如何等等；並可「各」據所分析、指出之義理以「名言」之，「而多爲之名」。「名」所承載的「實」乃雖不「等於」、但亦「屬於」本體所固有之義理內涵。這裡，「其實一也」的「實」和「一理多名」的「名」，名與實的關係並不是認識論中概念名稱與其內涵之間的關係，而是本體實蘊或「氣之實」內涵的一端與全體，或有限與無限之關係。因此，被詮釋的本體所固有的實蘊「是」、但卻不「只是」詮釋本體實蘊所知的義理內涵而已。因爲「天人之蘊，氣而已」〔註12〕，所以說「其實一也」的絪縕本體「其實，氣也」。又因語言僅足以明道，而不足以顯氣之實；能得其「一端」之實，而不足以窮盡其「全體」實蘊；所以不得不旋說旋掃，而說其實雖氣卻「不可名之爲氣」。

當分析「氣之實」之內涵，以「各有所指」時，則若指其固具主宰之理以運於形而上，則得太極或道之義；指其爲實有之體而非空無，則得誠之義；指其無形無象、清通不可測之神則得太虛之義；渾合無間，和諧之至，則得太和之義；乃構成萬物存在之基質、材撰，則得氣之義。除此，「氣之實」的蘊奧也可以是天、理、性、心、中、命、善、陰陽、……等等。

從船山來說，「其實氣也」、「其實陰陽也」之絕對無限的「渾一之體」，乃是任何對於本體的言論，在立說之先即已預設的基本前提，則船山之本體論立場當然是「一元論」，不過其爲本體一元論的層次則明顯與其他學者之說

〔註10〕 明・王夫之：《禮記章句》，《船山全書》第四冊，頁 1306。

〔註11〕 明・王夫之：《張子正蒙注》，《船山全書》第十二冊，頁 32。

〔註12〕 明・王夫之：《讀四書大全說》，《船山全書》第六冊，頁 1054。

有不同。一方面，此「一」氣之實乃一切萬有存在的本體；有人之存在，乃有對本體實蘊之詮釋；因而有詮釋本體之「名言」等。故船山才說：「蓋言心言性，言天言理，俱必在氣上說，若無氣處則俱無也。」〔註13〕二方面，「其實氣也」之氣，乃非根據特定觀點所形成之「名言」，以對本體之內涵作明確而有實義之規定者，而僅是爲了明道方便所作之虛說，故其內涵無限豐富。而「氣」作爲具有明確義涵的概念，亦不過是彰顯「氣之實」一端實蘊的「名言」而已。〔註14〕因此，當稱船山爲「氣一元論」者，若是意指「氣之實」，則當知其所謂「氣一元論」同時具有其它「多名」所指之實，那麼，就不可能取消船山之本體具有太極、道、理等「主宰」、「主持分劑」之義。若以船山之「氣一元論」的氣，乃彰顯本體一端實蘊之義者或「一理多名」中之一名，而反對船山之氣隱含其它多名之義，尤其否認船山本體論具有主宰之理，則將使船山所論之本體成爲「只是氣」。然船山明顯反對把宇宙本體視爲「只是氣」。參考〈第一章・第三節〉。因此，否定船山本體具有「氣」以外之涵義者，不合其本意。

在「氣之實」之「一實多名」中，「陰陽」之「名」最爲特殊。「陰陽」是由陰、陽這兩個性質不同的元素、功效相異的動力所組成的複合名詞。由於陰、陽二者具有相互作用、感應和合的能力，極適合用於解釋本體生化萬有的生成現象。但是，也正因如此，既容易產生本體有陰、陽兩體的二元論印象，且其彼此互相影響改變的情形，也使渾一之體或太極本體不易維持恆常不變的特質，容易造成本體具有純疵駁雜，萬種不齊之性質的結果。船山在充滿方法學的意識之下，靈活運用了「陰陽」觀念的獨特性，建構了與眾不同的天道論型態。原則上，「氣之實」的蘊奧無限多端，聖人也無法全盡之。然而人可基於實踐上需要，暫時從兩端並立而迭用的觀點來擬議天道，以爲崇德之本。當人從某一特定之「端」分析「氣之實」之蘊，「此」端之外，必有與之相反對立之「彼」端。若以此兩端之一端爲陽，則另一端爲陰，合陰陽兩端則得一。故船山提出「合兩端於一體」的觀念，而說：「陰陽之始本一

〔註13〕明・王夫之：《讀四書大全說》，《船山全書》第六冊，頁1111。

〔註14〕趙雅博教授指出：氣有兩種：一種來（引者案：當作「未」）可名之爲氣的氣。一種太虛之氣，這個氣構成陰陽、天地、五行、萬物，這些也都可以氣來稱呼他們，這樣看，氣乃是一個共同的名稱。趙雅博：〈王船山宇宙發生論的思想（上）〉，《孔孟月刊》，第32卷，第5期（1984年1月），頁28。此說已指出有那「不可名之爲氣」的氣和「共同名稱」的氣之不同。

也，而因動靜分而爲兩，迨其成又合陰陽於一也。」〔註15〕合兩端所成之一，既是從特定觀點以「明道」，故本體實蘊能被語言明確地規範而使其意義得以彰顯。又因爲其一之外，尚有與之相對之「另一」，而又更合兩於一，所以，不致於造成「立一以爲一」〔註16〕，而陷入執一端爲全體，以有限爲無限的結果。如此，船山得以在肯定本體乃「渾一之體」的前提下，藉著陰陽「本一而分兩，分兩又合一」，這個既分又合的動態關係，根據人道的觀點，從各種不同的角度，生動活潑地說明宇宙發生的現象，天道變化的根本原理，展現「氣之實體」無限豐富多元的蘊奧。因此，若要認識船山天道論的義理特色，有必要對其「陰陽」觀念的方法學涵義作一闡釋。

船山恐是中國哲學傳統中，在使用陰陽觀念建立其哲學時最具有方法學意識的學者。他多次提到「凡陰陽之名義不一」〔註17〕之類的話，並在指點學者讀書方法時，要能跟隨古人使用某一詞彙的場合去掌握其義旨，千萬不可過於執著、拘泥文義：

> 陰陽剛柔互言之，在體曰陰陽，在用曰剛柔。讀易之法，隨在而求
> 其指，大率如此。若下章以陰陽屬天，剛柔屬地，又象、爻之辭言
> 剛柔而不言陰陽，剛柔即陰陽，其指又別。古人言簡而包括宏深，
> 若必執一以爲例，則泥矣。〔註18〕

由此看來，在研究船山「陰陽」的意義時，必須先有陰陽之涵義複雜豐富的心理準備，也要體認到「陰陽」意義含混的現象，其實是船山有意識的安排；更重要的是，只要明白船山的用意，不過分執著，順著船山使用陰陽的脈絡「隨在而求其指」，大體上還是可以掌握船山「陰陽」觀念的意義。〔註19〕

〔註15〕 明·王夫之：《張子正蒙注》，《船山全書》第十二冊，頁 37。

〔註16〕 明·王夫之：《周易外傳》，《船山全書》第一冊，頁 1019。

〔註17〕 明·王夫之：《張子正蒙注》，《船山全書》第十二冊，頁 57。

〔註18〕 明·王夫之：《周易內傳》，《船山全書》第一冊，頁 621。

〔註19〕 趙雅博教授已注意到船山陰陽觀念的意義廣泛，他說：「陰陽有兩類，太虛太極中的陰陽，有此一陰陽相感而再產生出的陰陽。後者不同於前者。」又說：「陰陽旨義及範圍運用到實物或飾詞乃極廣泛：實物有天地、乾坤、男女、水火；性質或修飾詞：剛柔、動靜、進退、闔闢、明暗、清濁、形象、虛實；道德則陽仁、陰義；善陽、惡陰。」趙雅博：〈王船山宇宙發生論的思想（下）〉，《孔孟月刊》，第 32 卷，第 6 期（1984 年 2 月），頁 33、35。許冠三教授也論及船山之陰陽意義具有廣狹之不同：狹義之陰陽指陰陽二氣或叫「太極之本體」。廣義之陰陽除具有前一者之意，更兼喻陰陽之形象，陰陽之變合及其性情、功效，甚至易之卦象，或此數義中之任何一義、二義。又說廣義之陰

船山既是那麼強調陰陽的名義不一，他當然不可能給陰陽下一明確的定義；而且，其讀書法又要求「隨在而求其指」，這使其在藉著古人之言詮釋陰陽觀念之涵義時，乃隨文指點，漫無系統。因此，究竟船山在使用「陰陽」這一概念時，用了哪些方法？此等方法之間是否有系統、條理可尋？這些問題並不易掌握。大致歸納起來，船山對於「陰陽」概念的使用約有三種相關方式，以下分述之。

（一）陰陽名、實之分的方法

「陰陽」同時做為「名」和「實」，其內涵當然不同。船山指出兩者之分別：

> 陰陽之實，情才各異，故其致用，功效亦殊。若其以動靜、屈伸、聚散分陰陽為言者，又此二氣之合而因時以效動，則陽之靜屈而散，亦謂之陰，陰之動伸而聚，亦謂之陽，假陰陽之象以名之爾，非氣本無陰陽，因動靜屈伸聚散而始有也。故直言氣有陰陽，以明太虛之中雖無形之可執，而溫肅、生殺、清濁之體性俱有於一氣之中，同為固有之實也。〔註20〕

陰陽之「實」是指太虛之中「氣有陰陽」，其彼此的「情才各異，功效亦殊」。渾淪一體的「氣之實」既然固有這二種不同的情才功效，則泛稱「陰陽二氣」並無不可。陰陽二氣或省略為陰陽，故船山乃說：「陰陽實體，乾坤其德也。」〔註21〕

那麼，陰陽實體的情才功效之實是指什麼？在本段引文中，船山舉出溫肅、生殺、清濁之「體性」為一氣之中「固有之實」。陰陽兩者「情異數畸」：「陽躁以廉，往有餘而來不足；陰重以嗇，來恆疾而往恆遲；則任數之固然而各有竭。陽易遷而奠之使居，陰喜滯而運之使化，遷於其地而抑弗能良」

陽可分兩層：一層是就太和之氣含有健順之性或理而言，一層則就天地之成形象，有陰陽、有溫肅，以及人性之有仁義而言。許冠三：〈王船山的宇宙觀〉，《香港中文大學中國文化研究所學報》，第10卷，第1期，頁178～179。嚴壽澂教授論及研究船山學的方法時，曾說：「在船山思想中，任一概念必含表裡二面，互為體用，切不可得其表而忘其裡。……要明白船山所用概念究竟何所指，不可但憑字面，必須根據上下文，明其表裡二面之意。」嚴壽澂：〈《思問錄》與船山思想〉，《百年》，第5期（1999年9月），頁2。其言皆甚合船山之旨。

〔註20〕明・王夫之：《張子正蒙注》，《船山全書》第十二冊，頁80。
〔註21〕明・王夫之：《張子正蒙注》，《船山全書》第十二冊，頁363。

〔註22〕。躁廉、易遷等為陽之情才性質，重嗇、喜滯為陰之情才性質，由之而陰陽往來之功效也因之不同。總括而言，陰陽之體性最根本的不同在於：「健而動，其發浩然，陽之體性也；順而止，其情湛然，陰之體性也」〔註23〕，因此說「蓋陰陽者氣之二體」〔註24〕。陰陽體性雖異，但這僅是就一氣之實的情才功效之不同而暫分，本體則一體而無二，故船山接著說陰陽「體同而用異」〔註25〕。這就猶「如水唯一體，則寒可為冰，熱可為湯」〔註26〕。於是，船山由「陰陽」觀念所建立的本體一元論可說是「體一用二」的本體論：人心與道心「以本體言，雖不可竟析之為二心，以效用言，則亦不可槩之為一心也」〔註27〕。陰陽體同而用異，也是「以本體言，雖不可竟析之為二氣，以效用言，則亦不可槩之為一氣」。所以說「陰陽之始本一」，「合兩端於一體」。

　　天地間各種現象都是一氣之實變化所成，而一氣之實固有陰陽體性之異，則對於這些現象，若「假陰陽之象以名之」，此時所謂之陰陽，作為人使用的概念，乃是後於一氣之實而有。例如：動靜、屈伸、聚散等作用。人可以因動、伸、聚的作用與一氣之實的陽之體性相像，所以也名之為陽。靜、屈、散與陰相像，而名之為陰。但是，這些「作用」的發生，都已預設發生作用的「主體」是一。發生作用的主體乃是氣或陰陽，所以，一方面陰陽之有在動靜之先，而不是因動靜而後有，「故曰『陰陽無始』，言其有在動靜之先也」〔註28〕。另一方面，陰氣、陽氣各自不同，各有其動靜。則雖是陽氣，當「陽之靜屈而散，亦謂之陰，陰之動伸而聚，亦謂之陽」。如殺氣、寒氣為陰，當其發動厚集，則其作用屬陽等。

　　一氣之實絪縕渾合，然其陰陽情才效用不同，人可根據其分別，以詮釋對象之間的關係。則由陰陽之實與名之分別的方法，乃發展為陰陽之合說與分說之異的方法。

〔註22〕　明・王夫之：《周易外傳》，《船山全書》第一冊，頁1004。
〔註23〕　明・王夫之：《張子正蒙注》，《船山全書》第十二冊，頁82。
〔註24〕　明・王夫之：《張子正蒙注》，《船山全書》第十二冊，頁23。
〔註25〕　明・王夫之：《張子正蒙注》，《船山全書》第十二冊，頁23。
〔註26〕　明・王夫之：《張子正蒙注》，《船山全書》第十二冊，頁36。
〔註27〕　明・王夫之：《讀四書大全說》，《船山全書》第六冊，頁1084。
〔註28〕　明・王夫之：《周易內傳》，《船山全書》第一冊，頁525。

（二）陰陽之合說與分說之異的方法

陰陽之名義不一，則對陰陽兩者之分別的論說，其義自然也不可執著。船山論及鬼神之陰陽關係時即說：「就其一幽一明者言之，則神陽也，鬼陰也，而神者陽伸而陰亦隨伸，鬼者陰屈而陽先屈。……凡陰陽之分，不可執一言者，類如此。」〔註29〕「氣之實」允許人從無限多端觀點分析之，「理一而所指殊，故言各有端」。因此，從任何一端觀點為立場出發，都可以形成「此」與「彼」之兩端，而成立「氣之實」為「合兩端於一體」之說。「兩端」的實際內容如何，就決定於人所據以言道的此端之立場如何？通常，人言道之立場往往與他的問題意識相關。就船山所著重關心的問題來說，他對陰陽乃「合兩端於一體」的討論主要表現於三個方面之上。在這些問題上，船山同意，也認為必須對其中論說的對象區分陰陽兩端，以便人得以據陰陽兩端之迭用詮釋「氣之實」的蘊奧。但是，陰陽兩端之分既純然來自於人之詮釋上的需要，則對陰陽之分當然不可執著而將「氣之實」析為兩體。

第一，船山陰陽兩端之分合說，乃運用於形上、形下兩端的問題上。太極、道體或理乃是形而上的本體，陰陽、器或氣乃是形而下的存在。宋儒將形上、形下兩者分屬不同層次，卻又圓融一本。這既使得上、下打成兩截，各為一物；而形上本體本無形下之物，如何能自無中生有，主宰萬物之生化呢？船山同意形上、形下之分，但不認為必須付出上、下打成兩截的代價：「天下无象外之道。何也？有外，則相與為兩，即甚親，而亦如父之於子也；无外，則相與為一，雖有異名，而亦若耳目之於聰明也」〔註30〕。形上、形下雖有異名，「其實一也」：「『謂之』者，從其謂而立之名也。『上下』者，初无定界，從乎所擬議而施之謂也。然則上下无殊畛，而道器无異體，明矣」〔註31〕。從「氣之實」固有「未形而隱然有不可踰之天則」〔註32〕，一之一之以主持分劑陰陽之理，則謂之形而上；自其為構撰萬物之實有材質、原素，而「即形之已成乎物而可見可循者也」〔註33〕，則謂之形而下。合言之，則說陰陽或器則固已凝涵太極道體主宰之理，說太極道體則固即氣之理，乃合兩端於一體。分言之，則可以以主宰之理為陽或乾，以陰陽之氣

〔註29〕 明・王夫之：《張子正蒙注》，《船山全書》第十二冊，頁34。
〔註30〕 明・王夫之：《周易外傳》，《船山全書》第一冊，頁1038。
〔註31〕 明・王夫之：《周易外傳》，《船山全書》第一冊，頁1027。
〔註32〕 明・王夫之：《周易內傳》，《船山全書》第一冊，頁568。
〔註33〕 明・王夫之：《周易內傳》，《船山全書》第一冊，頁568。

為陰或坤。

　　案：船山說：「道陽而器陰。」〔註34〕分言之則如此；合言之，「氣之實」乃合道與器（或形上與形下）兩端於一體。

　　就理氣（或神氣）而言，船山說：「太和之中，有氣有神。神者非他，二氣清通之理也。不可象者，即在象中。陰與陽和，氣與神和，是謂太和。」〔註35〕神或理乃偏指氣中之主宰，氣乃偏指有形有象之材撰。「氣與神（理）合」即「陰與陽合」，神理為陽而氣為陰，太和則合神（理）氣（陰陽）兩端於一體。

　　神理與氣之關係完全同於性與氣。在宋明理學的用詞中，性本專指在「個體」之本體，在天曰命，在人曰性，由於天道性命通一無二，所以「性」也取得了天地萬物本體的意義。船山說：「健順，性也；動靜，感也；陰陽合於太和而相容，為物不貳，然而陰陽已自成乎其體性，待感而後合以起用。……非乘乎感以動靜，則體中槁而不能起無窮之體。體生神，神復立體；緣神之復立體，說者遂謂初無陰陽，靜乃生陰，動乃生陽，是徒知感後之體，而不知性在動靜之先本有其體也。」〔註36〕性乃「在動靜之先」，含神以生感的陰陽實體或「太和」。性偏指氣之實之形而上的健順之德，氣偏指其形而下的可見之材：「神化者，氣之聚散不測之妙，然而有跡可見；性命者，氣之健順有常之理，主持神化而寓於神化之中，無跡可見」〔註37〕。太虛乃合性命與氣化兩端於一體者，其體常在，有無無異，故可謂性乃「無所謂生滅也」〔註38〕。

　　太極在船山大都意指「氣之實」渾淪之全體：「太極之在兩間，无初无終而不可間也，无彼无此而不可破也。……太極之一，○也，所以冒天下之數也」〔註39〕。但是當太極與道體同義，偏重主宰之理而言：「道者，天地人物之通理，即所謂太極也」〔註40〕，則太極為理，陰陽為氣：「苟其識夫在天之氣，唯陰唯陽，而無潛无亢，則合二殊、五實而無非太極。（氣皆有理。）」

〔註34〕　明・王夫之：《尚書稗疏》，《船山全書》第二冊，頁137。
〔註35〕　明・王夫之：《張子正蒙注》，《船山全書》第十二冊，頁16。
〔註36〕　明・王夫之：《張子正蒙注》，《船山全書》第十二冊，頁366。
〔註37〕　明・王夫之：《張子正蒙注》，《船山全書》第十二冊，頁23。
〔註38〕　明・王夫之：《張子正蒙注》，《船山全書》第十二冊，頁126。
〔註39〕　明・王夫之：《周易外傳》，《船山全書》第一冊，頁1016。
〔註40〕　明・王夫之：《張子正蒙注》，《船山全書》第十二冊，頁15。

〔註41〕。氣皆有理，而「理即是氣之理」〔註42〕，太極、陰陽分指理、氣，乃一體之不同兩端的名言，如此可說太極爲陽、陰陽爲陰。此義尤其明顯表現於以下之說：「夫太極之生元氣，（陰陽者，元氣之闔闢也。）」〔註43〕，故須合太極與陰陽、理與氣兩端方爲「氣之實」全體。

在乾坤方面，船山對乾坤的用法略有不同，以致說法稍異。「分言之，則乾陽坤陰；合言之，則乾以陰爲體而起用，陰以乾爲用而成體。」〔註44〕在此說法中，分言之，乾爲形上的生化主宰，坤（陰）爲形下的材質；合言之，「則太極者乾坤之合撰」〔註45〕。太極爲「氣之實」全體，合乾坤兩端乃得太極之全。這樣，乾與太極之理、道體、神理相同；坤與陰陽、氣、器相同。然而，除此之外，船山因爲深受「乾坤並建」的影響，當乾坤合而用以指稱太極主宰之大用時，則乾坤強調德性之義，爲形而上的主宰大用；而陰陽乃乾坤所主宰的形下材撰。「而宰制陰陽，使因時而效六子之績者，健行之氣『君』之也。其能受陽之施，含藏之以成六子之體者，順承之德『藏』之也。……伏羲平列八卦，而乾君坤藏之象已著；文王並建乾坤以統易」〔註46〕。「乾君坤藏」同爲陰陽主宰，即「乾者陽氣之舒，天之所以運行。坤者陰氣之凝，地之所以翕受。天地，一誠无妄之至德，生化之主宰也」〔註47〕。陰陽之氣乃乾坤至德所宰制之形而下者。

第二，運用在陰陽二物之分合的問題上。陰陽乃「氣之實」之二種情才效用相異的體性，而可說陰陽二氣。如此，學者不察，容易執著而說本體有陰陽二氣，太極乃乾坤並立，以致造成船山所批判的「天下有截然分析而必相對待之物」〔註48〕的結果。船山承認「陰陽者，定體也，確然隤然爲二物而不可易者也」〔註49〕。但卻不認爲這就必須取消「氣之實」爲渾一本體之論，而謂天下有有陰無陽、有陽無陰之孤陰獨陽之物。「輕清不聚者爲陽，雖含陰氣亦陽也；其聚於地中與地爲體者爲陰，雖含陽氣亦陰也。凡陰陽之名

〔註41〕 明・王夫之：《讀四書大全說》，《船山全書》第六冊，頁 1056。
〔註42〕 明・王夫之：《讀四書大全說》，《船山全書》第六冊，頁 1054。
〔註43〕 明・王夫之：《周易外傳》，《船山全書》第一冊，頁 984。
〔註44〕 明・王夫之：《周易內傳》，《船山全書》第一冊，頁 530。
〔註45〕 明・王夫之：《周易外傳》，《船山全書》第一冊，頁 990。
〔註46〕 明・王夫之：《周易內傳》，《船山全書》第一冊，頁 626。
〔註47〕 明・王夫之：《周易內傳》，《船山全書》第一冊，頁 507。
〔註48〕 明・王夫之：《周易外傳》，《船山全書》第一冊，頁 1073。
〔註49〕 明・王夫之：《周易內傳》，《船山全書》第一冊，頁 42。

義不一，陰亦有陰陽，陽亦有陰陽，非判然二物，終不相雜之謂」〔註50〕。「輕
清上浮者陽也，而有形有象，聚者爲陰；出地而有實者陰也，而形無固形，
究歸而散爲陽。……非判然兩分而不相合也」〔註51〕。陰陽之分「非判然二
物，終不相雜」、「非判然兩分而不相合」，這是根據上一種陰陽「名實」分別
的方法而來，浮沉升降、輕清凝聚等「作用」之分陰陽，乃假借氣之實固有
的不同體性而立之名；而因爲作用的主體是「陰陽之氣」，即使陰氣或「含陰
氣」的主體「輕清不聚」「上浮」也是陽。乾坤並建，乾有六陰，坤有六陽，
乾坤之非截然分析者，也正是如此。因此，太極爲乾坤之合撰，「氣之實」乃
合陰陽兩端於一體。對於陰陽之分合的方法，船山乃揭示「分言之則辨其異，
合體之則會其通」〔註52〕的原則。

　　然而陰陽之分合的方法涵義不僅於此。對於陰陽實有二物之分別不但不
礙本體之一，更不必造成「氣之實」必須喪失絪縕渾淪的狀態之結果。「氣之
實」在其渾一之中已固函陰、陽相異之性，而爲陰、陽、渾一太極等三者
乃同有固有而「函三於一」的本體。「合兩端於一體」在此其實乃是合陰陽兩
端於「函三於一」之體。「六合之全體，皆天也。……地有形有氣，在天之
中，與相淪恰，而有所不至。……天地渾淪之體，合言之則一，分言之則二」
〔註53〕。可以說「天」乃合天（陽）地（陰）兩端於一之全體。地也是受成
於天：「天無體，……聚而爲物，地其最大者爾。……成地者天，而天淪浹於
地之中」〔註54〕。所以陽可以具有陰，陰不能有陽：「故陽爻奇，一合三於一
也；陰爻偶，一分一得二；陽爻具陰，陰爻不能盡有陽也。……分則與太極
不離而離矣」〔註55〕。天地或陰陽分，陽固有陰（天有地）、陰陽（天地）又
固有於渾淪一氣，未嘗分離而絪縕無別，又實有其分別，故曰陰陽「分則與
太極不離而離矣」。所以船山又說：「在天者渾淪一氣，凝結爲地，則陰陽分
矣。……太極之本體，中函陰陽自然必有之實，則於太極之中，不昧陰陽之
象，而陰陽未判，固即太極之象，合而言之則一，擬而議之則三。」〔註56〕

〔註50〕 明・王夫之：《張子正蒙注》，《船山全書》第十二冊，頁57。
〔註51〕 明・王夫之：《張子正蒙注》，《船山全書》第十二冊，頁59。
〔註52〕 明・王夫之：《張子正蒙注》，《船山全書》第十二冊，頁27。
〔註53〕 明・王夫之：《周易內傳》，《船山全書》第一冊，頁620。
〔註54〕 明・王夫之：《張子正蒙注》，《船山全書》第十二冊，頁50～51。
〔註55〕 明・王夫之：《張子正蒙注》，《船山全書》第十二冊，頁47。
〔註56〕 明・王夫之：《張子正蒙注》，《船山全書》第十二冊，頁45～46。

則「氣之實」合體之固爲一體，分言之則不但是陰、陽，而且是函陰、陽、太極渾一之三於一者。此一方法最大的意義在於使船山在維持「氣之實」爲超絕之唯一本體的前提下，也保留了天或陽、乾元的主宰之理的地位，而在精神上與宋明諸大儒血脈相通。

第三，運用在肇生者與所生者（或體與用）的分合問題上。船山雖未明以陽與陰來分別指說肇生之體與所生之用，然而，對於一些有關天道論的學說中隱含著肇生者與所生者分析對立，「相外爲二」的觀點，船山根據張子「體用殊絕」之言，批判其將導致「無中生有」的邏輯矛盾。因此，合肇生者與所生者（或體與用）之兩端於一體，以化解此一矛盾，未嘗不可視爲船山之「陰陽」觀念的用法的關心重點之一。

就眼前所見事物追溯其所以生的根源，爲人性特有的的形上學傾向，用船山的話說，這是「爲根本之論者」之說。他批評此說：「爲根本之論以求道者，必推而上之，至于未有天地之先，爲有所以然者，爲萬有之本。……以爲生死死生之本，昧孰甚焉？」〔註57〕對萬物根本的看法，一般人習慣於追溯到一個在時間上居於萬物之先，乃至空間上立於萬物之外的「所以然者」，「以爲生死死生之本」。隨著這種觀點，通常也認爲宇宙的發生是在時間歷程中由渾一而分化、繁衍漸生的漸進論。甚至承認天地處於初生、成長、壯盛、衰微、滅亡，再重新復生以趨滅亡，不斷循環不息的歷程。這要不就是說立於萬物之先、之外，本無萬物的根本能從無中生化萬物，要不就是說已毀滅的天地能在既毀之後從無中復生，無論如何，都無法避免「無中生有」的邏輯矛盾。如太極之生儀、象、卦、爻，理生氣或氣生理等，只要肇生之體與所生之用乃「有外，則相與爲兩」者或「可以截然分析」者，都不免會陷入「體用殊絕」、「無中生有」的結果。船山認爲肇生者、所生者的劃分可以保留，但不必執著兩者之分，而將之析爲兩體。「氣之實」之爲體實有本動，「從有益有」，「動要爲先」〔註58〕，所謂「生」，乃其體之自有自生，即肇生即所生，即體即用，體用一如，實無「生」相。「當其有體，用已現；及其用之，無非體。蓋用者用其體，而即以此體爲用也。故曰『天地絪縕，萬物化生』，天地之絪縕，而萬物之化生即於此也」〔註59〕。「萬物之化生即於此也」，「氣

〔註57〕 明・王夫之：《莊子解》，《船山全書》第十三冊，頁345～346。
〔註58〕 明・王夫之：《周易外傳》，《船山全書》第一冊，頁1016。
〔註59〕 明・王夫之：《讀四書大全說》，《船山全書》第六冊，頁896～897。

之實」本體之生萬化，乃是「於上發生」：「如人面生耳、目、口、鼻，自然賅具，分而言之，謂之生耳」〔註60〕。分言之則有太極或天、儀象卦爻或萬物，即肇生者與所生者兩端；合言之，則「所自生者肇生，所已生者成所生」〔註61〕，只是「氣之實」從有益有，體用一如，乃合「肇生之體與所生之用」兩端於一體。船山此一觀點使其完全不必透過時間過程解釋生化現象，徹底貫徹本體一元的理論，避免體用殊絕、無中生有的矛盾。

那乘時效動而爲動靜、屈伸之主體乃是陰陽之氣；動靜、屈伸等又可分陰陽；動靜之後所生者也是陰陽之氣凝合一體者。肇生者、所生者除可從分合方法區別其涵義之外，又可從層次之不同的分別方式，運用「陰陽」的觀念詮釋其涵義。

（三）陰陽之肇生者與所生者層次不同的方法

陰陽有從肇生者而言，亦有從被生者而言之不同層次的涵義，船山說：

> 誤解太極圖說者，謂太極本未有陰陽，因動而始生陽，靜而始生陰。
> 不知動靜所生之陰陽，乃故有之醞，爲寒暑、潤燥、男女之情質，
> 其絪縕充滿在動靜之先。動靜者即此陰陽之動靜。〔註62〕

動靜主體之陰陽乃固有相異之兩種體性的陰陽之「實」或「氣之實」；動靜所生之陰陽則爲「寒暑、潤燥、男女」等自然界與人類世界之情質。至此，陰陽至少存在三個層次之不同：陰陽之動靜、以動靜分之陰陽、動靜之後所生之陰陽。船山有一說最能彰顯此義：

> 合者，陰陽之始本一也，而因動靜分而爲兩，迨其成又合陰陽於一也。〔註63〕

從方法學觀點詮釋此段中的陰陽之義，本一之陰陽乃合陰陽兩端於一體的「氣之實」。動靜之陰陽，乃氣之實發動之幾的不同作用，「則有動者以流行，則有靜者以凝止。於是而靜者以陰爲性，……動者以陽爲性」〔註64〕。「迨其成又合陰陽於一」，是說「氣之實」乘乎動靜之感而凝成的萬物，既生既成，其氣又返歸「氣之實」的本體中，陰陽仍合於一。這是從縱貫的方向說，陰陽有層次之別顯然可見。

〔註60〕 明・王夫之：《周易稗疏》，《船山全書》第一冊，頁789。
〔註61〕 明・王夫之：《周易外傳》，《船山全書》第一冊，頁1024。
〔註62〕 明・王夫之：《張子正蒙注》，《船山全書》第十二冊，頁24。
〔註63〕 明・王夫之：《張子正蒙注》，《船山全書》第十二冊，頁37。
〔註64〕 明・王夫之：《張子正蒙注》，《船山全書》第十二冊，頁27。

　　此外，另可從橫貫的方向詮釋之。船山說：「以至於一物之細、一事之微，……莫非一陰一陽、和劑均評之構撰。……健順五常，和成一大料藥，隨娀一丸，味味具足。」〔註65〕天下萬物都是「氣之實」這大料藥「隨娀一丸」而成的個體或端體。個體乃陰陽五常「味味具足」，也是合陰陽兩端於一的「陰陽之體」。不同端體之間，彼此會乘乎動靜之感，而發生相互作用，此動則彼靜，此靜則彼動，於是遂暫時互分陰陽：此陽則彼必陰，此陰則彼必陽。而兩體動靜相感的結果則和合成新生的個體，所成之體自然也是陰陽五常「味味具足」，是「迨其成又合陰陽於一也」。而就在不同陰陽端體「因動靜分而為兩」的地方，「陰陽」觀念的靈活運用，使船山展現了宇宙生化健動活潑，生生不息，充滿動態生態，生氣活現的圖像。「其始本一」的陰陽端體，當與另外的本一之陰陽端體互相乘動靜而交感，彼此便將暫時被區分為「陰陽又各殊體」〔註66〕，發生動之作用的陰陽之體暫稱為陽，則與之相感的陰陽之體必為靜陰；而當此為陰，彼必為陽。是以任何兩相對待之物彼此在交相感合之關係中，乃是「互為陰陽」〔註67〕之體。於是，因動靜分而為兩的陰陽端體，將因為彼此不斷地「互為陰陽」、「陰陽各殊」的互動關係，使得「迨其成又合陰陽於一」者，乃日新變化，更生無窮。參考〈第四章·第三節〉。

　　將「陰陽本一→動靜分兩→既成又合一」這一方法學架構縱、橫兩面合觀，「氣之實」作為「陰陽本一」之體乃萬物「所自始」者，作為「既成又合一」之體，乃萬物「所自終」者，「所自始者即所自終」〔註68〕，而在始－終的中間層次之「動靜分而為兩」，則是「氣之實」透過其體固有的陰陽二體性，乘乎動靜之感，而開展生生不息的動力，以「於上發生」萬物之陰陽端體，萬端之間彼此之不斷地「本一→分兩→合一」地互動相感，以「從有益有」，更生無窮的生化之過程。因此，陰陽「本一→分兩→合一」的思維模式，乃與「是故始於一，中於萬，終於一。……終於一而以始」〔註69〕，「道之流行於人也，始于合，中于分，終于合，以始終為同時同撰者也」〔註70〕同一型

〔註65〕　明·王夫之：《讀四書大全說》，《船山全書》第六冊，頁496～497。
〔註66〕　明·王夫之：《張子正蒙注》，《船山全書》第十二冊，頁47。
〔註67〕　明·王夫之：《周易內傳》，《船山全書》第一冊，頁622。
〔註68〕　明·王夫之：《張子正蒙注》，《船山全書》第十二冊，頁375。
〔註69〕　明·王夫之：《周易外傳》，《船山全書》第一冊，頁980。
〔註70〕　明·王夫之：《周易外傳》，《船山全書》第一冊，頁1041。

態。而「中於萬」、「中于分」的萬有端體既可互相感通和合，而暫分「陰陽各殊」之體；又是彼此「互爲陰陽」之體，而凝結成新體，以生生不息。如此，則萬有端體彼此之間具有著肇生與所生的關係，其關係乃是處在一動態地、無限地開展狀態之中。在任何名言分析之先都已預設了存在不可名之爲氣的「氣之實」此一元本體之前提下，這樣的方法學隱含的意義，乃是「氣之實」本體具有趨向無限多端、無限多方位發生、開展的觀點。此「始一→中萬→終一」的模式，暫時名之爲「本體一元，無限多元」的觀點。然船山對於「陰陽各殊」、「互爲陰陽」的觀念中所隱含之多元開展的觀點，則並未多所論述，不易掌握其詳細內涵。

　　從發生學的角度來說，船山透過「陰陽」觀念建立的天道論，其如何形成、發展的過程，乃是與其《易》學理論密切相關；而船山的《易》學乃是以「乾坤並建」爲宗；「乾坤並建」，船山又稱之爲「陰陽並建」、「兩儀並建」，就是「陰陽」的觀念在《易》學方面的理論。此一理論主要有三方面的內容。六十四卦的每一卦都具備「嚮者六位，背者六位」，而每卦之十二位都是六陰六陽構成。因此，乾坤乃是六十二卦之本體，太極乃爲「乾坤之合撰」。太極發生六十四卦的方式乃是「於上發生」，乾坤本體「並建捷立」，「道用其全」，捷綜捷錯於一幾而成，六十四卦無先後始終之別。「乾坤並建」的《易》學內涵同時就是船山的天道理論。卦體皆爲全備六陰六陽的「陰陽之體」，實有至善。六十四卦卦象雖有陰陽雜勝，然無卦不是具足純乾純坤之德，因此不必然以氣爲駁雜者而喪失其本體之純一性（當然在人性論方面，也不必因而反對性善論）。更重要的是，乾坤爲二「純理」，「太極者乾坤之合撰」，乾坤不是截然分析，必相對待的二體，所以不至於陷入本體二元論。而合言之，乾坤同爲「天地，一誠无妄之至德，生化之主宰也」〔註71〕。分言之，則乾亦爲坤之君：「而宰制陰陽，……健行之氣『君』之也。其能受陽之施，含藏之以成六子之體者，順承之德『藏』之也」〔註72〕。乾陽或天雖不同於「氣之實」，並非宇宙萬有之終極本體；然而「陰不適主，……陽……與太極同而无所歉」〔註73〕，乾陽或天乃「氣之實」固有之無往不在的主宰生化大用。不必因爲以陰陽之氣爲本體，從而就須否定或取消本體具有主持萬化的主宰之

〔註71〕　明・王夫之：《周易內傳》，《船山全書》第一冊，頁 507。

〔註72〕　明・王夫之：《周易內傳》，《船山全書》第一冊，頁 625～626。

〔註73〕　明・王夫之：《周易外傳》，《船山全書》第一冊，頁 1018。

理的含義；維持本體一元，仍可保留形上、形下之別。太極「於上發生」儀、象、卦、爻等方式，避免了從時間過程說明宇宙發生所導致的「無中生有」邏輯矛盾。

「乾坤並建」既是關於《易》卦的基本元素、發生原理、卦序邏輯等問題的理論，天道論則是一套說明宇宙本體、萬物根本原理及其發生過程等問題的學說，船山將兩者等同一致，在理論上如何可能？這迫使船山必須回答三個問題：其一，「乾坤並建」的根本觀念在於「陰陽十二，卦用其六」，這一說法在《周易》是否有其根據？其二，作為天道理論，「乾坤並建」在客觀存在的世界中是否具有實在的根據？其三，「乾坤並建」隱含之關於《易》卦變化的原理，如何可能成為具有實質存在性的萬物之生成原理？亦即《易》卦卦理與天道原理如何能夠一致？船山從《周易》爻辭中暗示著「卦外之象」、「卦外有陰陽」、「爻外有吉凶」等；《傳》文「乾坤其易之門」、乾坤並稱為元、坤有龍象、《河圖》「五位十象」天數地數相合等；《易》的名義乃實有二物互相推移摩盪等地方，確認《周易》一書隱含「乾坤並建」之理。並針對《周易》象數結構，從「陰陽二體，撰有六位」，「乾坤二純之常體以生六十二卦之雜勝」、「易以稱天地之量」三方面，一層一層，井然有序地論證《周易》結構確實「陰陽十二，卦用其六」。然後，他又從客觀世界中，天地陰陽化跡隱含著「陰陽全備」之現象、天地本體固有「知能大用」、人類行為乃「理事各半凝合一體」等三個相關聯的觀點，證明「乾坤並建而統易」，乃兩間「固然之大用」，以賦予其說合理的理論基礎。

於是，只要能證明《易》卦卦理與天道原理一致，則船山藉由《易》學「乾坤並建論」所發展起來而形成的「陰陽理論」之天道論學說，就更能具備客觀實在性的基礎。然而，自從《易傳》以來，《周易》六十四卦變化的規律就被大多數的《易》學學者當作已能窮究天道之奧妙，《易》理在相當程度之內也可說就是天理。船山對《易》理與天理一致的問題之看法和各家有何不同？其基本觀點如何？他又為何要抱持如此觀點？這些問題無疑也在相當程度之內，對於船山「陰陽理論」之天道論內涵產生決定性的作用。就「《周易》卦理如何與天道一致」的問題而言，船山的基本觀點乃認為《周易》卦理就是天道原理，所以《周易》乃是統會天下眾理的本源之理。船山以奇偶之畫—、--為符號之陰陽二儀、卦位六畫所構撰的《周易》陰陽象數系統就是天地法象，認為其乃「非其它象數之學所可與也」。則《周易》象數就不是比

擬、象徵天道的人爲系統「之一」，其地位乃是「等於」統攝天下萬象的最高原理，與道爲體而不二者，是「唯一」等於天道的象數體系。

爲了證明上述觀點，船山發展出一套「陰陽象數論」。所謂「陰陽象數論」乃是指陰陽就其作爲萬物本體，以及就其變化凝合所生之個體而言，乃都是「象數一體」的存在體。「象數」雖是《易》學的專門術語，但是其最初的涵義原本就是指客觀事物。船山設法證明「人物之有道，易之有象數，同原而不容歧視」；然後，只要進而證明《易》卦成象的原理與存在界事物成物的原理同爲「陰陽交易之理」，則《周易》象數結構就與天道凝合一體，自然具有統會眾理的地位。於是船山以「陰陽象數」爲核心，分別從「陰陽、象數與《易》卦」、「陰陽、象數與物象」、「陰陽交易之理與占《易》之理」等三方面證明其觀點。然而船山的論點則充滿許多矛盾，或至少論理也有不盡周全之處。

首先，船山以「氣之實」之體不可擬議，但是人可以根據其已生之化跡逆推，而確定其體固函陰陽兩端並立迭用的事實。然後，船山本於漢儒「天圓地方」、「徑一圍三」的觀念，得出陽「函三於一」之象數—（---），與陰「虛其中之一爲二」之象數--；並根據個人直觀的看法，以陰陽本體之德性「專而直者可命爲一，翕而闢者可命爲二」，確立《周易》卦畫之本體方面的客觀基礎。但是，既然—、--之畫乃是人觀測於「氣之實」而得之陰陽象數，則已是從人之觀點而立，並不等於說「氣之實」神化不測、無限多端的開展可能性，其原理完全限定於奇偶之畫—、--以及由之所構撰成的象數結構系統。船山之說縱然能成立，至多也只能說—、--之畫有其本體方面的客觀根據，這不等於說—、--之畫是「氣之實」本體「唯一」的固然大用。則他根據陰陽本體及其德性之象數爲—、--之畫，斷定《周易》象數結構與天道相與爲一體，其「聚象於奇偶」的方式能統會眾理之說就不必能完全成立。《周易》象數能與天道爲體，其它五經等「盈天地之象」何嘗不能如此。《易》能統眾理，五經等其它天下之象在某方面說來，何嘗也不是如此。

其次，船山論證「易之有象數，人物之有道」，乃同原於一陰一陽之道。所以卦象和物象之間具有一致性，《易》卦卦理能統會眾理。但是，卦象是形式符號結構，物象是實質存在之體；卦盡於六十四，爻止於三百八十四，而天下之象無窮，顯然不可能在卦象與物象之間一一求其相肖。於是所謂《周易》象數致一天下物象，乃是憑藉卦體承載之一陰一陽之道、往來不測之神

而能然，所謂「周易準天地之神以御象數，而不但象數測已然之跡者也」。這麼一來，如何判定卦象與物象是否一致？卦體結構本身無法明示於人，最後仍然不得不取決於人文活動的詮釋（尤其是聖人之辭）。卦體的象數構造在判定其與物象是否一致方面，雖是必要的參考標準，但是最後結果仍留待人的詮釋。這樣，卦象成象的陰陽交易之理之能為事物成物之理，其根據又不是完全在於象數結構當體。船山說：「夫象數者，天理也，與道為體，道之成而可見者也。」這未必能與王弼的觀點在本質上有多大區別，頂多只在於兩者對卦象結構之重要性的看法，在程度上有輕重不同之別罷了。但船山卻極力反對王弼之言，認為其說將使《周易》象數統會眾理的地位將喪失，不再是與天道「无外，則相與為一」之體，而僅成為得魚兔的工具「之一」。然其論說也未能充分證成。

最後，在《易》學系統中，《易》理是經由占卜逆推而知。占《易》乃是本於天地之數五十五，虛其五而用大衍五十，又掛一不用，而以四十九根蓍草進行四營十八變的演算過程。此一數學演算中的原理如何能是事物成物的陰陽交易之理呢？船山的說明最大的問題出在天地之數的來源之上。他據其「象數一體」的觀點，以觀測「氣之實」或太極之○。此○或「氣之實」本無象無數，不可擬議。但當人從象數觀點測之，則可得此○之象數皆為一。此○之一乃萬有之所自始，也是萬有之所自終之一，故「冒天下之數」，「象皆其象，數皆其數」，是「合而為一者，太極渾淪周徧之體，而非動而倚數，於五十之中立一以為一」的一。由於此○之一乃是「從有益有，動要為先」的實體，所以能於上發生萬有。因此，「一一而二，二固始於一也」，由是而十、而五十，皆以一為始。由五十而萬……而至無窮，皆始於此○之一。太極既由「動以生數」，動則「乘乎變」，以主宰萬化之變動，「一因動以為君」。此即「動而倚數，於五十之中立一以為一」的一，乃「立一於數外，與四十九參立」的一，即天數一的一，乃根源於前者太極○之一，「一者，天之始數，亦地之始數」。於是，天數一、三、五、七、九，地數二、四、六、八、十，五十有五之數，乃「從太極測之而固有之」，「太極之有十，渾成者也，非積而聚之，剖而析之」，太極○之一變化以生萬有，並非「自外來而為之君」。至此，船山若將太極發生象數的過程視為天道論觀點的闡述，可謂充滿睿智的形上學洞見。然太極之○究竟「如何」於上發生天地之數呢。船山之說則深奧費解，難明其實義。基本上它是根據「天圓地方」、「函三於一」的觀念，

一方面從「陰陽相對」、「陰承陽一」、「陽感陰化」；另一方面從天圓地方之動靜的幾何形狀之象的數推出徑▬（一）、交×（二）、圓○（三）、方□（四）……以至十等之數。整個太極數理建立在某些簡單的前提，加上直觀的想像推演而出，不易看出其中有何必然性，難怪漏洞百出。如徑乃圓之徑，方不能說有徑；圓之徑未必等同於方之徑等等，理論基礎薄弱。

　　隨著地下出土文物的發現，當代學者已大致釐清了《周易》的起源之眞相。雖有主張六十四卦起於「數字卦畫」與起於西周甲骨卜兆之不同說法，〔註74〕但《周易》起源於卜問鬼神則無疑，整個六十四卦象數結構的建立並無任何高深玄奧的哲理。船山認定《周易》起源於「四聖同揆」，其「陰陽象數論」企圖證明整套《周易》象數結構乃是「道之成而可見者」，所以能具有統會眾理的地位。在歷史眞相渾沌不明的情形下，他的努力不能成功，乃可預料。即使如此，船山透過其《易》學理論所建構的天道論（也許應當說兩者是體以生用－用還成體之體用相生關係），充滿形上學洞見；由其「陰陽理論」所建立的天道論確實能爲儒家的形上學「別開生面」。

　　船山由「陰陽」觀念之用法所建立的天道論之特色，作者曾詳論之於其它著作。〔註75〕茲引用其結論於此，以結束本書：

1、建立一理論圓滿的「本體一元論」

　　太極之○「冒天下之數」，本體的數量（非數目）只有「一」個；相當於任何論說、名言成立之先，已預設「雖其實氣也，而不可名之爲氣」的氣之本體。○固具一、--二用，「氣之實」固函陰陽二體。陰陽乃一氣之相異性情功效，「效用」可分二，本體則唯一體，此可謂頗爲圓滿的「本體一元論」的表詮方法。〔註76〕

〔註74〕「數字卦畫」說的代表人物是張政烺教授。李大用教授則質疑之，而據西周甲骨整理出了☳、☷等符號，爲八卦起源。李大用：《周易新探》（北京：北京大學出版社，1992 年），頁 2～3、196～201。此證據說明了陰陽爻的符號何以爲奇偶之畫- -、―的緣故。然而陽爻之數何以爲九？陰爻何以六？學者根據長沙馬王堆漢墓出土的《周易帛書》，陰爻作 ⌒⌒，陽爻作 ― 說明了陰爻演變爲六：但從陽爻不易看出其演變爲九的痕跡。張立文教授據《乾鑿度》之說：「易變而爲一，一變而爲七，七變而爲九，九者，氣變之究也，乃復變而爲一」，推斷一九可相變。張立文：《周易帛書今注今譯》（臺北：臺灣學生書局，1991 年），頁 20～22。

〔註75〕陳祺助：《文返樸而厚質——王船山「道德的形上學」系統之建構（上）》（臺北：元華文創股份有限公司，2018 年），頁 35～37。

〔註76〕船山論心體說：「以本體言，雖不可竟析之爲二心，以效用言，則亦不可槩之

2、有效地綜合、包容任何對於本體蘊奧之詮釋的一家之說

凡對「氣之實」有所論說者，皆是從「一端」以立言；「此端」既立，「彼端」必同時成立。言道者立言之「端」允許從無限多層面出發，「兩端」之內涵因此也具有無限多可能；陰陽乃用以統稱無限多「兩端」之總名，「合兩端於一體」乃為「氣之實」之全。一端之名言乃是從本體之全中被選「立」者，固非無當於本體之實蘊；然而卻不能「等於」氣之「實」全體；氣之「實」全體「是」、而不「只是」用以指稱之的一端名言。此一端之名相當於與萬數參立，「自外來而為之君」的一。此一既與萬相外，則當然不「等於」○；然又能「君」萬，所以萬也無不具此一，故此一也具有本體的地位。當然，此一之實際內涵如何，就看言道者立言之「端」而定。如：人可因有形無形之物無不由能生成變化的氣所形成，而以一為氣；然不能遽以此一端名言之氣乃等於氣之「實」全體。亦可因本體生化萬物之大用乃虛無神妙，萬物無不體虛靜之妙用為性，而以一乃無；同樣，無也只是「氣之實」的一端之蘊而已。如是，在理論上，船山氣論可以綜合、包容任何對於本體蘊奧之詮釋的一家之說，而成一開放的、包容的系統。〔註77〕

3、維持太極或道體作為主宰生化之理的涵義，使船山學通於宋明儒學之血脈

氣作為本體之一端名言，著重於氣之「實」之為構撰萬物的根本材質，或流行變化的形而下存在體之蘊。然氣之「實」之生萬化，並不只是因緣於適然的、偶然的巧合，為純粹實然的現象，而是固具巧無於踰之理，主宰默運於形而上以使之然者，是以一切存在之所以存在都有其當然、必然的理由，

<hr />

為一心也。」明・王夫之：《讀四書大全說》，《船山全書》第六冊，頁1084。此方法在天道論亦然，陰陽乃「合兩端於一體」之本體，故船山說：「蓋陰陽者，氣之二體。……體同而用異則相感而動。」明・王夫之：《張子正蒙注》，《船山全書》第十二冊，頁23。

〔註77〕 曾昭旭教授據《老子衍》之文指出，船山「一方面肯定無為用之藏，一方面亦肯定有為無之所以保任之體，然後由體發用，其用始不為虛用也」此其所以儒學通於老學也。曾昭旭：《王船山哲學》，頁238。船山以儒學通佛老，其氣論在理論位階上，實為一層次高於各家天道論、且能綜合之之系統。曾教授曾提出一「主體觀點」的概念，說：「『主體觀點』並不是一個固定的觀點，而是一種在活動中的觀點。乃一在層次上高於諸觀點，而能動態地統屬諸觀點的觀點。此總觀點即『道』，亦即『主體』。」曾昭旭：〈論王船山在學術史上之地位問題〉，《鵝湖月刊》，第174期（1989年12月），頁3。此說與船山陰陽觀念用法中的方法學意義之精神相近。

而具有價值的意義。〔註78〕此猶如大衍之數以動「君」動的「不用之一」，所以使乘乎變者四十有九皆能「合符而不爽」，而得其必然之常則。氣之「實」當體渾然一理，理乃實有其物，故船山屢用「理氣」以稱之。此既能保留理為生化主宰之義，又不至於因此造成形上、形下打成兩片之二元論架構，使船山學的本質，通於宋明諸大儒，而上接孔孟的血脈。

4、不必透過時空現象，能合理說明宇宙發生問題的「於上發生」論

太極○之有十數，萬有之數之有於太極，乃是太極「固有」之，並無先後之序、漸生之象。相當於太極之生儀象卦爻，乃立於此而生的「同有」、「固有」之生。萬物之生、死於氣之「實」，乃始於○之一，終於○之一而以始，為「始終同時同撰」之「於其上發生」者。宇宙之發生乃道「用其全」，而「非有漸次以嚮於備」。〔註79〕這可以避免以時間現象解釋萬物生成的過程，而使肇生的本體立於所生的萬有之上、之外，所可能導致「無中生有」的理論困境。

5、順利地解釋雜多的現象，並維持本體的純一性，巧妙地回答「一多」問題

人物之蘊與「氣之實」均質無異撰，皆分體全體之一分以有體。氣凝成質而局於形中，乃形成個體。陽健陰順之性從形質中透越呈現，乃無法全效乾坤之德，陰見則陽隱，陽見則陰隱；隨陰陽分劑之不同，遂有萬化雜多殊異的現象。是猶「太極，大圓者也」，周子之圖但畫三陰三陽，乃「但取其一面」，實則背面另有三陰三陽無法寫出；隨○之十二位陰陽「轂轉而恆見其六」，〔註80〕遂成六十四卦之雜勝。雜勝之卦由十二陰陽發顯於六位卦爻而見，合其嚮背，無卦無非「乾坤合撰」，而各為一太極。殊形別質之人物乃「陰陽五常」這「合劑均平」的「大料藥」，「隨撦一丸」而成之「味味具足」的「陰陽之體」，故無不具足純乾純坤之德，至健至順之性，是亦一太極。萬有之雜多固無礙於本體之純一。

透過船山「陰陽理論」所建構的天道論，可知船山之說能建立真正本體一元論，同時保留形上、形下之分而維持太極道體主宰之理的大用；避免陰

〔註78〕 參考本書〈第一章・第三節〉。
〔註79〕 明・王夫之：《周易外傳》，《船山全書》第一冊，頁976。參考本書〈第四章・第一節〉。
〔註80〕 明・王夫之：《周易內傳發例》，《船山全書》第一冊，頁657～658。

陽截然分析的二元論結果；化解肇生者與所生者必相對立所可能隱含的「無
中生有」的矛盾。其理論具有獨樹一隔的特色，在中國哲學史上很難具有與
其相同的型態。

參考書目

一、船山著作

1. 明・王夫之，《周易內傳》，《船山全書・第 1 冊》，長沙，嶽麓書社，2011 年。

2. 明・王夫之，《周易外傳》，《船山全書・第 1 冊》。

3. 明・王夫之，《周易內傳發例》，《船山全書・第 1 冊》。

4. 明・王夫之，《周易大象解》，《船山全書・第 1 冊》。

5. 明・王夫之，《周易稗疏》，《船山全書・第 1 冊》。

6. 明・王夫之，《尚書引義》，《船山全書・第 2 冊》。

7. 明・王夫之，《書經稗疏》，《船山全書・第 2 冊》。

8. 明・王夫之，《詩廣傳》，《船山全書・第 3 冊》。

9. 明・王夫之，《禮記章句》，《船山全書・第 4 冊》。

10. 明・王夫之，《春秋家說》，《船山全書・第 5 冊》。

11. 明・王夫之，《讀四書大全說》，《船山全書・第 6 冊》。

12. 明・王夫之，《四書訓義（上）》，《船山全書・第 7 冊》。

13. 明・王夫之，《四書訓義（下）》，《船山全書・第 8 冊》。

14. 明・王夫之，《張子正蒙注》，《船山全書・第 12 冊》。

15. 明・王夫之，《思問錄》，《船山全書・第 12 冊》。

16. 明・王夫之，《俟解》，《船山全書・第 12 冊》。

17. 明・王夫之，《老子衍》，《船山全書・第 13 冊》。

18. 明・王夫之，《莊子解》，《船山全書・第 13 冊》。

19. 明・王夫之，《船山經義》，《船山全書・第 13 冊》。

20. 明・王夫之，《薑齋文集》，《船山全書・第 15 冊》。

二、古代經籍

1. 漢·司馬遷，《史記》，臺北：洪氏出版社，1960 年。
2. 漢·董仲舒，《春秋繁露》，臺北：商務印書館四部叢刊本。
3. 漢·劉安，《淮南子》，臺北：世界書局，新編諸子集成版本。
4. 漢·高誘注，《呂氏春秋》，臺北：世界書局，新編諸子集成版本。
5. 漢·京房，《京氏易傳》，臺北：商務印書館四部叢刊本。
6. 漢·班固，《漢書》，臺北：洪氏出版社，1960 年。
7. 漢·班固，《白虎通義》，臺北：商務印書館影印文淵閣四庫全書本。
8. 漢·何休《解詁》、唐·徐彥《疏》，《公羊傳注疏》，臺北：新文豐出版公司。
9. 晉·王弼，《周易略例》，臺北：商務印書館影印文淵閣四庫全書本。
10. 晉·王弼，《老子道德經注》，臺北：世界書局，新編諸子集成版本。
11. 唐·孔穎達，《周易正義》，臺北：新文豐文化公司。
12. 唐·孔穎達，《尚書正義》，臺北：新文豐文化公司。
13. 唐·孔穎達，《禮記正義》，臺北：新文豐文化公司。
14. 唐·孔穎達，《左傳正義》，臺北：新文豐出版社。
15. 唐·賈公彥，《周禮正義》，臺北：新文豐出版社。
16. 宋·張載《正蒙》，收入《張載集》，臺北：里仁書局，1981 年。
17. 宋·程顥、程頤，《二程集》，臺北：里仁書局，1982 年。
18. 宋·朱熹，《易學啟蒙》，臺北：皇極出版社，1980 年。
19. 宋·黎靖德編，《朱子語類》，臺北：文津出版社，1986 年。
20. 宋·陸九淵，《陸九淵集》，臺北：里仁書局，1981 年。
21. 明·王守仁，《傳習錄》，臺北：正中書局，1979 年。
22. 明·羅欽順，《困知記》，臺北：中國子學名著集成編印基金會出版。
23. 明·王廷相，《王廷相哲學選集》，臺北：河洛圖書公司，1974 年。
24. 明·王廷相，《雅述》，收入《歷代哲學文選》，臺北：木鐸出版社。
25. 明·王廷相，《王廷相集》，北京：中華書局，1989 年。
26. 明·黃宗羲，《明儒學案》，臺北：河洛出版社，1974 年。
27. 清·全祖望，《宋元學案》，臺北：廣文書局，1971 年。
28. 清·劉寶楠，《論語正義》，臺北：世界書局，新編諸子集成本。
29. 清·焦循，《孟子正義》，臺北：世界書局，新編諸子集成本。
30. 清·郭慶藩，《莊子集釋》，臺北：世界書局，新編諸子集成版本。
31. 清·王之春，《王夫之年譜》，北京：中華書局，1989 年。

三、現代學者研究專書

1. 錢穆，《朱子新學案》，臺北：三民書局，1971 年。

2. 張西堂，《船山學譜》，臺北：臺灣商務印書館，1972 年。

3. 船山學會，《船山學術研究集》，臺北：自由出版社，1973 年。

4. 熊十力，《新唯識論》，臺北：洪氏出版社，1974 年。

5. 王孝魚，《船山學譜》，臺北：廣文書局，1975 年。

6. 熊十力，《佛家名相通論》，臺北：洪氏出版社印行，1977 年。

7. 熊十力，《讀經示要》，臺北：洪氏出版社，1978 年。

8. 曾春海，《王船山易學闡微》，臺北：嘉新水泥公司文化基金會，1978 年。

9. 張西堂，《明王船山先生夫之年表》，臺北：臺灣商務印書館，1978 年。

10. 牟宗三，《心體與性體》，臺北：正中書局，1979 年。

11. 牟宗三，《從陸象山到劉蕺山》，臺北：臺灣學生書局，1979 年。

12. 唐君毅，《中國哲學原論──原教篇（下）》，臺北：臺灣學生書局，1979 年。

13. 唐君毅，《中國哲學原論──原性篇》，臺北：臺灣學生書局，1979 年。

14. 徐復觀，《中國人性論史──先秦篇》，臺北：商務印書館，1979 年。

15. 徐復觀，《兩漢思想史》，臺北：臺灣學生書局，1979 年。

16. 黃懿梅，《中國歷代思想家──王夫之》，臺北：台灣商務印書館，1979 年。

17. 戴景賢，《北宋周張二程思想之分析》，臺北：國立台灣大學出版委員會，1979 年。

18. 羅光，《中國哲學思想史・清代篇》，臺北：學生書店，1981 年。

19. 張君勱，《新儒家思想史》，臺北：中國民主社會黨中央總部，1980 年。

20. 熊十力，《原儒》，臺北：洪氏出版社，1980 年。

21. 唐君毅，《中國哲學原論・導論篇》，臺北：臺灣學生書局，1980 年。

22. 唐君毅，《中國哲學原論・原道篇》，臺北：臺灣學生書局，1980 年。

23. 唐君毅，《中國哲學原論・原教篇》，臺北：臺灣學生書局，1980 年。

24. 唐君毅，《哲學概論》，臺北：臺灣學生書局，1980 年。

25. 牟宗三，《才性與玄理》，臺北：臺灣學生書局，1980 年。

26. 唐君毅，《哲學概論》，臺北：臺灣學生書局，1980 年。

27. 勞思光，《中國哲學史》，香港：友聯出版社，1980 年。

28. 蒙培元，《理學的演變》，臺北：文津出版社，1980 年。

29. 余英時，《論戴震與章學誠——清代中期學術思想史研究》，臺北：華世出版社，1980 年。

30. 錢穆，《中國學術思想史·第 8 冊》，臺北：三民書局，1980 年。

31. 牟宗三，《心體與性體》，臺北：正中書局，1981 年。

32. 許冠三，《王船山的致知論》，香港：香港中文大學出版社，1981 年。

33. 王煜，《明清思想家論集》，臺北：聯經出版社，1981 年。

34. 方東美，《生生之德》，臺北：黎明文化事業公司，1982 年。

35. 劉述先，《朱子哲學思想的發展與完成》，臺北：臺灣學生書局，1982 年。

36. 侯外廬，《船山學案》，長沙：岳麓書社，1982 年。

37. 陳寧遠、王興國、黃洪基，《王船山的認識論範疇研究》，湖南：湖南出版社，1982 年。

38. 方東美，《新儒家哲學十八講》，臺北：黎明文化事業有限公司，1983 年。

39. 曾昭旭，《王船山哲學》，臺北：遠景出版社，1983 年。

40. 高懷民，《兩漢易學史》，臺北：中國學術著作獎助委員會，1983 年。

41. 陸寶千，《清代思想史》，臺北：廣文書局，1983 年。

42. 錢穆，《中國近三百年學術史》，臺北，臺灣商務印書館，1983 年。

43. 方東美，《中國哲學之精神及其發展》，臺北：成均出版社，1984 年。

44. 侯外廬、邱漢生、張豈之等編，《宋明理學史》，北京：人民出版社，1984 年。

45. 方克，《王船山辨證法思想研究》，長沙：湖南人民出版社，1984 年。

46. 蕭萐父，《王夫之辯證法思想引論》，江西：人民出版社，1984 年。

47. 林安梧，《王船山人性史哲學之研究》，臺北：東大圖書公司，1987 年。

48. 嵇文甫，《王船山學術論叢》，臺北：谷風出版社，1987 年。

49. 曾春海，《易經哲學的宇宙與人生》，臺北：文津出版社，1987 年。

50. 蕭漢明，《船山易學研究》，北京：華夏出版社，1987 年。

51. 牟宗三，《周易的自然哲學與道德涵義》，臺北：文津出版社，1988 年。

52. 胡楚生，《清代學術史研究》，臺北：臺灣學生書局，1988 年。

53. 高懷民，《大易哲學論》，臺北：成文出版社，1988 年。

54. 林聰舜，《明清之際儒家思想的變遷與發展》，臺北：臺灣學生書局，1989 年。

55. 曾春海，《儒家哲學論集》，臺北：文津出版社，1989 年。

56. 高懷民，《先秦易學史》，臺北：中國學術著作獎助委員會，1990 年。

57. 張立文主編，《氣》，北京：中國人民大學出版社，1990 年。

58. 張立文主編，《道》，北京：中國人民大學出版社，1990 年。

59. 羅光，《王船山形上學思想》，收入《羅光全集》，臺北：臺灣學生書局，1990 年。

60. 羅光，《儒家形上學》，臺北：臺灣學生書局，1991 年。

61. 康學偉，《周易研究史》，湖南：新華書局，1991 年。

62. 張立文，《周易帛書今注今譯》，臺北：臺灣學生書局，1991 年。

63. 朱伯崑，《易學哲學史》，臺北：藍燈文化公司，1991 年。

64. 唐君毅，《哲學論集》，收入《唐君毅全集》，臺北：臺灣學生書局，1991 年。

65. 楊祖漢，《儒家的心學傳統》，臺北：文津出版社，1992 年。

66. 李大用，《周易新探》，北京：北京大學出版社，1992 年。

67. 葛榮晉，《王廷相》，臺北：東大出版社，1992 年。

68. 唐凱寧，張懷承，《六經責我開生面——王船山倫理思想研究》，湖南：湖南出版社，1992 年。

69. 葛榮晉，《中國哲學範疇導論》，臺北：萬卷樓圖書公司，1993 年。

70. 輔仁大學哲學系主編，《王船山哲學討論集》，臺北：輔仁大學出版社，1993 年。

71. 蕭萐父，《船山哲學引論》，江西：人民出版社，1993 年。

72. 張立文，《宋明理學邏輯結構的演化》，臺北：萬卷樓圖書公司，1993 年。

73. 楊儒賓，《儒家身體觀》，臺北：中研院中國文哲研究所籌備處，1996 年。

74. 蒙培元，《中國心性論》，臺北：臺灣學生書局，1996 年。

75. 陶清，《明遺民九大家哲學思想研究》，臺北：洪業文化公司，1997 年。

76. 金春峰，《朱熹哲學思想》，臺北：東大圖書公司，1998 年。

77. 陳玉森、陳憲猷，《周易外傳鏡銓》，北京：中華書局，2000 年。

78. 張立文，《船山哲學》，臺北：七略出版社，2000 年。

79. 汪學群，《王夫之易學》，北京：社會科學文獻出版社，2002 年。

80. 蕭萐父、許蘇民，《王夫之評傳》，南京：南京大學出版社，2002 年。

81. 曾春海，《易經的哲學原理》，臺北：文津出版社，2003 年。

82. 周芳敏，《王船山「體用相涵」思想之義蘊及開展》，臺北：花木蘭出版社，2009 年 9 月。

83. 杜保瑞，《論王船山易學與氣論並重的形上學進路》，臺北：花木蘭文化

出版社，2010 年。

84. 鄭富春，《王船山生死觀與其義理體系研究》，臺北：花木蘭出版社，
2010 年。

四、學位論文

1. 李增財，《從讀通鑑論宋論淺窺王船山的思想》，臺北：輔仁大學哲學研
究所碩士論文，1972 年。

2. 黃懿梅，《王船山的倫理學》，臺北：臺灣大學哲研所碩士論文，1974 年
6 月。

3. 陳忠成，《王船山研究》，臺北：臺灣大學中文研究所碩士論文，1975 年。

4. 戴景賢，《王船山之道器論》，臺北：臺灣大學中文研究所博士論文，
1982 年。

5. 劉榮賢，《王船山張子正蒙注研究》，臺中：東海大學中文研究所碩士論
文，1985 年。

6. 陳章錫，《王船山詩廣傳義理疏解》，臺北：師範大學中文研究所碩士論
文，1985 年。

7. 林文彬，《王船山莊子解研究》，臺北：臺灣師範大學中國文學研究所碩
士論文，1985 年。

8. 胡森永，《從理本論到氣本論──明清儒學理氣觀念的轉變》，臺北：臺
灣大學中文研究所博士論文，1990 年。

9. 林宣慧，《論船山實踐進路的兩端一致論》，中壢：國立中央大學哲學研
究所碩士論文，1993 年。

10. 林文彬，《船山易學研究》，臺北：師範大學中文研究所博士論文，1993
年。

11. 張靜廷，《王船山「尚書引義」政治實踐問題之研究》，中壢：中央大學
中文研究所碩士論文，2000 年。

12. 陳章錫，《王船山禮學研究》，臺北：師範大學中文研究所博士論文，2002
年。

13. 金納德，《論船山易學之乾坤並建說》，臺北：臺灣大學哲學研究所碩士
論文，2002 年。

14. 吳龍川，《王船山乾坤並建理論研究》，臺北：臺灣師範大學國文研究所
博士論文，2004 年。

15. 陳啓文，《王船山「兩端而一致」之思維的辯證性及其開展》，臺北：臺
灣師範大學國文學系博士論文，2005 年。

16. 康自強，《王船山周易系譜學研究》，臺北：臺灣師範大學中國文學系研
究所碩士論文，2006 年。

五、期刊論文

1. 黃繼持，〈王船山之論「理與氣」、「心與理」的探究〉，《大陸雜誌》，第 35 卷，第 12 期，1967 年 12 月。

2. 唐鑑，〈船山學案小識〉，收入《船山遺書全集》第 22 冊，台北：自由出版社，1972 年。

3. 羅光，〈船山先生學術思想的要點〉，收入《船山遺書全集》第 22 冊，台北：自由出版社，1972 年。

4. 唐君毅，〈辯證法之類型〉，《民主評論》，第 12 卷，第 11 期，1972 年 6 月。

5. 林安梧，〈宋明儒學分系問題初探〉，《中國文化月刊》，第 45 期，1983 年 7 月。

6. 唐君毅，〈中國哲學中天人關係論之演變〉，《中西哲學思想之比較論文集》，收入《唐君毅全集》，臺北：臺灣學生書局，1984 年。

7. 黃懿梅，〈船山「道大善小，善大性小」說之評析〉，《台大哲學評論》，第 7 期，1984 年 7 月。

8. 趙雅博，〈王船山宇宙發生論的思想（上）〉，《孔孟月刊》，第 32 卷，第 6 期，1984 年 1 月。

9. 趙雅博，〈王船山宇宙發生論的思想（下）〉，《孔孟月刊》，第 32 卷，第 6 期，1984 年 2 月。

10. 林安梧，〈知識與道德之辯證性結構〉，《思與言》，第 22 卷，第 4 期，1984 年 11 月。

11. 張岱年，〈關於張載的思想與著作〉，《張載集》，北京：中華書局，1985 年。

12. 黃懿梅，〈王船山的知識論〉，《幼獅學誌》，第 15 卷，第 1 期，1987 年 1 月。

13. 林文彬，〈王船山莊子解研究〉，國立臺灣師範大學國文研究所集刊，第 31 期，1987 年 6 月。

14. 劉浩洋，〈王船山的知行學說〉，《孔孟月刊》，第 405 期，1986 年 5 月。

15. 李維武，〈船山易學研究〉，《中國文化月刊》，第 119 期，1989 年 9 月。

16. 曾昭旭，〈論王船山在學術史上之地位問題〉，《鵝湖月刊》，第 174 期，1989 年 12 月。

17. 張節末，〈王夫之「由用以得體」命題的方法論意義〉，《中國文化月刊》，第 128 期，1990 年 6 月。

18. 張懷承，〈論理範疇在明清之際的演變〉，《中國文化月刊》，第 139 期，1990 年 5 月。

19. 張懷承，〈船山論理簡析〉，《哲學與文化月刊》，第 208 期，1991 年 9 月。

20. 曾昭旭，〈論儒家工夫論的轉向——從王陽明到王船山〉，《鵝湖月刊》，第 197 期，1991 年 11 月。

21. 張懷承，〈自然與道德——王船山的理欲之辨〉，《孔孟月刊》，第 360 期，1992 年 8 月。

22. 羅光，〈王船山形上哲學思想的系統〉，《哲學與文化月刊》，第 232 期，1993 年 2 月。

23. 張懷承〈王船山天人之道學說的倫理價值〉，《中國文化月刊》，第 161 期，1993 年 3 月。

24. 曾春海，〈船山易學與朱熹易學觀之比較研究〉，《哲學與文化》，第 232 期，1993 年 9 月。

25. 潘小慧，〈從王船山的本體論看其人性論〉，《哲學與文化月刊》，第 232 期，1993 年 9 月。

26. 杜保瑞，〈從氣論進路說船山的人道論思想〉，《哲學與文化》，第 232 期，1993 年 9 月。

27. 張懷承，〈王船山性體實有的思想論微〉，《中國文化月刊》，第 169 期，1993 年 11 月。

28. 張懷承，〈王船山由「道」入「德」論簡議〉，《鵝湖》，第 226 期，1994 年 4 月。

29. 黃書光，〈論明末清初實學思想家對理學教育思想的批判與改造（下）〉，《鵝湖月刊》，第 230 期，1994 年 8 月。

30. 張懷承，〈王船山道德價值論精華〉，《孔孟學報》，第 68 期，1994 年 9 月

31. 曾昭旭，〈王船山兩端一致論衍義〉，《鵝湖月刊》，第 241 期，1995 年 9 月。

32. 林文彬，〈王夫之論「周易」「扶陽抑陰之教」〉，《國立中興大學夜間部學報》，第 1 期，1995 年 11 月。

33. 林明宜，〈王船山人性論之結構——以「讀四書大全說」為主要範圍〉，《思與言》，第 33 卷，第 4 期，1995 年 12 月。

34. 林文彬，〈王夫之論「周易」——「卦主」〉，《國立中興大學夜間部學報》，第 2 期，1996 年 11 月。

35. 張立文，〈王船山的體認論〉（上），《哲學與文化》，第 293 期，1998 年 10 月。

36. 張立文，〈王船山的體認論〉（下），《哲學與文化》，第 294 期，1998 年 11 月。

37. 蕭馳，〈論船山天人之學在詩學中之開展〉，《中國文哲研究集刊》，第 15 期，1999 年 9 月。

38. 嚴壽澂，〈莊子、重玄與相天——王船山宗教信仰述論〉，《中國文哲研究集刊》，第 15 期，1999 年 9 月。

39. 嚴壽澂，〈《思問錄》與船山思想〉，《百年》，第 5 期，1999 年 9 月。

40. 章啓輝，〈《中庸》辯正——王夫之的中庸觀〉，《湖南大學學報（社會科學版）》，第 14 卷，第 2 期，2000 年 6 月。

41. 朱漢民，〈王夫之的實有之道〉，《哲學與文化》，第 326 期，2001 年 7 月。

42. 朱喆，〈船山宗教哲學思想述評〉，《宗教哲學》，第 27 期，2002 年。

43. 邱黃海，〈船山《易》學的原理與方法〉，《鵝湖學誌》，第 28 期，2002 年 6 月。

44. 潘慧燕，〈王船山的能所觀〉，《哲學與文化月刊》，第 344 期，2003 年 1 月。

45. 鄧輝，〈王船山的宇宙本體觀〉，《鵝湖月刊》，第 332 期，2003 年 2 月。

46. 林文彬，〈王弼與王夫之《周易》「大衍」說試析〉，《興大中文學報》，第 15 期，2003 年 6 月。

47. 陳建華著，唐亦璋譯，〈評介《玄智、玄理與文化發展》〉，《中國文哲研究通訊》，第 13 卷，第 3 期，2003 年 9 月。

48. 杜保瑞，〈董仲舒政治哲學與宇宙論進路的儒學建構〉，《哲學與文化》，第 352 期，2003 年 9 月。

49. 陳祺助，〈王船山論周易占筮之數的觀念及其涵義之分析〉，《鵝湖月刊》，第 339 期，2003 年 9 月。

50. 陳來，〈道學視野下的船山心性學〉（上），《鵝湖月刊》，第 343 期，2004 年 1 月。

51. 陳來，〈道學視野下的船山心性學〉（下），《鵝湖月刊》，第 344 期，2004 年 2 月。

52. 林文彬，〈王船山援莊入儒論〉，《興大人文學報》，第 34 期，2004 年 6 月。

53. 杜保瑞，〈書評《王夫之易學——以清初學術爲視角，汪學群著》〉，《哲學與文化》，第 365 期，2004 年 10 月。

54. 陳啓文，〈王船山「道」、「器」兩端分說及其統〉，《鵝湖月刊》，第 31 卷，第 9 期，2006 年 3 月。